闇の勢力に抗して

内坂 晃

教文館

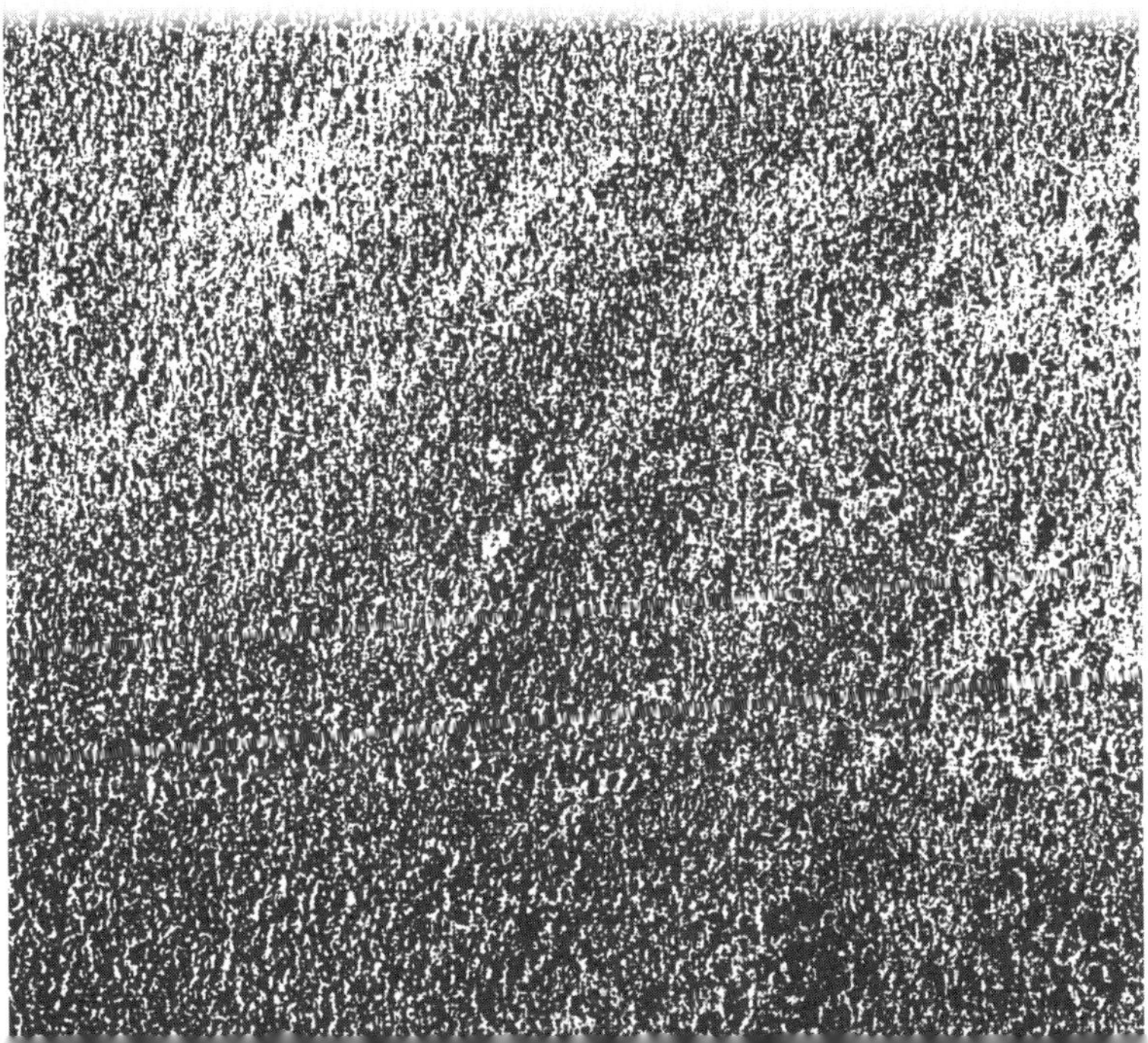

若き時より
主にある友情をもって
御指導をたまわった
武藤陽一先生に
感謝をこめて
本書を献げる

序文

本書は内坂晃牧師が「教会と国家学会」での発題や、同学会の会報などに記された、時事問題や歴史問題についての発言や考察、および聖天伝道所その他でなされた説教や聖書講話などを集めたものである。この両者を結びつけて聖書の真理を語るのが内坂牧師の真骨頂である。

わが国のプロテスタント教会には、二つの流れがある。その一つがいわゆる「教会派」で、時事問題、政治問題には禁欲的で関心を示さず専ら聖書の講解説教をもって正統派を自任する。他方「社会派」は、時の政治権力を批判し、積極的に時事問題を取り上げ、抗議行動も辞さず、社会に警鐘を鳴らすものである。本書は後者に属する説教と講演などであるが、内坂牧師の信仰告白であると同時に「預言者」としての政治権力（闇の勢力）への批判の書である。

内坂牧師の信仰告白には四つの論点がある。第一が伝道とは何か。第二が偶像崇拝の批判で、ルターやカルヴァンの正統派を批判する。第三が贖罪信仰で、咸錫憲（ハムソクホン）を通しての内村鑑三批判。第四が内坂牧師の信仰の基本にある「復活」の論点である。

まず第一の伝道とは「出来るだけたくさんの人々に洗礼を施して、いわゆる信者を増やすというようなことではなく、伝道とは、神の国（神の支配）、神の御心に添った所を、この地上に作るべく戦うこと、これが伝道だと思うのです」（四一―四二頁）、「神の御心を行うとは一体どういうことでしょうか。それは愛の業であり、正義を行うことであり、平和をつくり出すことであり、そして平和をつくり出すためには必然的に十字架を負うということを抜きにしてはないでありましょう。そしてそれは何より悔い改める姿であると思います。それが神の国である。そして、それは実は神の創造の御業であって、何か人が頑張って相手を悔い改めさせたりするなどということはできないのです。そういう意味では伝道は人間がする業ではなく神様だけができる業であって人間には不可能なことです」（五五頁）、「伝道とは、いわゆる〝信者〟を作ることではない。端的に神の御心が行われるように努めることである。……それが悪霊の支配と戦うという姿をとったわけです。……そして、悔い改めこそは伝道の成果そのものである。……相手が悔い改めたならば、まさにそこに神の創造の御業があったと言わなければならない。私達は、それに参与せしめられるにすぎない。そして、その道は……贖罪的生き方であり、それは、この世での失敗や敗北を恐れない姿である。それは、この世での直接的な成功や勢力の拡大を目指す生き方と鋭く対立するのです」（二九九―三〇〇頁）。これは、日本基督教団の宣教基礎理論等を改定し、教勢を回復することを伝道と考えていることへの痛烈な批判でもある。

第二が偶像崇拝の批判である。教育基本法改正、原発問題、竹島問題のテーマの中で、「教科書においては何よりもまず事実や真実あるいは真理が尊ばれるのでなければならないと信じている。これは教会においても、そうあるべきで、教会だから、クリスチャンだからといって、変にキリスト教という宗教を弁護しようと考えるならば、それは間違っている。真理を畏れ尊び探究する精神、何はなくとも、これだけは失ってはならぬものであり、そのためには、教条主義的になってはならない」（二三六、二三八頁）、「三〇年間聖書を講じてきて分かってきたことは、聖書自身が宗教批判に満ちた書であるということである。ヨブ記などは典型的にそうであるし、預言者達やイエスやパウロの言論活動もみなそうである。だから彼らは、時の宗教権力と戦わねばならなかったのであった」（二三八頁）。これは、カール・バルトの次の言葉を想起させる。

「宗教こそ不信仰の表明である。これは神なき人間の営みにほかならない」

「人間というのは間違いを犯す存在なのです。ところが、その間違いを犯す存在の人間が唯一絶対の神を信ずる、……その間違うはずの人間が抱く『信仰』だけは絶対であると考える。『信仰による自己絶対化』ということが起こってくる。自己絶対化ですから、それは偶像礼拝の精神であると言わなければなりません」（一七五頁）。

自民党改憲案の問題点のテーマの中で、「キリスト教は、イエスを『神の子』に祭り上げることで、イエスを偶像化してきたと思います。それはそれを認めないユダヤ教徒への迫害と表裏一体でした。超越なる唯一の神のみを神とするという、十戒の第一戒に厳密に立つという以外にないというのが、私の考えです」（一七四頁）。「自分達こそは真の神を知っているとの前提は偶像礼拝にほかならないことも知らねばならない。教義の絶対化も同じであることを悟らねばならない。自らが神の審きの下に置かれていることを受け入れなければならない。天皇の偶像化に対して、イエスの偶像化をもって対するのは、同じ穴のむじなでしかないことを洞察すべきである。その上で私達はどこまでも『主の僕、苦難の僕』として生きられたイエスを、『神の子・キリスト』と告白する。それはイエスの偶像化をも含めて、この地上のあらゆるものの偶像化との戦いを私達に命じる」（一七五頁）。

第三の贖罪信仰で、咸（ハム）先生が内村鑑三の贖罪信仰は十字架を仰ぎ見つめる（いわゆる仰瞻）ということに対し、イエスの十字架を仰ぎ見るのではなく、「我が身も十字架を担うという姿勢です。主イエスは、『わたしについてきたいと思うものは自分の十字架を背負ってわたしに従ってきなさい』と言われました。咸先生の贖罪信仰はその意味では、非常に聖書に根ざしているものであると私には思えます」（九一頁）。

第四の復活信仰の論点である。八月十四日に思うこと――視点の転換のテーマの中で、内坂牧師のイエスの復活の意味が語られている。「イエスの復活、それはいかなるメッセージを私達に告げているでしょうか。それは死が絶対である（死の偶像化）ということが打ち破られているということです。来世がどんなものであるかは分かりませんが、そして聖書はそれについて多くを語りませんが、ともあれ、死が最後のものではないということが示された。このことを抜きにして、迫害下に置かれた初期のキリスト教徒達の殉教の死は説明できないでありましょう（復活から、ではあの十字架の死は何であったのかとの問いが生じ、イザヤ書五三章の苦難の僕や罪祭の犠牲の子羊との連想から、贖罪信仰が初代教会に成立していったと考えられますが、この贖罪信仰だけからでは、迫害下にあった初期キリスト教徒達の多くの殉教の死を、とても説明できません)。

次にイエスの復活は、この世の判決、評価を覆すものがあることを示します。これは私達に〝永遠が勝負である〟とするような人生への歩みを鼓舞するものでありましょう。

さらにイエスの復活は、『イエスこそ神の子』との信仰を生み出すことになりました。当時、神の子とされていたのは、ローマ皇帝でありました。それに対して『イエスこそ神の子』との信仰は、この世の権力を相対化し、神の支配と言うべきものがあることを確信させることになりました。

……

すなわちこの世の価値観にどっぷりつかり、死を絶対とする生き方からの転換です。それを聖書は悔い改めという言葉で表したわけです」（一二五—一三六頁）。

本書は、最近の時事問題、政治問題について、内坂牧師の信仰告白の四つの論点に基づいて政治権力を相対化し、闇の勢力に抗して生きることを薦めている。

㈱教文館代表取締役会長　宮原守男

目次

II

Ⅲ

装幀　熊谷博人

I

教育基本法の「改正」について

これは二〇〇六年五月二十一日に持たれた教育基本法の学習会で、筆者が発題し、またそこで学んだところの一部を記したものである。

教育基本法の改訂が次の国会では決められてしまいそうな現状にありますが、その最も大きな問題と思われる点をひとつだけ指摘しておきたいと思います。

教育基本法の改悪に反対する全国署名ネットワークのちらしにも、このように記されています。

マスコミ報道では、「愛国心」問題のみが強調されていますが、最も大きな改悪点は政府や地方行政が教育に公然と介入してよいと変えてしまっているところだと思います。こういう仕組み・法律を作ってしまうと、教育の国家統制が一挙に進むことは明らかです。

この点につきましては、現在の教育基本法の第一〇条と与党案とを比べてみますと事柄がはっきりとしてきます。

現行教育基本法第一〇条（教育行政）

①教育は、不当な支配に服することなく、国民全体に対して直接に責任を負って行われるべきものである。

②教育行政は、この自覚のもとに、教育の目的を遂行するに必要な諸条件の整備確立を目標として行われなければならない。

与党案

一六　教育行政

（1）教育は、不当な支配に服することなく、この法律及び他の法律の定めるところにより行われるべきものであり、教育行政は、国と地方公共団体との適切な役割分担及び相互の協力の下、公正かつ適正に行われなければならないこと。

（2）国は、全国的な教育の機会均等と教育水準の維持向上を図るため、教育に関する施策を総合的に策定し、実施しなければならないこと。

（3）地方公共団体は、当該地域における教育の振興を図るため、その実情に応じた教育に関する施策を策定し、実施しなければならないこと。

（4）国及び地方公共団体は、教育が円滑かつ継続的に実施されるよう、必要な財政上の措置を講じなければならないこと。

まず誰でもすぐに気がつくことは、与党案では教育行政の項が、現在の教育基本法に対して、ずいぶん長くなっているということでありましょう。これ自体すでに、国家権力の教育への介入、国家教育権とでも名づけるべきものが強く打ち出されていることが示されています。しかし現在の教育基本法第一〇条が、戦前の教育勅語による体制への批判として、「教育は、不当な支配に服することなく」という言葉で、極力介入を排除しようとしたのは、教育内容への国家権力に対してでありました。

それで教育基本法は、第一条、教育の目的として「教育は、人格の完成をめざし、平和的な国家及び社会の形成者として、真理と正義を愛し、個人の価値をたつとび、勤労と責任を重んじ、自主的精神に充ちた心身ともに健康な国民の育成を期して行わなければならない」と記し、このような普遍的な理念の追求を目的とする限り、当初、教育には大幅な自由が許されたのでありました。戦後数年、貧しかったけれども、学校では心ある先生方によって、実に自由に様々な民主主義教育の試みがなされたことを、当時生徒だった人々から私はよく聞かされたものであります。しかしやがて、教育に対する国家権力による様々な介入がなされるようになって今日に至っています。

与党案でも、教育行政の項では最初に「教育は、不当な支配に服することなく」とありますが、この「不当な支配」とは、国家権力を指しているのでないことは、後の文面からも明らかです。大島理森元文部大臣は、これを「教育行政は、教職員等の不当な支配に服してはならない」と解説しました。

今、韓国との間で、いわゆる「竹島問題」が懸案になっていることは、御存知の通りです。それで韓国との間で領有権が争われているという事実をそのまま記した教科書が、検定で訂正を求められました。それは日本の国益を損なう記述であり、日本の固有の領土でもある竹島を韓国が不当に実効支配しているというように書き改めさせられたというのです。みな様は、はたしてこれをどう思われるでしょうか。与党案が成立すれば、「不当な支配」とは、外国勢力のことを指すのだとする解釈も、なされていくようになるでありましょう。国益などというものを中心にすえた教育が、本当に教育の名に値するものと言えるのかどうか、私は全くおかしいと言わざるをえません。教育が目指すべき中心にあるべきものは、ただ真理のみでなければなりません。

教育基本法「改正」の問題以外にも、最近の政治の動きでこれはおかしいと思うことは多々ありますが、もう一点だけ言っておきたいことがあります。現在北朝鮮の核開発が問題になっていることは御承知の通りですが、私は不思議でならないのですが、では在韓米軍は核兵器を配備していないのか。それは大いに疑わしいにもかかわらず、どの国もそれを問題にしません。またイランの核開発も国連を巻き込んでの大きな問題になっていますが、どうしてイスラエル共和国の核兵器疑惑をアメリカ始め、どの国も問題にしないのでしょうか。親米国の核兵器所有は問題ではないのかということです。みな様はいかがお考えになられますか。

（『教会と国家学会会報』第三号、二〇〇六年六月）

【参考資料】

教育基本法

われらは、さきに、日本国憲法を確定し、民主的で文化的な国家を建設して、世界の平和と人類の福祉に貢献しようとする決意を示した。この理想の実現は、根本において教育の力にまつべきものである。

われらは、個人の尊厳を重んじ、真理と平和を希求する人間の育成を期するとともに、普遍的にしてしかも個性豊かな文化の創造を目指す教育を普及徹底しなければならない。

ここに、日本国憲法の精神に則り、教育の目的を明示して、新しい日本の教育の基本を確立するため、この法律を制定する。

第一条（教育の目的）

教育は、人格の完成をめざし、平和的な国家及び社会の形成者として、真理と正義を愛し、個人の価値をたつとぴ、勤労と責任を重んじ、自主的精神に満ちた心身ともに健康な国民の育成を期して行わなければならない。

南京暴虐七〇周年

これは二〇〇八年六月十五日、稲城教会の主日礼拝説教として語ったものです。

そして、わたしが命じておいたように、落ち着いた生活をし、自分の仕事に励み、自分の手で働くように努めなさい。そうすれば、外部の人々に対して品位をもって歩み、だれにも迷惑をかけないで済むでしょう。

（第一テサロニケ書四・一一―一二）

みな様ご存じのように、あるいはお祈りにもございましたように、先日、岩手・宮城で大地震があって、本日の新聞では死者六名、行方不明者十一人という見出しが大きく出ていました。ところで、このニュースを見ながら色々思ったことがあるのですが、そのうちの一つは私が取っておいた新聞の中の日本の戦時中に起きた地震の記事です。これによると太平洋戦争の最中、一九四五年の敗戦までの間に三回大きな地震が起きています。鳥取地震、昭和東南海地震、三河地震です。昭和東南海地震は一九四四年十二月七日です。それはマグニチュード7・9でしたから、今回の地震よりも大きい。今回はマグニチュード

6強ですから。死者、行方不明者一、二二三人でした。さらに三河でも敗戦の年、四五年一月十三日に起き、犠牲者が二、三〇六人、マグニチュード6・8の直下型地震だったそうです。しかし、これらの地震は報道されませんでした。戦争の最中にあって、そういう地震の災害などを報道することは、戦意を低下させるという判断でした。この度の四川の大地震でよく言われたことは、中国の報道の開示というか、外国のメディアにも開放し、中国が変わったと言われましたが、最近はまたそうでなくなっていると言われています。あの四川大地震は死者、行方不明者を合わせると一〇万人近くだそうです。しかし、それより数年前に起きた大地震では、確か二四万人という、ものすごい数の死者が出ていたのですが、それはほとんど報道されなかったのです。人々が知ったのは実に三年後でした。ミャンマーのことは余り出て来ていませんが、それは言うまでもなく報道が軍政によって規制されているからで、要するに大変な被害が出ても国家権力によって隠蔽されることを幾つかの例が示しています。最近はメディアの発達など色々なことで、隠そうとしても容易に隠せなくなりましたが、権力によって色々なことが隠されるという一面を思わざるを得ませんでした。

北朝鮮の核実験については、アメリカも日本もずいぶん騒ぎましたが、しかしアメリカが全く騒がないで、しかし公然の秘密のようになっている核保有国があります。言うまでもなくイスラエルです。イスラエルが核保有国であるのは公然の秘密です。イスラエルを支持しているアメリカは何も言いません。

本日は南京事件についてお話したいと思っていますが、実は「南京事件」も隠されたわけです。お配りした資料の元になった朝日新聞（二〇〇七年十一月二十四日付）を御覧下さい。「時間順にたどると」というところに、こう書かれています。

日本軍は終戦時、部隊の作戦行動を記録した戦闘詳報や陣中日誌などを大量に焼却処分したため、南京戦の全容は判明していない。

隠すわけです。後に有名になった七三一部隊のことも隠したわけです。ですから多くの日本人は知らずにきたのです。おまけに七三一部隊のことは資料を日本軍はアメリカ軍に提供し、その代償として東京裁判でもまったく取り上げられませんでしたので、多くの人は知らずにきました。

本日は、「南京暴虐七〇周年」という説教題を掲げました。これは、言うまでもなく一九三七年十二月から翌年の一九三八年一月ないし二月にかけて行われた、世に言う「南京大虐殺」と言われる事件のことであります。昨年十一月二十四日の朝日新聞が「発生から七〇年、南京事件とは」という見出しでこれを取り上げ、また「福田首相は南京を訪問するべきだ」との主張が記事として載せられていました。正確には一九三七年に起きていますから、昨年十二月がちょうど七〇周年ということになります。それで中国では南京大屠殺記念館が新装されました。その時に「大屠殺記念館」というぎょっとするような名前はやめて「平和記念館」にしようという提案がありましたが、却下されました。というのは、日本に、あのような事件はなかったとする主張があるからです。その主張が日本にあるうちは、「大屠殺記念館」という名は消してはならないというのが大勢の意見であったそうです。

また雑誌『世界』が今年の一月号に「南京事件七〇年」という特集を組んでいました。しかし一般的には、日本の言論界では「南京事件七〇年」は、大きく取り上げられることはなかったように思います。それは、キリスト教ジャーナリズムの世界においてもそうであります。みな様の中にも、内坂牧師は礼拝説教で、どうしてまたこんな問題を取り上げるのだろうといぶかしく感じていらっしゃる方がおられるかもしれません。私がなぜこれを取り上げようと考えたか、それと本日のテキスト、第一テサロニケ書四章一――一二節や招詞のロマ書の一二章一――二節の聖句とどう関係するのかについては、これからお聴きいただくなかでお分かりいただきたいと存じます。

さて来る七月二十六日午後二時から、第四文化センターで、「稲城九条の会」東長沼地区の主催で『南京虐殺と日本軍』という本を書かれた渡辺寛氏を迎えてお話を聞く会を持つことを計画しているのですが、その打ち合わせの会の中で、次のような提案が出されてきました。「テーマをどうするか、『南京大虐殺』というのは露骨すぎないか？　またそういう題をつけることは、自虐的『歴史観』だという評価を受けないか？　それよりは、『戦争とは何か』、その残虐性を検証する、というような題にした方がよいのではないか」

と言うのです。しかし、私は、そういう戦争一般の残虐性にしてしまうと、南京事件がもっていた重要な本質が隠されてしまうと思います。では、その重要な本質とは何か。

ところで私は説教題を「南京事件」とも「南京大虐殺」ともしないで、「南京暴虐七〇周年」としました。単に「南京事件」とすれば、何のことか分からない人々(特に若者では)がいるかも知れないと思ったからです。今は八月十五日が何の日か分からない若者がたくさんいるという現状ですから。また世上で言われている「南京大虐殺」とも「南京虐殺」ともしなかったのは、あの時、南京で皇軍(天皇の軍隊)によって行われたことは単に虐殺だけではなくて、「略奪、強姦、暴行、放火、破壊」等々、あらゆる蛮行、暴虐がなされたからであります。ですから「南京事件」を考える時に、虐殺だけを見てそれがどれぐらいの人数であったかだけではだめで、あらゆる蛮行が行われた全体を含めて「南京事件」と見なければならないと思って「南京暴虐七〇周年」としました。その一端を祈禱会で、二回にわたってビデオで観ました。一本は夜中に民放で放映された、当時の皇軍兵士の陣中日誌をもとに南京の捕虜虐殺の真相に迫ろうとしたものであり、もう一本は当時南京にいた、撮影が趣味であったマギーというアメリカの宣教師が密かに撮ったフィルムであります。

「南京事件」とはいかなる事件であったのか。まず昨年の十一月二十四日の朝日新聞の記事を見ておきたいと思います。資料を御覧下さい(以下、注記のない引用文は二〇〇七年十一月二十四日付の朝日新聞によるものである)。

最初に「なぜ南京だったのか」という所です。

三七年七月、北京近郊から始まった日中戦争は、八月には国際都市・上海へと広がった。日本軍は苦戦しながらも十一月には上海を制圧。次の目標として南京が浮上した。

当時、蔣介石が率いる中国の政府は南京に首都をおいていた。現地日本軍の最高司令官である松井岩根（いわね）大将は、南京を陥落させれば「事変は解決する」と考え、陸軍中央に進言した。一方、中央の大勢はこれに反対だった。

当時、近衛内閣では、「不拡大方針」、事変をこれ以上拡大させないという方針をとっていました。

もともと武力衝突を拡大させない方針だったからだ。だが十一月十九日には現地軍の一部が独断で進撃を始めていた。

軍の統帥権を握っているのは天皇ですから、これは天皇の許可なく軍が暴走したとして、天皇は事変を止める責任があったのですが、昭和天皇は結局は追認していきました。それが悲劇につながったわけで、これは天皇の大きな責任だと私は思います。

同じころ、蔣介石は首都を南京から奥地の重慶に移すことを決定した。
すでに南京は首都ではなく、日本側もその事実を知っていたにもかかわらず、日本の最高統帥機関である大本営は十二月一日、「敵国首都・南京を攻略すべし」と正式に命令した。

これは重要なことで、日本軍は南京を占領したのですが、それは比較的容易にできたわけです。それはどうしてかというと、中国軍の主力部隊は南京から重慶へ引き上げていたからです。南京に残っていた中国軍の指揮系統が崩れていたのです。ですから比較的たやすく占領できたのです。

つぎに、「時間順にたどると」という所に行きます。

古都の趣を持つ南京の中心部は、ＪＲ山手線の全長とほぼ同じ外周の城壁に囲まれていた。そこへ日本軍が総攻撃を始めたのは十二月十日。十二日夕には中国軍は壊滅状態に陥った。

十日に総攻撃を始めて十二日には中国軍は壊滅状態でした。非常に早く中国兵は捕虜として手を上げたそうです。

日本軍は終戦時、部隊の作戦行動を記録した戦闘詳報や陣中日誌などを大量に焼却処分したため、南京戦の全容は判明していない。

こういうことをしながら、今頃になってあんなことはなかったとか、もっと犠牲者は少なかったと主張するのは卑怯だと思います。

だが残された日本軍の記録や将兵の日記などによって残虐行為の一定部分は明らかになっている。

陣中日誌の一部分がその右側の欄にいくつか紹介されています。

……支那兵の一部五千名を揚子江の沿岸に連れ出し、機関銃をもって射殺す。その後銃剣にて思う存分に突き刺す。（黒須忠信上等兵）

次の段落に移ります。

事件は三段階で発生した。

【第一段階】

南京が陥落した十二月十三日。中国の将兵や市民はパニックに陥った。人々は揚子江（長江）を渡って逃げようとし埠頭（ふとう）がある下関（シアコワン）に殺到。日本軍はここも制圧し、投降してきた中国兵らを次々殺害した。南にある中華門外でも、投降勧告に従って収容された多くの中国兵が殺害された。

投降してきた兵を殺害するのは国際法違反です。

【第二段階】

翌十四日から十六日。日本軍は十七日に入城式を行うことを決定。それまでに残った敵を掃討しようと、市街地でしらみつぶしに捜し、殺害していった。欧米人が管理していた「国際安全区」にも入り、将兵か民間人かを明確に区別しないまま多数を連行、殺害した。幕府山周辺で捕虜が集団で殺害されたのも、この前後だ。

「よく三〇万と言うけど、そんな馬鹿なことはない。当時、南京の人口は二〇万であって、三〇万はあり得ない」という日本の右翼やそれに同調する人々が盛んに主張しますが、それは実は、当時安全区に逃げてきた人々が約二〇万人だったのです。それを南京市全体の人口であるかのように言うのは、まったくのごまかしです。マギーという宣教師はこの安全区へ逃げてきた被害者の姿をいくつも撮影しています。

渡辺氏が『南京虐殺と日本軍』という本で取り上げているのが主としてこの幕府山での中国人捕虜の殺害で、それは十二月の十六日から十八日に行われたようです。それに関わった軍の陣中日誌が出てきていますが、三万人以上の将兵が殺されています。どのようにやったかと言うと、機関銃で殺すわけです。しかし、機関銃だけでは弾がもったいないとの理由で、その後、重油をかけて火を付けて焼死させました。それでも死にきれない人や死んだふりをしている人は銃剣で突き殺したわけです。幕府山でなぜやったのかというと、一つは死骸を揚子江に流してしまうためです。もう一つは安全区は外国人がいたので、その外国人の目から隠すためです。三日間で三万人以上を殺したのです。

【第三段階】

入城式後に、日本軍は市民にまぎれている将兵を摘発し、連行する『兵民分離』を行った。捕まった人々は下関などで殺害され、その目撃談も残っている。日本兵による強盗や強姦なども続き、治安がようやく回復に向かうのは翌三八年一月を過ぎてからだったという。

次に「なぜ起きたのか」ということですが、資料を御覧下さい。

都留文科大の笠原十九司教授は「南京攻略自体がそもそも、態勢不備のまま行われた無謀な作戦だった」と指摘する。現地の中支那方面軍司令部は略奪行為を禁じたが、食糧は補給せず、各部隊は略奪を繰り返すしかなかった。

どうして捕虜をそのようにたくさん殺害せざるを得なかったかというと、食べる物がないわけです。捕虜の食糧がないため、草まで食べたり、あるいは暴動が起きそうになり、捕虜の処分命令が出て、殺害したというのです。これが原因の一つです。

激戦が続く中、日本兵は中国兵に憎しみをぶつけた。中国人への蔑視感情が虐殺や強姦などの不法行為を引き起こしたという指摘もされている。

次に「犠牲者数なぜ違う」という所も見ておきます。

事件は「南京大虐殺」と呼ばれてきたが、犠牲者数についての見解は今も大きく分かれている。戦後まもなくの極東国際軍事裁判（東京裁判）と、南京で開かれた中国による戦犯裁判軍事法廷（南京裁判）での認定もばらばらだった。

東京裁判の判決文には「(殺害された）一般人と捕虜の総数は二十万以上」という数字と、「十万以上」という二つの数字が出てくる。一方、南京裁判は埋葬団体の記録などに基づき「犠牲者総数は三十万以上に達する」と認定している。これが中国政府の主張する犠牲者数三十万人以上の根拠の一つとなった。

日本国内では大量虐殺などまったくなかったと主張する一部の研究者はいるが、歴史学会では大量虐殺はあったというのが定説だ。政府も「南京入城後、多くの非戦闘員の殺害や略奪行為があったことは否定できないと考えている」（外務省ホームページ）との見解を表明している。

しかし、もっと少なかったとか、色々なことを言う人が出てきて、「戦争で殺されたことを虐殺と言うのか」とか、「南京の城外の人は数に入れないからもっと少ない」などと言う人もいます。

私が本日問題にしたいのは、なぜこんな事件が起きたのかということです。戦闘で死んだのでなくて、もはや戦闘は終わっていたのにであります。なぜ二〇万とも三〇万とも言われるような人が虐殺されなければならなかったのか。あるいは、「略奪、強姦、暴行、放火、破壊」が行われたのかということです。みな様はなぜだと思われるでしょうか。幕府山周辺での十二月十六日─十八日にかけての三万名以上の捕虜殺害（機関銃、重油、刺殺）については、先ほどの民放の放送では、食糧不足による処分がその理由として挙げられていました。本来なら食糧などの補給路を確保していなければならなかったのに、日本軍は「現地調達主義」でした。要するにそれは略奪せよということです。このように日本の中国侵略はきちんとした食糧補給の方策なしで行われました。だから、食糧不足のための処分であったというのは一応納得できることです。何万、何十万の捕虜を抱えれば、食糧が足らなくなり、結局は「処分」という命令が出てくる可能性は元からあったわけです。

しかし皇軍はこの虐殺だけでなく、先ほども申しましたように、強姦や放火、暴行などあらゆる残虐行為を中国の人々にしているのでありまして、それは食糧不足といったことだけでは説明できないことであります。食糧不足の解消のためだけであれば、一定の人間を殺せばそれ以上必要ないわけですが、どうして強姦し、暴行し、放火をしたのか。それは一体なぜかという問題です。「中国人への蔑視感情が虐殺や強姦などの不法行為を引き起こしたという指摘もされている」と先ほどの新聞にありました。かつて中国人のことを、日本人は「チャンコロ」と呼んで馬鹿にしました。このような中国人への蔑視感情はどこから出てきているのか。日清戦争での勝利体験は一つ見逃すことのできないことで、「眠れる獅子」などと言われた清国を日本がやっつけたという優越感。当時の中国は列強の半植民地状態にあったという実情があります。「シナ人は情けない、弱い」という軽蔑感情が日本人に醸成されていたことがあります。しかし、私が注目したいのは天皇制であります。すなわち天皇神格化の裏側にあったのが中国人への蔑視感情であって、両者は一体のものとしてあったのだと思います。

戦後日本のオピニオンリーダーの一人として活躍された丸山真男氏の有名な論文「超国家主義の論理と心理」の中で、彼は、戦前戦中の日本においては、天皇との距離からその人の価値を決定したというような意味のことを述べています。たとえば「一視同仁」（日本国民であれば、天皇は韓国人、朝鮮人、台湾人であろうと同じ憐れみの心をもって見てくれる）だと言われましたが、現実には、同じ天皇の赤子《せきし》などと言っても、日本人と朝鮮人、韓国人との間に明白な差別があったのは、この原則を考えればよく分かります。天皇は日本人ですから（天皇家は本当は韓国系だと私は思いますが）。同じ「日本国民」（臣民）と言っても韓国人、台湾人などは天皇から遠いわけです。それが差別を生み出したわけです。天皇を神格化すればするほど、その差別は強烈になっていきました。まして天皇の軍隊（皇軍）に歯向かう「チャンコロ」「支那人」の如きは、蹴散らしてしまえとの奢り高ぶった意識が、獣のごとき皇軍の蛮行の底にあったものではないか、私はそう思うのです。すなわち天皇の神格化という意識が、醸成されればされるほど、それに歯向かう者は人間ではないというか、人間扱いしない。だから、平気で放火をする、強姦する、暴行する。大変な事をしたという意識を持たずにそういうことができる。そういうことだと思うのです。

軽蔑は人を残酷にします。たいして残酷なことをしているという罪悪感を抱くことなく残酷なことを平気でさせます。日本人の中国人への蛮行は、憎しみである以上に軽蔑感であったのではないか。中国人をまるで虫けらのごとくに扱う心の裏側にあったもの、それは天皇神格化への熱狂であった、私はそう思います。それは聖書的に言えば、偶像崇拝の恐ろしさであります。天皇神格化というのは偶像崇拝です。神ならざるものを神に祭り上げる、それが偶像崇拝です。それはまた宗教というものの恐ろしさであると言ってもいいと思います。宗教的熱狂の前に、人は冷静な思考を停止し、普通の人間的感情は麻痺させられるのです。

海行かば水づくかばね
山行かば草むすかばね
大君の辺にこそ死なめ
かえりみはせじ

死体が海に浮かんでいる、山に行けば死体が転がっている、天皇の御許で死ぬなら、「かえりみはせじ」、ここで思考は停止するのです。一体この戦争にはどういう意味があるのか、日本の行く末はどうなるのか、心ある人は当然いろいろ思い悩むのですが、「大君の辺にこそ死なめ、かえりみはせじ」、ここに到れば思考は停止する、そして普通の人間的感情は振り切られるのです。偶像崇拝の恐ろしさであります。軍歌は天皇教の賛美歌であります。靖国神社へ行きますと八月十五日にこの歌を歌うわけです。皆で合唱するわけです。背筋が寒くなります。「かえりみはせじ」、ここで思考が停止するというのは、『わだつみの声』などを読みますとそれが非常に明瞭に出ているように思います。あれを書いたのは当時の学生で、知識人ですから、色々考えるのですが、あるところに来るとピタリと思考を停止します。一人の中国人を捕まえた。これは共産党軍のスパイではないかと疑い、さんざん拷問したが、普通の農民であったことが分かった。それでどうすべきかと思い悩み上官に報告すると、上官は一言、「邦家のために」(天皇家のために)、と言う。それで心が決まって「処分」する。それ以上、思い悩まない。それはテロリストの心理も同じでしょう。人間ですから色々思うのでしょうが、「アラーのために」という言葉が呪文のようなもので、そこで思考が停止します。普通の人間的感情が振り切られるのです。ですから、宗教ほど支配者にとって魅力的な利用価値のあるものはありません。戦争と宗教的熱狂はいつも二人三脚である。私はそう思います。

六〇〇万といわれるユダヤ人虐殺を遂行したナチス・ドイツがこの点を見逃すはずがありませんでした。『世俗宗教としてのナチズム』の著者小岸昭氏は、ナチスの宗教性に着目し、ヒトラーの偶像化とユダヤ人虐殺との関係について着目しておられます。

このナチスの欺瞞性を聖書の信仰に立って鋭く見抜き、批判したのがドイツ告白教会の人々でありました。しかし、ナチスの欺瞞に巻き込まれた「ドイツ的キリスト者」と呼ばれる人々が数多くいて、むしろそちらが主流でした。六〇〇万のユダヤ人虐殺を当時のドイツ人の多くが知っていたわけではありませんが(それは密かに行われましたから)、アーリア条項などを出してユダヤ人が公職から追放されるなどした時に、教会が抗議の声を上げたかというと、ほとんど上げませんでした。その根には、キリスト教徒のユダヤ人差別が根深くあったものと思われます。そして、キリスト教も宗教である限り、同じ偶像崇拝的熱狂から無縁ではありませんでした。すぐ思い浮かぶものは十字軍です。魔女裁判もそうです。「あいつは魔女だ」と言うとそこで思考が停止し、本当かどうかという十分な調査もなされず拷問の果ての火あぶりの刑に処せられたのでした。中世の宗教裁判の残虐性への反省から、ヨーロッパの近代刑法が生まれてくるわけです。ユダヤ教徒迫害、異端審問の残虐、これらは神の子キリストへの熱狂の裏返しとしてあったものであります。神の子キリストへの信仰、それへの熱狂の裏返しにあったのが、いまだにイエスをキリストとは認めない、いやキリストを十字架につけたユダヤ教徒は許せない、ということを理由にしたユダヤ教徒への迫害です。そこにおいては、しばしば歴史上の一人の人間としてのイエスは顧みられることがありませんでした。「敵を愛せよ」と言われ、「神は善人の上にも悪人の上にも雨を降らせ給う」と言われ、弟子の足を洗い給うイエスのお姿は注目されません。「勝利者イエス」というものだけが言われる。ましてや「私に向かって『主よ、主よ』と言う者がみな天国に入るのではない。ただ父の御心を行う者だけが入るのである」などという聖書の御言葉は、捨てて顧みられません。

先日の秋葉原での凶行事件についてですが、朝日新聞（二〇〇八年六月十四日）にはこんなことが書かれていました。

仕事が辛くても家庭や趣味に楽しく生きる人が多い。男（犯人）が重ねた転職は無断欠勤が一因だった。ネットへ逃げたが対話が成立しなかった。誰かに止めて欲しか

ったという甘えこそが事件の核心に思えてならない。(天声人語)

それは、私の言葉で言えば、自我形成が未熟だということです。自分のことを自分で処理できない、他者に自分をどうにかして欲しいというのです。自我形成が未熟で閉鎖的で孤立的で将来に希望を見出せず、不安と不満を抱えて自分のことしか考えられない若者。ああいう事件を起こさなかったとしても、そういう若者は、今の時代ごまんといます。

エネルギー危機や食糧危機が深刻化していくとき、まさにその国民の私生活の防衛と向上のためにという触れ込みで、利益共同体としての国家の強調がなされ、それを正当化するもっともらしい理屈を御用学者が述べて、ナショナリズムが宗教的熱狂の装いを帯びて現れてきたとき、これらの若者の暴走は、このたびの秋葉原での凶行どころではなくなるのではないか。これは私の杞憂でしょうか。

本日のテキスト、第一テサロニケ書四章一一―一二節。「そして、わたしが命じておいたように、落ち着いた生活をし、自分の仕事に励み、自分の手で働くように努めなさい」。パウロは誰にこんな事をなぜ言っているのか。これは世の終わりが切迫していると信じた人々が、自分の仕事もほったらかして、いわゆる宗教的な事柄に熱中している姿に対して、パウロが語った忠告であります。「落ち着いて、自分の仕事をきちんとやりなさい」と言っているわけです。「そうすれば、外部の人々に対して品位をもって歩み、だれにも迷惑をかけないで済むでしょう」。パウロ自身、世の終わりが近いと信じていた人ですが、パウロは熱狂的にならなかった。パウロはなぜそうならなかったのか。みな様はいかがお考えになられますか。

招詞のロマ書一二章一節には次のように記されていました。口語訳を読みます。

　兄弟たちよ。そういうわけで、神のあわれみによってあなたがたに勧める。あなたがたのからだを、神に喜ばれる、生きた、聖なる供え物としてささげなさい。それが、あなたがたのなすべき霊的な礼拝である。

お分かりでしょうか。新共同訳では、一節の終わりに「これこそ、あなたがたのなすべき礼拝です」となっていて、口語訳にある「霊的な」という言葉が消えています。原文には「霊的な」と訳された言葉があります。この「霊的」と訳された原語はロギケーで、「合理的な」と訳せる言葉です。ロゴスから派生した単語で、ロゴスとは「言葉」です。これについて高橋三郎先生は次のように説明しておられます。

　ここに「霊的」と訳されている原語「ロギケー」(λογική)は、本来「ロゴス的な」、つまり「ロゴスにかなった」「理性的な」という意味である。ストア哲学においては、ロゴスは全宇宙に、そしてまた人間の魂の中に、遍在する神的原理として考えられており、場合によっては「理性の法則」という言葉で再現できることもある。パウロはこのような、ヘレニズム世界の用語をとり入れて、キリスト者の信仰生活の本質を表現しようとしたのである。（高橋三郎『ロマ書講義Ⅴ』一四一一五頁）

そして、パウロのいう合理的な礼拝とは、高橋先生は、具体的には、たとえば勤勉に働き、本当に人を愛し、具体的に社会のためにつくすことによって、自分自身を神に献げるということであった、と言っておられます。

これがパウロの言う「ロギケー」合理的な礼拝なのです。だからパウロは、一節にこう続けたのです。

あなたがたは、此の世と妥協してはならない。むしろ、心を新たにすることによって、造りかえられ、何が神の御旨であるか、何が善であって、神に喜ばれ、かつ全きことであるかを、わきまえ知るべきである。

すなわち理性を働かせて、何が神様に喜ばれることかを考えなさい、と言うわけです。「霊的な礼拝」と言うと、私たちは何か熱狂的なものを予想しますが、まったくそうではなく、むしろ逆です。熱狂的に宗教的雰囲気に酔うのではなく、きちんと理性を働かせて、この世と妥協せず、何が神の御旨であり、何が善であって、神に喜ばれ、かつ全きことであるかをわきまえ知るようにと言うのです。

このパウロの言葉の実践例の一つを、最近の朝日新聞（二〇〇八年六月十日）の記事の中から御紹介して、本日の私の話を閉じたいと思います。

〈恨みを溶かした師の熱意〉

修道女の高島（たかしま）康子（やすこ）（八二）は東京の聖心女子学院などで約三〇年間教え、定年後の九三年、大連の遼寧師範大学の日本語教師になった。外国人の布教活動は許されていない。「でも教育を通じ、イエスのお心を伝えることはできる」と思った。

三年目に担当したクラスに李錦成（リーチンチョン）（三二）がいた。教室の一番後ろでふんぞりかえって坐っていた。「だらしがない」と高島はしかる。

李は遼寧省出身の朝鮮民族。祖母から「お前の祖父は日本兵に殺された」と教えられて育つ。戦争末期、スパイと間違えられ捕まったのだという。

李は、日本が好きになれなかった。成績も悪かった。

高島はすべての学生を大切にした。「神から託されたというと大げさですが、特別に縁のある子供たちですから」。一人一人の作文の添削にじっくり時間をかけた。成績にかかわらず、「がんばる学生はいい学生だ」と努力を評価した。

李はだんだん高島の授業が好きになる。高島は日本語の弁論大会に推薦した。李はその信頼に感激する。全国の九〇〇人以上が応募した日本語作文コンクールで三等賞になった。「生まれて初めての賞状。ぼくも父母も興奮した」。もっと力をつけたい。〇〇年、東京に留学し、中華料理店でアルバイトした。だが先輩の日本人コックは冷たかった。中国人犯罪が報道されるたびに「中国人はなぜ日本に来るのか。迷惑だよ」という。

李は堪え続けた。ある日、「こんなに言っているのになぜ反抗しない？」ときかれ、こう答えた。「中国人が迷惑をかけているのは事実だから」

そのコックは中国人とけんかをして頭を切られたことがあった。中国人嫌いになった気持ちもわかるような気がした。

李の話を聞いてコックの態度が変わる。李を自宅によんで一緒に酒を飲み、中国語を習うようにもなった。李は確信した。「お互い相手の立場に立って考えれば、国や民族を超えて友情を結ぶことができるんです」

……後略

（朝日新聞ニッポン人・脈・記より）

この修道女の方は、教師になったわけですが、私は伝道とはこういうことだと思うのです。出来るだけたくさんの人々に洗礼を施して、いわゆる信者を増やすというようなことではなく、伝道とは、神の国（神の支配）、神の御心に添った所を、この地上に作るべく戦うこと、これが伝道だと思うのです。この修道女の高島康子さんはそういう意味での伝道に従事された。わたしは来年三月で稲城を去りますが、稲城教会は、こういう伝道を目指す教会であってほしいと願っています。

一言祈ります。

(『教会と国家学会会報』第八号、二〇〇八年十二月)

日韓問題とキリスト教

これは二〇一〇年、無教会全国集会での発題として述べたものです。

今年は日本が大韓帝国（現在の北朝鮮も韓国も含む）を武力で脅し強制的に併合して百年目の記念の年に当たります。この間の日韓の歴史を振り返り、これからの両国のあり方を共に考え、キリスト者の果たすべき課題についても考えたいと願っています。まず考えねばならないことは日韓の歴史認識の格差と歪みの問題です。私たち自身の知識のなさもありますが、御存知のように若い世代はさらにひどい現状です。この点、被害国であった韓国の若者の方がずっとましです。とはいえ、それは韓国の被害の強調に力点が置かれ、一面的であり、ナショナリズムの色に覆われたもののようです。

『和解のために』の著者朴裕河氏は、韓国人は「戦後の日本と現在の日本についてあまりにも知らなさすぎる。……日本と聞くだけで即座に過去の日本を想起してしまう」（『和解のために』平凡社、七頁）と言われます。そしてさらに韓国の教育については「いまや韓国の教科書も教育も、『韓国』人としての主体性を確認し、そこから誇りを求めようとする教育ではなく、あるいはそこに基礎をおいた他者（日本）に対する被害者意識を育成する教育ではなく、この地でどのようなことが起こったのかを、民族の誇りを求めるためではなく、歴史に対する知的関心を満たすために学ぶべきものとなるべきであろう。『民族』単位の思考がどうしても必要だと言うなら、誇りを求めるより先に『責任』について考える教育がなされねばならない。あるいは自分とは異なる階層、異なる国の人々との関係について、問う教育がなされるべきであろう……一九九〇年代の韓国がどのように外国人労働者を虐待し差別したか、はなはだしきは同じ民族である在中国同胞に対してさえ、その貧しさのためにいかなる差別を行ったか。七、八〇年代に国家の指導者と軍隊がどのように民間人を拷問しその命を奪ったか、未転向長期囚に対し思想を変えないことを理由にどのような非人間的な生活を強要したかについても、いま少し教科書に記されるべきであろう」（前掲書、四九―五一頁）と述べておられます。教育のナショナリズムからの解放ということであり、教育は真理を目指してのものでなければならぬということでありましす。

この点日本においては日韓の歴史についての一般人や若い世代の無知をいいことに、日本の右派の勢力が極めて一方的独善的な主張を、様々な手段を使って展開していることは憂慮すべきことであります。ネット右翼や在特会のような暴力団まがいのものは論外としても、いわゆる「つくる会」の教科書やマスコミの日常の報道にも、自らがしっかりした知識と判断力をもっていないと、うっかり流されかねない危険を感じています。

先日、菅総理が日韓併合に対して村山談話に沿った謝罪と反省の談話を発表した時に、在サハリン韓国人支援に触れたことに対し、関西テレビのニュース解説者青山氏が、「自分は先日サハリンに行って、サハリン在住の韓国人に会ってきた。彼はこう言っていた。自分は仕事を求めて日本からサハリンに来た。ここは日本人と我々が開いた土地だ。それをロシアに占領されている。どうして日本はロシアに抗議しないのかと。彼は自分でサハリンに来た。それをどうして日本の税金を使って彼らを支援しなければならないのか。全くおかしい」と言っていて、アナウンサーがなるほどとうなずいていました。また韓国人の帰国を許さなかったのはソ連政府なのに、日本が彼らを支援しなければならない理由などないと言う人々も結構います。

私はかつて一九八〇年頃、私達の伝道所が取り組む課題の一つとして、この問題に関わったことがあり、いくつかの市民集会で、この問題について話をしたことがあります。それで青山氏の解説が、ほんの一部の事だけを取り上げ、あたかもそれが全部であるかのような一方的な話だとすぐに分かりました。むろん一部には仕事を求めて、日本から自らサハリンに渡った韓国人もいました。しかし、そもそもその人々が日本に来ざるを得なかった背景は、日本の植民地政策によって、多くは農地を奪われた農民だったからです。そしてサハリンに連れて行かれた人々の多くは、一九三九年からの「募集」の名のもとに、韓国から行き先も告げられずに連行されていった人々でした。そしてサハリンで、炭坑や飛行場の建設、鉄道敷設労働に従事させられたのでありました。

日本が敗戦し、ソ連が樺太を占領すると、ソ連当局は彼らを日本人とは区別して、彼らの国籍を無国籍、身分証明書には最終国籍日本とだけ記載しました。

樺太から日本への第一次引き揚げは、ソ連参戦後、樺太庁長官の決定によって行われ、これは、ソ連軍によって禁止される一九四五年八月二十三日まで続き、合計七万六千名の人が帰還しました。この中に少数の朝鮮人婦女子らも含まれていました。一九四六年二月の米ソ引揚協定により、第二次引き揚げが行われ、この時三〇万近い人々が引き揚げました。しかし、この時の引き揚げ対象は日本人に限られ、韓国人は帰還できませんでした。この引き揚げは、日本政府のＧＨＱに対する強い要請に基づいて実現したものであることを考えると、引き揚げに際し民族差別があったことが推測されます。

一九五六年日ソ共同宣言が調印されると、第三次集団引き揚げが行われました。第二次の時と違うのは、日本人妻を持つ韓国人も、帰還を認められたことです。この時に帰還した韓国人の方々によって、樺太帰還在日韓国人会がつくられ、在樺太韓国人帰還運動が押し進められることになりました。このようにして、敗戦時三八万人いた日本人は、その殆どが帰還しました。これに対し、韓国人は四万三千人中、日本人妻の夫と家族二千名だけが帰還したのであり、四万一千人からの人が残されたわけです。

当然、樺太に取り残された四万一千人の人々もソ連当局に対して、帰還実現を願って交渉するようになります。これに対して、ソ連当局の態度は極めて好意的なものでありました。一九六二年ソ連当局は残留韓国人に対し「日本が入国を許可すれば、ソ連は出国を許可する。日本入国については日本大使館と連絡を取るように」と言って、日本大使館の住所と手続き方法を指示してくれました。つまり、「ソ連の立場とすれば国交のない韓国に帰すわけにはいかないが、国交の回復している日本が受け入れるのであるならば、帰るのは自由である」というものです。それで彼らは喜んで帰還申請を出します。これに対し日本は、「サンフランシスコ平和条約（一九五一年）によって、韓国人は日本国籍を喪失している」という理由で、旅券の発行を拒否いたしました。しかし、残留韓国人の人々の努力はなおも続けられ、それに応じて一九六五年にもソ連は「日本さえ入国を許可すれば、ソ連は出国を許可する」（三田英彬『棄てられた四万三千人』三一書房、二四八頁）と発表し、この噂は樺太全土に広まったと言われます。

日本政府の否定的な対応の仕方が変化を見せるのは、一九七五年八月のことです。樺太残留韓国人のための渡航証明発給申請書というものを二千部交付するのです。翌一九七六年には帰還申請者に対し、「戦前から日本に居住していた者に限り、日本への入国許可証を出す。韓国政府から入国許可のおりた者には、日本への渡航証明書を発給し、日本を経由して韓国へ戻ることを認める」という方針を打ち出しました。こうして、日本政府は一九八一年四月までに四一一名（日本永住希望者三五名、韓国永住希望者三七六名）に渡航証明書を発給しましたが、帰還が実現したのはわずか二名です。何故こんな事になったかというと、ソ連政府が出国許可を与えなかったからです。日本政府が重い腰をあげて動き出した一九七六年頃からソ連政府の態度が今までと違って否定的な対応を示すようになるのです。その時のソ連政府の言い分は、「この問題は、ソ連と日本の問題ではなく、ソ連と韓国の問題である」というものでした。それに対して、残留韓国人の人々が抗議すると、それらの人々の中から、一八名の人が北朝鮮へ強制送還されてしまいました（拙著『ヒューマニズムを超えるもの』新教出版社、二二一頁、三田、前掲書、二四八頁以下参照）。

この問題が大きな転機を迎えることになるのは、ロシアと韓国の間に国交が結ばれ、韓国への帰国が出来るようになった時からでした。青山氏の解説なるものが、いかに一方的かがお分かりいただけたかと存じます。

先日、民放のBSプライムニュースで教育問題が取り上げられ自民党の議員の発言であったと思いますが、ある教師が竹島問題で「韓国側の言い分の方に、より正当性がある」と生徒達に教えたということを取り上げ、こういう国益に反する教育が行われていることは問題であり、日教組の影響があるのでは、というようなことを言っていました。しかし教育は、何が真理であり、真実かということの追究を基本にすべきなのであって、国益などというものを中心に据えるべきではないのは言うまでもないことです。しかしこうした意見がまるで正論でもあるかのように横行するわが国の現実の根底には、改定教育基本法とそれを支持した勢力があると思います。

そして多くの人々がうっかりするとこういう意見に流されてしまう危険（現実）があるように思います。国家や民族というものを大切に考え、（民族的伝統から切り離された人間は真に歴史形成力を持った人材にはなりえないと私は思う。）その一員であることの責任を充分に踏まえつつ、しかしそれだけにとらわれない、それを突き抜けた所に、もう一つのアイデンティティを持つ、そういう人材が、日韓の真の和解のためには、ぜひ必要だと私は思うのです。そしてキリスト教信仰はそういう人材を育てる力になる。それは地上の国籍を持つと共に、天に国籍を持つものとなることだからです。天に国籍を持つ者として、地上の国籍を与えられていることの意味を問うのです。

以前、大江健三郎氏は隅谷三喜男先生との対談のなかで、

「いまも私はキリスト教の外側にいますが、キリスト教の方がたとえば平和運動で示されるような普遍主義、世界主義というようなことを、安易な俗流のナショナリズムに足をすくわれない独立した思想として、学びたいと思っております」

（岩波ブックレット『私たちはいまどこにいるのか』一八頁）

と言っていました。

たしかに強烈な民族宗教であるユダヤ教と対決し、それを克服する中から世界宗教としてのキリスト教が成立したとも言えるわけですが、だからと言って、キリスト教を単なる世界主義、普遍主義とのみとらえるのは誤りであると思います。それは異邦人伝道に尽力したパウロ自身が、「わたしの兄弟、肉による同族のためなら、わたしのこの身がのろわ

れて、キリストから離されてもいとわない」（ロマ九・三）と言い切っていることからも明らかです。キリスト教信仰は、愛国心の質を根本から変革し、それを世界に向かって開かれたものとし、世界に仕えるものと変えて、肉のナショナリズムと対決するものとなすのであります。

キリスト教信仰はユダヤ・ナショナリズムに対して、単なる世界主義、普遍主義を持ってきて対抗したのではなく、そうではなくむしろナショナリズムを神との関係において徹底し、その奥に入り込んでそれを突き破ったところに成立したものであると思います。

この点を三・一独立運動と関連させた文章で公にされた方が咸錫憲師であります。三・一独立運動と言うと誰もが日本帝国主義に対する朝鮮民族のナショナリズム運動と考えるのですが、咸先生はそういう見方とは全く違う驚くべき見方を示しておられます。咸先生は三・一運動の時、一八歳で独立宣言文をピョンヤンの警察署の前でまいて逮捕された方です。その咸先生が三・一運動が単なる民族運動ならば武力で立ち上がることも充分考えられたのにそうしなかったのはなぜか、と問い、そこには民族精神以外の別の何ものかが作用していたのだと言われ、そこには世界の民衆の人間性への信頼、いや、その「人間性を保証している道徳の法則」（曺亨均訳・註『韓国のガンジー、咸錫憲の基本思想』伯栽文化社、二七頁）、それを各人に与えた神への信仰があったことを述べておられます。

竹島問題や北朝鮮の拉致問題をきっかけに、それらの問題を利用して日本でも肉のナショナリズムの主張が一部で声高に叫ばれる現状があります。この時にあたって、肉のナショナリズムを克服し、他国と真の和解を築くためのキリスト教信仰とは何かを共に考えたいと思うのです。

（無教会全国集会発題、二〇一〇年）

咸錫憲《ハムソクホン》の信仰と思想

これは二〇〇九年二月一日、八日の稲城教会での主日礼拝説教として語ったものです。

一

本日は「咸錫憲の信仰と思想」という説教題でお話をさせて頂こうと考えました。咸錫憲と言っても多くの方々は御存知ないと存じます。しかし二十世紀の韓国を代表する思想家の一人であり、あの金大中大統領も非常に尊敬していた方の一人です。「戦う平和主義者」、「韓国のガンジー」などと呼ばれ、生涯九回に及ぶ投獄生活を送りました。彼が最初に投獄されたのは大日本帝国によってでしたが、もともと北朝鮮に暮らしておられた方でしたから、戦後ソ連が北朝鮮に入って日本から朝鮮が解放されたその時にもソ連軍司令部に投獄され、そして北の共産党政権下でも投獄され、そして三八度線を越えてからは南の韓国の軍事政権によって投獄されるという前後九回に及ぶ投獄生活を送られました。私は何度か咸先生にお目にかかりましたが、当時（一九八二―一九八三年）彼の身辺には常に尾行の刑事がおりました。そういう状況下でありましたが、ノーベル平和賞候補者として二回も推薦された人物です。

信仰、思想の面で申しますと、彼は最初は長老派のキリスト教徒であり、二三歳の時、受験のため来日して内村鑑三の聖書研究会に入って無教会キリスト者となりました。その後クェーカー教徒となり、またソウルで市民に老子や荘子を講じ、彼はクリスチャンではないと言う人もいます。土台、「この人はこうだ」とレッテルを貼って規定することができない方でした。そういう意味では非常に大きいというか広いというか自由思想家と言ってもいいような方です。しかし、そうした外側から貼られるレッテルはどうでもいいのです。彼はただ自分を偽らず、真理を求め、独自の道を歩んだ方でした。自由と独立の道を歩んだ方でした。

私は、イエス御自身が人にレッテルを貼ってみることから自由な方であったと思います。その幾つかの例を申しますと、主イエスは「取税人、罪人」と言われた人々、当時の宗教社会からはみ出された人々と交わりました。取税人というのは当時ローマ帝国の手先と見なされた人々です。他方、十二弟子の一人には「熱心党」（ゼーローテース、反ローマを掲げるユダヤ国粋主義者）と呼ばれたシモン（ルカ六・一五）がおりました。今で言えば反ローマ過激派です。そういう人から見れば、ローマの手先と見なされた取税人など絶対に許せない輩です。しかし、イエスは取税人と交わり、同時に十二弟子の一人に熱心党のシモンがいたのです。イエスという方を媒介として、とうてい結びつきようのない両者が結びつけられている、という非常に不思議なことが起こっているわけであります。あるいはご存じのようにイエスはファリサイ派と対立されましたが、他方ファリサイ派のラビ、ニコデモのような人もいました。ニコデモはサンヘドリン（最高法院）でイエスを弁護し、イエスの埋葬の準備をした人であります。あるいは、イエスはファリサイ派と厳しく対立したことが福音書の中に書かれていますが、イエスの処刑に対してはファリサイ派の一部の人が反対したということが記された書物もあります。ダーフィト・フルッサーは『ユダヤ人イエス』の中で次のように記しています。「八〇年代においてもまだパリサイ人たちがローマ人たちへのイエスの引き渡しに合意していなかったということが知られていた」（武田武長・武田新訳、新教出版社、七五頁）。あるいはローマの兵士によって十字架にかけられましたが、イエスが息を引き取られたとき、「本当にこの人は神の子であった」と言ったのは、ローマの百人隊長でありました。人にレッテルを貼って人を分けていくということからイエスは自由な方であられたことはここからも分かると思います。

しかしながら、このイエスを主キリストと仰ぐキリスト教徒、あるいはキリスト教会は、カトリックだ、プロテスタントだ、無教会だなどという様々なレッテルを貼って、いかに相争う歴史を刻んできたか。それは主イエスの御心からは、ほど遠いものであったと言わねばなりません。「取税人、罪人」を友とされたイエスは、いわばそういう宗教の枠組みから、全く自由であられた方であったと言えるでしょう。それをキリスト教会は、イエスをキリスト教という宗教の枠の中に取り込んできたと言えると思います。しかしイエス御自身は、そういうものからは自由であられました。それは「わたしに向かって、『主よ、主よ』と言う者が皆、天の国に入るわけではない。わたしの天の父の御心を行う者だけが入るのである」（マタイ七・二一）という御言葉からも明らかであると思います。

日本基督教団は教勢の回復ということで伝道を表に掲げていますが、伝道とは、より多くの人々に洗礼を授け、イエスに向かって「主よ、主よ」と言う人々を増やすことではなくて（すなわちいわゆる信者の数を増やすことではなくて）、端的に神の御心を行う人を増やすことであると思います。いや、ある人がいつも神の御心に従って生きているなどということはないのであって、ある時は神の御心を行っても、またある時は正反対のことを行うという現実を考えるとき、神の御心が行われている場所、時間（それは固定したものではない）を創り出す業、この神の国を創り出す業に従事すること、それが伝道であると言えます。

では、神の御心を行うとは一体どういうことでしょうか。それは愛の業であり、正義を行うことであり、平和をつくり出すことであり、そして平和をつくり出すためには必然的に十字架を負うということを抜きにしてはないでありましょう。そしてそれは何より悔い改める姿であると思います。それが神の国である。そして、それは実は神の創造の御業であって、何か人が頑張って相手を悔い改めさせたりするなどということはできないのです。そういう意味では伝道は人間がする業ではなく神様だけができる業であって人間には不可能なことです。本質的に不可能なこと、神だけができること、その神様の御業に私達が用いられる。伝道とはこういうことだと思うのです。

咸錫憲の方に戻ります。彼のキリスト教信仰と思想には独特のものがあります。しかし彼は間違いなくキリスト信徒であったと思います。それは、かつて森鷗外が、「自分は人生の旅路において何人もの尊敬すべき師に出会った。しかしただ一人の主に出会わなかった」と言っていたのに比べると、咸錫憲は謙虚に多くの思想家から深く学びはしましても、彼にとってはイエス・キリストは、決して諸々の思想家、宗教家の一人というのではなく、彼が信じ仰ぐただ一人の主でありました。

略歴・年表をご覧ください。咸錫憲は一九〇一年三月十三日に、平安北道《ピョンアンプクト》で生まれました。地図をご覧いただきますと分かりますようにそこは中国と接しております。新義州という町がある所です。ここが一体どういう所であったのかですが、彼はこんなふうに書いています。

「私は一九〇一年、平安北道、竜川郡（ヨンチョングン）の黄海の海辺、小さな農村に生まれました」。……

（咸錫憲著／曺亨均訳『神の足に蹴られて』伯栽文化社、一一一頁）

ここはどういう所であったかというと、

「元来、平安道は韓国の『異邦ガリラヤ』であって、幾百年もの間ずっと『サンノム』（常奴＝賤民というほどの意味――訳者）呼ばわりをされて、差別待遇を受けてきました」。……「ところがその不幸が、かえって幸いになりました」。……「貧しくてさげすまれただけあって、新しく改新するということになると、それこそ先頭に立ちました。それが第二の条件であるキリスト教の伝来でした」（前掲書、一一一―一一四頁）

これはいわゆるイエス時代のガリラヤと同じでありまして、当時「異邦人のガリラヤ」と呼ばれ色々な異邦の民がそこに住んでいましたが、しかし同時にガリラヤは反ローマのユダヤ人の過激派が育ちやすかった所でした。共通しているものがあると思います。

「この無学な村人たちがどんなに進歩的であったかということを、私は今もありありと記憶しています。私が十七または十八歳の時だったかと思います。ですから、日韓併合ができてしまう前のことです。村の人たちが多くキリスト教の信者になったのです」

「私が受けた教育は一言で言って神と民族だということができます。私どもはあの時それを『新学問』と言ったものでした。この、新学問が教えてくれた『新文明』は、二つの顔を持つスフィンクスでありました。キリスト教と民族主義であります。これはあの時、少なくとも世俗的には、ぴったりと要求に合ったものでした」

「日本の圧迫を払い退けて国を独立させるためには、彼ら（宣教師たち）先進国である西洋の列強が信じているキリスト教を信じなければならないとの考えが、あまりにも強くて、そのために教会に入ってきた人が多くありました」

（前掲書、一四―一六頁）

この辺りが日本とは全く違います。キリスト教とナショナリズム（民族主義）が結びついているというところが韓国のキリスト教の特徴なのです。日本の場合には、明治期にプロテスタントのキリスト教が入ってくるのですが、一方で明治以降天皇制絶対の国家体制が造り上げられていく中で、キリスト教と天皇制は相反するものと見なされ、キリスト教と天皇制ナショナリズムとは敗戦まで緊張関係の中で推移したと言えましょう。韓国の場合はまったく逆でした。日本に抵抗する抗日闘争がありましたが、キリスト教は抗日闘争の思想的基盤を提供するものになりました。どうして韓国はあんなにキリスト教が盛んなのですかという質問がしばしばなされますが、一つにはこういう背景があったわけです。もちろん、キリスト教は書物の宗教であるため最初は知識人に入っていったことは日本の場合と共通していますが、しかし、日本の場合のようにインテリに留まるのではなく、それが民衆の間に入っていった理由の一つは、日本の支配に抵抗するイデオロギーを提供するものとしてキリスト教があったという事情があります。そして戦後は、北と南に分断されるわけですが、北の共産主義と相対峙する思想的基盤を提供するものとしてキリスト教が働いたということがあります。

先ほど読まなかったところですが、次のような記述があります。

「第三は私の家です。祖父母は文字を一つも知らない小作農でした。しかし文字は知らなくても、物事の道理を弁えない人ではありませんでした。農業の理論にも明るかったし、人との交際にも明るく、義理の弁えにも明るかったと私は考えています。日・露戦争の時、日本軍の一部隊がこの村に敵前上陸をしたのですが、村人たちは、その時すでに、海辺に出て行って手をつないで一字陣（一列横隊に並ぶこと—訳者）を張って、非暴力の抵抗をしましたし、その軍人たちが女性たちを強姦しようとするや、独りで棍棒を携えて駆けつけて行って、かわいそうな羊たちを危機一髪で救ったのは私の祖父だったと聞きました」（前掲書、一五頁）

私がここをお読みしたのは、日本では日露戦争と言うと日本とロシアのことだけ言われて、朝鮮半島の人々が苦しめられたということがほとんど見過ごされているからです。そうではなかったことがここでも分かります。

しかし、咸先生は韓国のキリスト教が民族主義と一体であったということの問題点にも触れておられます。

当時、教会は本当に希望の灯台でありました。そのようなわけで、きわめて少数の人間を除いては、キリスト教を信じない人までも、必ずしも教会に対して悪意を抱きはしませんでした。しかし、その代わり、後世に及ぼした弊害もなくはありませんでした。今日に至るまでも、不思議にも我が国のキリスト教は戦争に参加することを少しもおかしいこととは思わないのですが、その由来は、初めからキリスト教と民族主義乃至は軍国主義が一緒になってやってきた点にあると言わなければならないでしょう。（前掲書、一六頁）

あれほどキリスト教が盛んな国だから平和主義の道を取っているかと言えば必ずしもそうではないのです。日本のように簡単にそのようになれない事情、すなわち「北」との対峙ということが勿論ありますが、それを考慮してもベトナム戦争に韓国軍は参加して、韓国のキリスト教界がそれに対して広く強く反対の論陣を張ったという事実はありませんでした。要するに、武力と韓国のキリスト教界とは相対立する関係になっていないという指摘です。

一九一〇年、咸先生九歳の時、年表には「祖国が日本に併合されて国を失う」（曺亨均訳・註『韓国のガンジー、咸錫憲の基本思想』伯栽文化社、四七五頁）とあります。これについて咸先生は次のように書かれています。

私どもは小学校の時から、「大韓帝国独立万歳」を歌いながら木銃をかついで軍事教育を受けました。……

所が、そのように育っていた希望の幼い若芽に一朝にして霜がふりかかったのです。国が滅びたというのです。礼拝堂の中に大人たちが集まってきて、おいおいと泣きながら神様に呼びすがっていた光景を私は今も忘れることができませんし、この文を書いているこの瞬間にも、涙を拭わねばなりません。（咸錫憲、前掲書、一八頁）

この文章は一九七〇年に書かれていますから、六〇年経っても、国の滅亡とその時のことを振り返って、「涙を拭わねばな」らないということの心情です。韓国を併合した日本人の幾人がこの韓国の人々の痛みが分かっていたのかと思わざるをえません。文学者の鋭敏な感覚でこれに思いを馳せたのは、石川啄木でした。彼は韓国の民の痛みを思って次のような短歌を詠っています。

地図の上　朝鮮国に　黒々と
　墨を塗りつつ　秋風を聴く

咸先生はさらに次のように記しておられます。

その時から恐怖心が心を覆うようになりました。今までソウルから買ってきて大事にして読んでいた教科書は、これを隠さねばなりませんでした。巡査がやってきて取り上げていくからです。毎日のように聞くことは、越南（ベトナム）がどのように滅んでいったかという話、日本人が我が国の労働者を騙（だま）してメキシコに売り渡し、同胞が、そこでどのように鉄鎖につながれて、昼夜の別なく泣きながら獣（けだもの）扱いをされて働いているかという話、まもなく日本は、我々を皆、火輪船に乗せてあの太平洋のど真ん中に運んでいって、溺れ死にさせるだろうという話、等々そんな話ばかりです。夜になって寝ようとして灯火を消すと、そのような話の場面が続けざまに見えてきて、寝ることができませんでした。しかし、信仰によって、私どもは落胆はしませんでした。礼拝の時間には、誰もが決まって忘れずに、「お国のために尽くしていて、鉄窓の中に入っている同胞」と、「海外に出ている志士たち」を守ってくださるようにと祈ったのでした。

国が滅んだ後には人々の考えもしょげてしまいました。私の父も将来私を医師にしようという考えを持つようになりました。そうするには、日本語で教育する公立学校に行かねばなりません。私は今までの私立のキリスト教の学校に通っている自尊心をへし折って公立学校に行かねばなりませんでした。（咸錫憲、前掲書、一八―一九頁）

それで略年表には、「一九一六年四月、父、亨沢のすすめにより、将来医師を志して平壌（ピョンヤン）にある官立高等普通学校（中学課程）に入学、三年生の時、三（サム）・一（イル）独立万歳運動が起こるまで、通学する」（曺亨均訳・註、前掲書、四七五頁）とあります。

一九一九年、咸先生一八歳の時、年表には「三月一日、校内における三・一万歳運動の主導者として、その前夜には崇実（スンシル）学校の地下室で独立宣言書のビラを受け取り、当日は平壌警察署の前でばらまくなど、大きく活躍する。このことが生涯の進路が決まる一大転機になる」（曺亨均訳・註、前掲書、四七五頁）とあります。

この三・一独立運動とはどういうものかということですが、ここに岡百合子さんの『中・高校生のための朝鮮・韓国の歴史』（平凡社ライブラリー）という非常に分かりやすい本がありますので、それを参考に要点だけ申し上げます。

一九一八年にドイツが降伏して第一次世界大戦が終わります。アメリカのウィルソン大統領が民族自決主義というものを唱えます。民族自決主義が唱えられ、それが世界の非抑圧民族を鼓舞したその流れの中で三・一運動は起きたわけです。「国内でも天道教やキリスト教、仏教の人々、学校の教師や学生をはじめ様々な階層の人々が独立運動の計画を立て始めていた。翌一九年二月八日、東京神田の基督教青年会館（現在の韓国YMCAがあるところ）に六百人に及ぶ在日朝鮮人留学生が集まり独立宣言を発表した。まず朝鮮が悠久の歴史・伝統があるところから説き起こし、征服者が被征服者に対するが如き日本の侵略行為を糾弾し、ロシア革命が成功し、中国も中華民国になった今、朝鮮併合こそ東洋平和の禍の源であると主張する。そして、我が民族は一兵も有せず兵力をもって日本に抵抗する実力はなし。然れども日本もし我が民族の正当なる要求に応ぜざれば、我々は日本に対して永遠の血戦を宣すべしと告げる宣言」（岡百合子『中・高校生のための朝鮮・韓国の歴史』二三四頁）がまず日本で発表されました。「この宣言文は日本の議会を始め各国の大使館、内外の新聞社に送られた。留学生の何人かは、絹地に書いた宣言文を服や帽子に縫い込み、本国に持ち帰って同志たちに伝えた。それまでばらばらに活動していた独立運動が密かに連絡を取り合いながら一つの流れになっていった」（岡、前掲書、二四三―二四四頁）。

この年の一月に李王朝最後の国王の高宗《コジュン》が亡くなります。この人は日本の圧迫や侵略に抵抗しようとしてできずにいたのですが、この突然の死は毒殺ではないかという噂を生みました。そしてその葬儀が三月三日と発表され、これを機に独立を内外に宣言し日本と交渉しようという計画が立てられました。

三月一日代表者たちは料亭に集まって宣言文を発表した後、自ら日本警察に知らせ逮捕された。彼らはあくまで平和的に日本や欧米諸国に独立の意思表示をするという戦術をとったのである。しかし大衆の力は彼らの意図を越えた。パゴダ公園に集まった独立万歳の示威行動はあっという間に全国に広まった。（岡、前掲書、二四五頁）

それで三・一運動の「独立宣言書」はどういうものかと言いますと、一部を読んでみます。

われらは、ここにわが朝鮮の独立と朝鮮人民の自由民たることを宣言する。これをもって世界万邦に告げ、人類平等の大義を明かにし、且つこれを子孫におしえ、民族独立を天賦の権利として永遠に保持させるものである。われわれの背後にある五千年の歴史の権威によってこれを宣言し、二千万民族の忠誠を合してこれを宣明し、恒久にかわることなき民族の自由な発展のためにこれを主張し人類良心の発露にもとづく、世界改造の一大機運に順応し、これとともにすすまんがためにこれをなすものである。これすなわち天の明命、時代の大勢、全人類の共同共存同生の権利が、正当に発動したものであって、天下のなにものといえども、これを阻止し、抑圧することはできない。

旧時代の遺物たる侵略主義、強権主義の犠牲となって、有史以来幾千年、はじめて異民族による抑圧の苦痛をなめて以来、ここに十年の歳月がすぎた。わが生存権の剥脱、思想の自由な発展に対する障碍、民族の尊栄を毀損したること、新鋭と独創とをもって世界文化の大潮流に寄与すべき機縁を失ったことなど、およそいくばくか知れない。(「三・一運動と自主精神」日本友和会、七六頁)

独立宣言文の内容は次のようにまとめられます。

第一に、朝鮮は独立国であり、朝鮮人民は自由民であることを宣言している。そしてこれは「人類平等の大義」、「民族自存」の正当な権利であると主張している。第二に、朝鮮は日本の支配により大きな犠牲をはらったが、民族と国家の発展と幸福のための最大急務は民族の独立を確立することにある。第三に、今日の課題は新国家の建設であり、旧思想、旧勢力および日本支配者のもたらした不合理なものを正すことである。第四に、朝鮮の独立が日本国、日本民族との正しい友好関係をつくりだし、東洋ならびに世界の平和、人類の幸福をもたらすものである。第五に、民族の独立、自由のために最後の一人、最後の一刻まで民族の正当な意思を発表する。

この独立宣言書は、日本に対して武力を持ってでも戦うと言っているわけではないのです。その辺りを見ておきたいので、次の文章をご覧ください。まず「丙子修好条規」とありますが、これは日本では日朝修好条規と呼ばれているものです。江華島事件というのが一八七六年にあり、日本は江華島で軍事演習をやって開国を迫ったのです。そういう武力でもって開国を迫って韓国に押し付けた条規です。それは日本が西欧列強により押し付けられたもの以上の不平等条約でした。だから日本は一方では欧米に対して不平等条約の改正を訴えていた訳ですが、他方で韓国に対してはそれ以上の不平等条約を押し付けていたのです。宣言文は次のように述べています。

丙子修好条規以来、時に応じ、種々なる金石盟約を踏みにじりたることをもって、日本の不信を罪せんとするものではない。日本の学者は講壇において、日本の政治家は実際において、わが祖宗の世業を植民地視し、わが文化民族を蛮民視し、もっぱら征服者の快をむさぼるのみであった。わが久遠の社会と、卓越せる民族心理とを無視するものとして、日本の不義を責めんとするものではない。自己を策励するに急なる吾人は、他を怨むいとまはない。現在の問題に多忙なる吾人は、過去をとがめる暇がない。今日われわれの専念するところは、ただ自己の建設のみである。けっして他を破壊することではない。厳粛なる良心の命令によって、自家の新運命を開拓せんとするものである。（日本友和会、前掲書、七七頁）

それでこの宣言文を読み、民衆もそれに呼応して立ち上がって大韓独立万歳を叫んでデモ行進をしたのですが、日本はそれを武力でもって鎮圧したのでした。三・一独立運動について高橋三郎先生は次のように述べておられます。

有名な三一独立運動が起こったのは大正八年のことでありますが、この年の三月一日に「独立万歳」と叫ぶ多くの人々のデモが行われ、これが全国に波及して行きました。この運動の指導者の多くはキリスト教徒でありまして、これは実力で日本の支配を排除しようとするようなクーデターでは決してなかったのです。

しかも、独立宣言を朗読した後、彼らはみずからこれを警察に届け、逃げもかくれもせず、おとなしく縛（ばく）につきました。しかし、これをきっかけとして、各地に独立運動が波及し、日本の官憲が烈しくこれを弾圧した結果、七、五〇九人の死者を出し、一五、九六一人が負傷し、四六、九四八人が検挙されたと伝えられています。

この独立運動の指導者がキリスト教徒であることが分かった為に、日本の官憲の圧力は教会に集中されました。その中でも特に有名なものの一つに、水原事件と呼ばれるものがあります。この部落のキリスト教徒を教会に集め、中で礼拝を行っている間に扉と窓をすべて閉鎖して、周囲にガソリンをかけ、一人も逃げられないようにしておいて火をつけ、全員を焼き殺したという事件であります。しかもこれは、氷山の一角に過ぎない、とさえ言われているのです。このようにして明治三十八年（一九〇五年）の韓国保護条約以後、日本の弾圧によって殺された人の数は十一万九千に及び、三万九千の家屋が焼き払われたといいます。（『地を嗣ぐ者』教文館、三七頁）

この三・一独立運動は、韓国の最も大切な記念すべき民族運動として覚えられてきたものです。この三・一運動について、咸錫憲が一九五九年に書いた文章があります。私はこれを読んだとき、三・一運動について、こういう見方があるのかと驚きました。その一部分を御紹介させていただきたいと存じます。

三・一運動と言うと韓国でも北朝鮮でも最も重要な祝日、記念日です。三・一精神と言われますが、それは何よりも民族運動の精神、民族を一つにまとめる精神、運動として記憶されています。ところが咸先生はそれとは全然違う見方をされるわけです。

三・一運動は、その外に現れた結果で言うならば、一つの失敗した運動である。万歳さえ叫べば、そして我われは日本の統治の下にいることを願っているのではない、と言うことを世界各国の前に表明しさえすれば、すぐに独立できるものと信じ込んだのだが、実際はそうはならなかったのだから、その点から見るならば、失敗である。

（曺亨均訳・註、前掲書、一二一頁）

これは今から見れば、あの武断統治の日本の支配下にあって、どうしてそんな無邪気とも思えることを信じられたのかと思うのですが、第一次大戦後、民族自決主義が高らかに唱えられて、こんなに戦争で酷いことになる、二度とこんな事をしてはならないという空気が世界中に広まった。第一次大戦は当時の多くの人々にとっては非常に大きな文化的ショックでした。だからこうであってはならない、という動きが世界中で起きていました。その中で、自分達も独立を叫べばそれはなるのだと思ったわけです。しかし、そうはならなかった。その意味では失敗である。

しかし、独立万歳を叫んだが独立はならず、多くの犠牲者を出し、多くの人が監獄ぐらしをして、一時は山河をゆり動かした万歳も銃・剣の下に風がやむように静まってしまったにも拘わらず、それを失敗だと思い、そうしたことを後悔してしょげてしまった人は誰一人いなかった。

この事実は、この独立運動が失敗に帰したにも拘わらず、民衆が一人としてしょげなかったということの事実は、われわれが歴史を語る時、大いに注意しなければならないことである。……

三・一運動は民衆の胸の中に精神を作興（さっこう）させたので、それが潮（うしお）のごとく渦巻きながら通り過ぎた後にも、社会には落胆・絶望の気分がみなぎらず、かえって頭をもたげて、上へ上へと精神的な価値を追求するいろいろな運動を引き起こしたのだった。そして、そのような精神を作興させたということは、それ自体がやはり生きた精神から出てきたものである証拠である。

精神は精神からのみ出てくる。

精神は精神を引き興（おこ）さねばやまない。

……三一運動はあくまでも民衆の生きた精神の表れであるのだ。

何よりもまず知るべきことは、この運動は突発的だったということである。にわかに爆発した出来事だということだ。前々から何かの思想団体や組織などがあってこの運動を作り出したのではなく、この運動の後に、一定の思想体系や団体が残ったわけでもない。……

三・一運動には主人公になる人物も団体もなく、その指導原理と方法になる思想も組織もない。これは、誰かがその主人公になるには、誰かがその功労者になるには、あまりにも大きな運動である。あまりにも平凡な、あまりにも広範囲の精神の表出(あらわれ)である。……

三・一運動は民衆の胸の中に常に存在していた精神が、ある機会に爆発し、一気に、火山のように火柱(ひばしら)を立てたものである。火山の主人が地球だとするならば、三・一運動の主人は民衆である。

三・一精神はすなわち民族運動である、と考えている人が多い。もっともな話である。もちろん民族の精神であることに間違いはない。民族の独立を叫んだのだから民族精神ではないか。(曺亨均訳・註、前掲書、一二一—一二五頁)

この「民族」のもつ重みというか、その言葉がもつ響きの重さというものは、私たち日本人とはずいぶん違います。それは国家が分断している中で、それを一つに結びつけるものは、同じ民族であるということです。植民地化される経験を持った人々にとって、民族の独立は切実な要求なのです。三・一運動はまさにその象徴としての運動であって、民族運動であったというのが大体の韓国人の共通の見解です。しかし、咸先生は一九五九年の段階でそうではないと言うのです。

しかし、それだけでは説明が足りないと言えよう。それだけで歴史を説明しようとしたり、それのみを歴史の推進力とみる時代は過ぎ去ったのだ。民族精神は三・一運動の前にはなかったというのか。勿論あったのだ。あったのなら、なぜ力を出せずにいて、その時になって立ち上がったのか。この時、高宗（コジョン）がなくなることによって民族感情が高揚したためだ、とあるいは説明できよう。

（曺亨均訳・註、前掲書、一二五頁）

高宗は李王朝の王であり、ましてや暗殺されたかも知れないということですし、それよりも前には高宗の妃閔妃《ミンピ》が日本公使三浦梧楼の指揮により暗殺されていますから、そういう背景から民族感情が高揚したということもありましょう。

事実、運動の旗揚げの日として三月一日を選んだ理由の多くはそこにある。しかし、そのことが決定的な要素ではなかった。あれだけ大規模な運動が、手には武器一つなく、純然たる非暴力平和運動として起こるに至った決定的な動機は、それよりも別なところにこれを求めなければならない。（曺亨均訳・註、前掲書、一二五頁）

民族運動ならば武力で立ち上がることも充分考えられたのに、そうではなかったのが重要だと言うのです。

それは、当時パリで開かれていた国際連盟に訴えようということにあった。ウィルソン大統領が唱えた民族自決主義の原則によって、世界の世論に訴えれば、独立できるだろうというのがその信念であった。この信念がなかったならば、高宗のような人が十人、二十人死んだとしても、素手で独立万歳はとても叫べなかったであろう。そう見れば、そこには民族精神以外に別の何物かが作用していたのだ。

（曺亨均訳・註、前掲書、一二五頁）

民族自決主義が多くの人の共感を呼んで世界的な機運になっていたからだと言うのです。

そして、それは民族主義よりも、むしろそれとは相反するものとも言える、国際的な共同、協和を信ずる精神である。世界のすべての国がわれわれを支持してくれるだろうということを信ずる精神である。

そしてそれは、必ずしもパリに集まった幾人かの政治家の行為を相手にしたというよりは、暗暗裡に、その政治家たちを派遣している各国の民衆を信じたのだ。だからこのことは、民衆より民衆へと伝わっていく世界的な叫びであった。しかし、各国の帝国主義の政治家たちは、民衆を騙（だま）したため、この運動は失敗に終わったのだった。

しかし、もっと深く突きつめて考えると、国と国との間の協和を信じ、民族と民族との間の同情を信じるということは、その根底にはそれより先に前以て考えている何かがあると言うことを知ることができる。すなわち共通の人間性という事実である。人間は皆等しい人間であるに違いない、と信ずる心があったからこそ、国と国の間の助け合いを信じたのだ。矛盾するようだが、我々が徒手（としゅ）空拳（くうけん）で万歳を唱えた時には、国際連盟に訴える前に、誰に対してよりも、われわれの対敵である日本人に対して、そのことを信ずるのである。二千万が巌（いわお）のように団結したとしても、日本軍がもしやろうと思えば一刀をもって難なくやっつけることができるであろうということぐらいは、誰もが簡単に知りえたにも拘わらず、立ち上がったのは、彼らがあえて刀を振り下ろすことはできまいという確信を持っていたためである。なぜ！　刀を手にしながらもこれを使えないのか。世界の眼がこわいから、と言いたい面もあるが、それよりはやはり、彼らも人間であるからなのだ。世界の眼を怖れるのは、それによる利害関係ということよりも良心が後ろめたいためである。われわれが非暴力でデモをし、彼らも、水原（スヌン）事件・江西（カンソ）事件のようなものが一、二件なくもないけれども、大体においてそれ以上犠牲を出さずにすんだのは、やはり人間だからだった。だからわれわれの平和的な反抗運動は、全く憎悪心なしでやったとは言えないものの、それでもやはり、彼らに人間的に対処し信頼して、やったことになろう。（曺亨均訳・註、前掲書、一二五―一二六頁）

日本に対する恨みがないとは言えないけれども、それ以上にむしろ、日本人の良心を信じたというか、そういうことだったから自分たちは武力抜きで立ち上がったのだと言うのです。しかし、日本は武力でこれを鎮圧しました。

われわれが三・一運動によって得たものは、日本帝国主義の正体を暴露した面もあるが、それよりももっと有意義なことは、日本人の人間性を知るようになったことだと言えよう。われわれはそれを信じて立ち上がった。彼らを獅子や狼とみて反抗したのではなくて、人間だと信じたから、われわれの味方が彼らの胸の中にもあることを信じたために、反抗したのであった。事実、私自身その運動に参加したのだが、その当時日本人を憎む気持ちなどはほんとうになかった。ただわれわれも生きているのだ、という喜びに燃えて胸がわくわくするのみであった。

しかし、人間性をただ信ずるということだけでは足りない。彼らも人間であるに違いないと信ずる時には、それより先に、その人間性を保証している道徳の法則を信じなければならない。人間を信ずるということは、結局、神を信ずるということである。人間は、正義の法則にかならずや服従するもの、すなわち「正義は必ず勝つ」ということを信ずることである。敵に打ち勝つのは自分ではなくて、その敵の中にもある正義自身である。道徳律自体は神ご自身なのだ。

そうしてみれば、三・一運動を起こしたものは、人間の歴史を貫いている倫理精神である。（曺亨均訳・註、前掲書、一二六―一二七頁）

私はこれを読んだ時に、こういう見方があるのかと驚きました。三・一運動の時に焼き討ちされた教会、水原にある堤岩里《チアムニ》教会ですが、以前、稲城教会の有志で韓国に行った時にそこを訪れました。以前、謝罪のまことを表そうと日本のキリスト教徒が募金をして、新会堂を建てました。今はそれも建て直され、稲城教会の玄関に飾ってある写真にある教会堂になっています。

この三・一運動を武力で弾圧し、一部暴徒の反乱として無視し、無関心のうちにやり過ごしてきた日本の歴史を思うとき、日本人の一人として恥ずかしい思いを禁じえません。その当時、日本の弾圧に対して批判的な意見を述べた日本人は極めて少数でした。その内の一人が吉野作造です。それから民芸運動の代表的人物であった柳宗悦でした。

ところで私がここで特に注目したいのは、彼が「人間を信ずるということは、結局、神を信ずるということである」と書いていることです。人間に失望し、人間の世界に愛想をつかして、神を求め、宗教の世界に入る人々がいます。しかしそういう人々が、やがて必ず直面するのは、宗教の世界もまさしく人間の世界にほかならないという現実であります。「人間に失望し」と言うとき、自分もまたその人間の一人に過ぎぬという自覚がどこまであるかが厳しく問われねばならぬでありましょう。咸先生の場合、神への信仰が、人間を信ずる力の源となっています。しかもそれが、具体的な政治運動の中でそうなっているところがすごいと思わざるをえません。ロシア革命をはじめとする共産主義革命の思想の中には、対立する相手の中にも、神に創られた人間を見るという視点は、欠落していたと思います。階級という視点ですべてを割り切りますから、あいつは支配者階級、あいつは上の階級、だからそれを倒す。そこでは階級では割り切れない一人一人の人間の尊さを見る視点というものは欠落していた。ですから階級の違いということで、革命の大義の名のもとに数多くの血が流されたのでした。

ところで私達の神様への信仰もこの咸先生の言うようなものになっているでしょうか。私達の信仰が、信頼しがたい人間をあえて信じる力の源となるような信仰であるのかどうかであります。信仰が人間に対する不信、そこからの逃避のようなものであるならば、他者と共に生きるなど絵に描いた餅になるほかありません。私達の信仰が、信頼しがたい人間をなお信じようとする力の源となるような信仰でなければ、他者に開かれ、他者と共に生きていく力を私達に与えるものとはならない、そう思うのです。

一言祈ります。

二

先週に続いて、「咸錫憲の信仰と思想」ということで、本日は贖罪信仰に焦点を当てて考えてみたいと存じます。

前回のように年表をたどりながら先生の信仰と思想の跡をたどることはとても時間的に無理ですし、私自身そんな力はありません。本日はその中でも贖罪信仰というものに焦点を当てて考えてみたいと思っています。罪の贖いの信仰です。贖罪信仰はキリスト教信仰の中心として考えられ受け止められてきました。日本のキリスト教界でも、キリスト教の信仰とは何かと言えば、罪の贖いの信仰であるというように考えられる方が非常に多いと思います。

しかし、キリスト教信仰の中心を、贖罪信仰に見るというのは、最初からそうであったのではありませんでした。明治時代にキリスト教徒となった人々の多くが引かれたのは罪の贖いの信仰というよりは、むしろキリスト教の一神教の教義でありました。例えば内村鑑三は、彼の『余は如何にしてキリスト信徒となりしか』の中で、次のように書いています。

この新しい信仰のもたらす実際上の利益は、たちまち、はっきりとあらわれた。私はそれを撃退しようと全力をつくしていたころにさえ、すでにそれに気づいていたのであるが、宇宙には唯一の神がいますのみで、私が昔信じていたような多くの神々――八百万（やおよろず）以上の――はいないということを、私はここで教えられ、このキリスト教的一神教が、私のすべての迷信を根本から断ち切ったのである。神々にかつてささげたすべての誓い、神々の怒りをなだめる種々の形式の拝礼は、この唯一の神を信ずることによって今や無用のものとなった。しかも私の個性と良心とは、「そうだ」とそれに答えるのである！　神は一人だ、多数ではないとは、私の小さな魂にとり、なんとうれしい知らせであったことか！　東西南北に住む四方の神々の群れに、朝ごとに長い祈りをささげることも、往来を歩きながら、通りすがりの神社に一々長い祈りを繰り返すことも、また今日はこの神に、明日はあの神にと、誓いと物断（ものだ）ちとをささげることも、もはや不要となったのである。ああ、私はいかに誇らかに、頭をきっともたげ、心もはればれと、神社から神社の前をつぎつぎに通り過ぎて行ったことか。

　これは内村鑑三の経験だけでなくて、明治時代にキリスト教に入った多くの人の気持ちでありました。最近、ロシア正教のニコライについての書物を読んだのですが、明治期にロシア正教に入信した人々も同じような感想を書いていました。それまではそれぞれの藩に属していて藩主を主としていた。しかし今や日本は個々の藩主ではなく一人の天皇に忠義を尽くすこととなった。だから神も一人の神を礼拝するようになるのだ、と感激をもって書いていた信徒の記事がありました。

しかし内村の場合、自分のキリスト教のことを後に「十字架教」と呼んだように、やがて贖罪信仰が彼の信仰の中核となりました。これは決して当時の日本のキリスト教徒の一般的な傾向であったのではありません。内村の特色でした。

明治の初期に日本に入ってきたキリスト教は、ピューリタン的道徳的色彩の濃いキリスト教でありました。例えば内村は、こんなふうに言っています。

「私が札幌に於て学んだ基督教は……聖い道徳と強い活動を教ふる基督教であつた。……私は自ら己を潔うして神の子と成らんと欲した、そして修養を積むに循つて私は随分善き基督信者であると思うた」

日本でキリスト教徒と言うと長い間、酒も飲まない煙草も吸わない人と見られてきたのには、こういう背景があったのです。

しかし、内村の最初の結婚である浅田タケとの結婚生活はわずか半年で破局し、実家に戻ったタケは妊娠していることが分かり、繰り返し内村に復縁を迫りました。しかし内村は承諾せず、クリスチャン仲間はそれをクリスチャンらしからぬ（愛と許しのない）態度と批難しました。そうした状況からいわば逃れるようにして、またキリスト教国アメリカへの無邪気なまでの期待を持って、(すでに札幌農学校の友人、新渡戸稲造や広井勇も渡米していたということもあり) 渡米します。しかし内村はアメリカへ行って大学への入学という道ではなく、ペンシルヴァニア州のエルウィンの知的障害児の施設で児童の看護人として働いたのでした。それは武士の子であり、秀才でもあった内村の自意識を根底から打ち砕く経験でありました。当時はもちろん人種差別の意識がありましたから、内村は子供たちから発せられる「ジャップ」という差別用語にも耐えねばなりませんでした。

小原信氏は彼の『内村鑑三の生涯』という書物の中で、次のように書いています。

鑑三が精神薄弱児の世話に没頭できたのは、鑑三における「罪」の意識に対する贖罪(しょくざい)的な意味もあったものと思われる。何か具体的なわざをすることにより、結婚に破れたこと、また相手が女子を出産したというニュースの衝撃をやわらげたい、という願いもあったのであろう。

鑑三の受けもったエルウィンの子どものうち、ひどい者は四という数を数えることができない状態であり、よくて、せいぜい二十までしか数えられない子どもたちが大半であったらしい。一晩おきに夜勤をし、玩具であそばせたり、手拍子を打ってはしご昇りを教えたりもした。鑑三は、なれないながらも、ほうきとぞうきんをつかい、彼らのトイレの始末などをして、彼らのお尻を清める仕事などをするうちに、彼らの心霊の開発にもこころ砕くようになる。鑑三がそうしたのは、そのほうが、道徳的な訓練になるだろうと考えたからである。

帝国政府の官吏から精神薄弱児の施設の一看護人に変身した鑑三であるが、子どもたちは、なかなか鑑三のいうことを聞かないので、もてあます子どもが少なくなかった。しかし、彼らがどんな無礼を働いても、時には靴で蹴られたり、つばを吐かれることがあっても、院長の許可がなければ「笞杖（ちじょう）的譴責（けんせき）」を加えることはできなかった。

鑑三はしばしば「ジャップ」と呼ばれさげすまれていたが、例のきまじめなやりかたでトイレの世話にも、ひたすら忍耐をもってつづけていった。こういう試練の日はつづいた。

ある日のことであった。ダニーという少年がいうことを聞かないだけでなく、一日中あまり錯乱をきわめたので、業（ごう）を煮やした鑑三は、ひそかに鞭をくわえることも考えたが、その日は日曜日でもあったので、思いとどまり、むしろ自分が夕食を抜いて、かれらに何かを感じさせるため、断食という手段をとることにした。

施設の子どもたちは、とうぜんだれも鑑三のことばなど信じようともしないで、ふだんと変わらず食堂にいき、満腹して床についた。しかし、やがて子どもたちは鑑三のことに気づき、院内の話題になる。

するとボス格の「眇目（すがめ）のジョージ」らが会をひらき、ダニーは、もはやわれわれの友と呼ぶに値しないのでクラスから放逐する、という決議を下した。それを「ろばのエベン」が総代として、院長に報告したため、ダニーは「下級」に落とされ、彼も一回の断食を命じられることになったのだという。

それ以後、子どもたちの鑑三観は一変した。エルウィンの施設では、もはや鑑三を「ジャップ」と呼ぶ者はいなくなり、鑑三は自分の預かった二十数名の子どもたちを自由に指導することができるようになったという。

（小原信『内村鑑三の生涯』PHP文庫、一六八―一七〇頁）

古代蓮の研究で有名な内村の弟子大賀一郎が、三九年後にこのエルウィンを訪れた時、クリスマスにこの鑑三のことを劇で演じているのを見たとのことです。鑑三のことはこのようにエルウィンで伝説のように伝えられていたのです。これと共に内村らしいと思ったのは、彼はこのエルウィンで働いている時の明治一八年にワシントンで講演を頼まれました。当時は日本人が珍しかったのでしょう。その講演は時の大統領も聞いたそうです。どういう演題か想像がつくでしょうか。「大和魂」です。その中でどういうことを言っているかというと、日本は近代国家としてどんどん力をつけて、軍事力も伸びているが、しかし一国の力は軍事力ではなく、社会福祉の充実で見るべきであり、経済が伸びている日本は自己反省の時が来ていると述べています。

彼は異教徒の国からの新米の訪問者として謙って話をしたが、無名の　日本人が首都ワシントンでキリスト教の信仰を表明し、日本人の優秀性を主張しながらも、軍事増強に走りながら政治経済の発展と福祉政策を無視する祖国を批判する演説には驚かされたに違いない。（前掲書、一七二頁）

と小原氏は指摘しています。

しかし内村の心の悩みは慈善的行為によっては解決されませんでした。内村は次のように記しています。

「慈善の要求するものは完全な自己犠牲と全部的の自己忘却であるが、余がその要求に自分自身を合致させようと努力するなかに、余の生来の利己心はそのあらゆる怖しい極悪の姿をもって余に現された」

小原氏はこれについてこう記しています。

「慈善」という隣人愛の行為は、「自分を愛する」自己愛が根絶されないかぎり、本物にはなりえないことを知らされたのである。このての外的行為によっては代償させられない何かがあることを悟った鑑三は、その苦行僧的な生活にもかかわらず、「わざによる義（ただ）しさ」によっては、人は「罪の赦し」を確信することはできないこと、つまり「慈善だけで魂を癒すことはできない」ことを悟ったのである。

（前掲書、一七二頁）

そして内村は、新島襄の紹介状を持って、新島の母校であったアマスト大学に入学します。このアマストで、内村は回心を経験します。それは一八八六（明治一九）年三月八日のことでありました。彼はその日の日記に次のように記しています。

「わが生涯に大きな意味をもつ日。基督の罪の赦しの力が今日ほどはっきりと示されたことはなかった。今日までわがこころを悩ませていたあらゆる疑問の解決は、神の子が十字架につけられたことのなかにある」

そのきっかけとなったのは、悩める内村（二五歳）に、シーリ総長が植木鉢を指しながら、次のように言ったことであったと言われています。

内村、君は君の衷（うち）をのみ見るから可（いけ）ない。君は君の外を見なければいけない。何故己に省みる事を止（や）めて十字架の上に君の罪を贖（あがな）ひ給ひしイエスを仰ぎ瞻（み）ないのか。君の為す所は、小児が植木を鉢に植えて其成長を確定（たしか）めんと欲して毎日其根を抜いて見ると同然である。何故に之を神と日光とに委《ゆだ》ね奉り、安心して君の成長を待たぬのか。

救いは自分の内にあるのではなく外にある。神の独り子キリストの十字架にこそ、わが義があり、わが救いがある。これが内村の回心であり、発見でありました。

後に横井時雄（横井小楠の長男、組合教会系の牧師、政治家）や藤井武が「全能なる神は、罰という途を経ないで、人間の罪を赦すことができるのであり、キリストの十字架は神の無限の慈愛として捉えることができる」としたのに対し、内村は「神の愛は単なる慈悲ではなく、その背後に義、公義を含んでいる」と主張します。南原繁の勧めで、倉田百三の『出家とその弟子』を読んだ内村が、「あれには十字架がない」と言ったというのも同様の趣旨であったと思われます。これはまた、あそこには歴史がない。（阿弥陀様というのは歴史的な存在ではありませんから、）そういうことを含めた言葉ではないかと思います。内村はキリストの十字架は、人のためのみならず、神の義の満足のためにも必要であったと申します。

「真正の愛は慈悲と正義との結合なり、吾人の法律的の感念が基督の十字架の死を以て人類の罪を赦さんが為に神の公義を満足せしものと見倣すに至りし事は決して理由なきにあらざるなり」

「神は悔改めの果を結ばざる罪は赦し給はざるが如く、我等も放赦の証明なき赦免は信じて受くる能はず、之我等の信仰の足らざるに依て然るにあらずして我等に存する天与の理性が請求する処なり、新約聖書が重きを神の契約に置くも此に存するなり。而して基督の生涯並に十字架上の死は神が人類の罪を赦し玉ふの証明なり」「基督は人の為にのみ生命を捨てずして神の為にも死し給ひしなり」……「義に由て愛を顕はさんが為には即ち罪人を義としながら尚ほ御自身義たらんが為にはキリストの十字架を除いて他に途は絶対に無いのである」

義と愛とが切り結ぶところ、それが十字架であると内村は言い、十字架を仰ぎ見つめ（それを「仰瞻」と彼は申します）、そこに自らの平安の根拠を見出すのです。みな様の贖罪信仰と比べていかがでしょうか。

ところで咸錫憲は、内村の贖罪論に対して自分は違うとして、次のように書いています。

私も自主的人格を持っている以上、どうして歴史的人間であるイエスを信仰の対象に仰いで、「主よ！」と言えるのかということです。その次は、自由意志を持っている道徳的な人間にとって、代贖（だいしょく）はどのようにして成り立つのかということです。これに対する福音主義信仰の答えが分からなくて言うのではありません。以前、先生が言ってくれた言葉を忘れたからでもありません。みな知っています。知っていますが、私の心が変わってきました。そこにはどうしても論理の飛躍があるように思われるのです。深い体験よりは、感情の陶酔であるように見えるものがありました。事実と象徴とを混同する点があるようにも見えました。……

他の人は知りませんが、私は代贖を理解することができませんでした。代贖という言葉は人格の自主というのがなかった、奴隷時代に使われた言葉です。代わりは出来ないのが人格です。それゆえ、人格のないものには代贖という言葉が有難く聞こえるかも知れませんが、自由をモットーとする人格には、代わりになってやろうということはかえって侮辱に聞こえるはずです。代贖が成り立つためには、イエスと自分が別の人格ではないという体験に入ってこそ出来ます。そうなれば、それはもう歴史的イエスではありません。ところで、代贖を感情的に強調すれば、その体験には入ることなしに、ただ身代わりになってくれたという感情にとどまるだけなので、人格の改変が起こらないままになってしまいます。そのために、代贖に感激する人は大抵は人格の改変、すなわち罪の消滅はなしに、ただ気分でだけ、ありがたいと言っているのです。そこで、事実上そのような感傷的な代贖信仰は、なんら実効がありません。代贖が本当に代贖ならば、過ぎし日の借金を弁償してくれるだけでなくて、これから先にも借金をしない能力、すなわち新しい人格を与えてくれなくてはならないはずですが、すなわち罪を犯さないようにならなければならないのですが、実際はそんな人はいません。だからそれは、一つの主観的陶酔に過ぎません。

言葉でいえば、きりのない問題ですが、私は考えて考えたあげく、私なりに解いて次のような結論に達しました。自分は歴史的イエスを信じるものではない、信じるのはキリストである、そのキリストは永遠なるキリストでなければならない。彼はイエスにだけではなくて、本質的には私の中にもある、そのキリストを通じてイエスと自分はお互いに別の人格ではなくて、ひとつだという体験に入ることができる。その時に初めて、彼の死はすなわち我の死であり、彼の復活はすなわち我が霊魂の復活になる。贖罪（しょくざい）はこのようにしてのみ成立する。それ故、歴史的イエスが我が身の身代わりになって死んだといって感謝に思うことは、一つの自己中心的な感情であるだけで、道徳的には高い境地になりえない。それによっては、罪すなわち罪性がなくなることはできないからである……。私は大体このような結論を下しました。（咸錫憲『神の足に蹴られて』三五―三七頁）

贖罪信仰がキリスト教信仰の中心だと一方で言うけれども、それがその人の道徳性を高めるものになっているのかという問いがここにあります。

　これが内村の信仰と違うのは論を俟（ま）たずであります。このように考えることがなぜか先生に対する反逆のような気がして、相済まない気持ちがなくもありませんでした。しかし、それよりももっと強いものが私の内部で私を追い立てていました。たとえ先生を裏切ることはできても、私は自分自身を裏切ることはできませんでした。私は師弟の義理という感情に追い込まれて私の良心を欺くことはできませんでした。しかし、だからといって、私はそれをわざわざ他人にまで要求したくはありませんでした。ことさらに、私は無教会ではない、内村の弟子ではない、と言いたくもありませんでした。弟子は必ず先生と同じでなければならないのだと考えたくもありませんでした。考えがいくら違ってしまったとしても、私は何ら私心でしたことではありませんでした。後になって再び変わるかは知れませんが、すくなくとも今は、真理（まこと）に忠実ならんとすることからやってきた変化でありました。そればかりでなく、私が信じるところによれば、このように私が私に忠実であるのが、かえって内村の精神であり、彼を師として遇する道理であると考えたのです。

（咸錫憲、前掲書、三七―三八頁）

自分の信じるところに従って歩むところがむしろ内村の精神だと述べる内村の弟子というのは結構います。咸先生もそのお一人です。ともあれ、この咸先生の贖罪信仰批判、いわゆる「仰瞻」という、十字架を仰ぎ見つめるという内村の贖罪信仰に対する批判ですが、いかがでしょうか。私は、これは贖罪論に対する本質を突いた批判であるように思います。みな様の贖罪信仰は、この批判に対してどのような応答をなさるでしょうか。咸先生の贖罪信仰、先生の信仰は仰ぎ見る十字架でなく、自ら背負う十字架です。後で歌う讃美歌三三一番にも「主にのみ十字架を　負わせまつり、　われ知らずがおに　あるべきかは」

とあります。我が身も十字架を担うという姿勢です。主イエスは、「わたしについてきたいと思うものは自分の十字架を背負ってわたしに従ってきなさい」と言われました。咸先生の贖罪信仰はその意味では、非常に聖書に根ざしているものであると私には思えます。しかもそれは歴史的な拡がりを持って展開されているのです。

咸錫憲の代表的著作に『聖書的立場より見た朝鮮歴史』（邦訳『苦難の韓国民衆史』）というものがあります。この本に対して高橋三郎先生が次のように書いておられます。一九三三年はドイツでヒトラーが政権を握った年です。小林多喜二の虐殺ということもありました。そういう時代です。

一九三三年の暮れから三四年の正月にかけて、一週間にわたる聖書集会が行われたとき「聖書的立場でみた朝鮮歴史」と題して十数名の人々に語ったのが、本書の発端となったのである。

当時日本の統治下にあった朝鮮の歴史は、学校においても教えられなかったし、朝鮮語を口にすることさえ禁止されるような時代であったから、この集会に参加した人々が、いかなる感動をもってこの講義に聴き入ったか、察するに余りがある。彼らは祖国の歴史を学ぶことによって、自分たちの存在の根底（ルーツ）を知り、民族的自己回復の基盤を確保しようとしたのである。この講演はその年の『聖書朝鮮』二月号から一九三五年十二月号まで連載されたが、皇民化運動が強く推進されていた当時の朝鮮では、これを一冊の書物にまとめて出版することは不可能であった。そのため戦後になってはじめて（一九五〇年）『聖書的立場でみた朝鮮歴史』と題して刊行されたのである。（高橋三郎主筆『十字架の言』一九八〇年十二月号）

この中で咸先生は色々なことを書いておられますが、韓民族の欠点として色々な党派に分かれて相争うことを批判されています。

「……党争の目的は小さな勢力を競うことにあるので、強い者に対して卑屈になる者ほど激しい。だから党争は奴隷根性から生じたものである。亡国の民であればあるほど、争いが多い。しかし国を取りもどそうとすれば、死をもって互いに譲り合い、一つの理想をかかげて、争いをやめなければならない」（二二七頁）。

そして秀吉の侵略に対して事前の対応を誤ったのも、この党争の故であったと著者（咸錫憲）は言う。そしてこの国難を救うべく、ハナニム（神）が遣わした勇将李舜臣（イスンシン）、「孝心厚く、義気高く、私を殺して公を生かし、忠義と清節の人」李舜臣も、「祖国救済の使命を果たし終えた後、悲壮な殉死をとげて義の祭壇にいけにえとならねばならなかった」（二四〇頁）。この壬辰倭乱（インシンウエラン）（文禄・慶長の役）の記事は、日本人が直接の加害者として登場しているだけに、われわれは特に深い痛みを覚えることなくして、ここを通過することはできない。

（高橋士筆、前掲誌）

ある人が、「韓国の人は秀吉時代のことまで今も憶えて恨みをもっていると聞いて驚いた」と言われたことがありますが、日本では朝鮮出兵は豊臣の勢力が衰退して徳川政権へ移行するきっかけになったというくらいの認識しかないし、そのような教え方しかしてきませんでしたが、しかしあれが韓国朝鮮の人々にとってどれほどの打撃であったかについて私たちは認識を新たにせねばなりません。

「戦争による犠牲者だけでも数えきれず、産業は壊滅し、その上凶年と伝染病が重なったので、民百姓は各地に離散してさまようようになった。山野の草根木皮も食べつくし、白昼大道で〝人相食し〟、屍体が野を覆うた。ソウルでは屍体が山と積まれて城の高さより高く、その処理に一年以上もかかった。戦争が起こって二年後の夏には、……人が死ねば互いにその肉を争って食べたという。……ところが倭軍は略奪し、援けに来たという明軍は民から強奪し、全国の牛・豚・犬・鶏を全部とらえて食い、農作に使うものすらなかった。酒に酔った明兵が道端に吐くと、人々が争って拾って食い、弱い奴（やつ）はそれにもありつけなく泣きわめいたというが、これが人の世か。餓鬼の地獄か。読んだ人はよく憶えておくことだ、われわれはこの地獄の底にあっても死なず、死ぬにも死ねず生きのびた人の子孫であることを」

（咸錫憲著／金学鉉訳『苦難の韓国民衆史』新教出版社、二四一―二四二頁）

私は韓国へ行った時に、「耳塚」「鼻塚」というお墓を見ました。秀吉軍は韓国の人の耳や鼻を削いで秀吉の元へ送ったと言われています。

しかし著者は、この恨みを他に投げつけることをせず、むしろこれをハナニムから与えられた試験問題として受けとめ、「透徹した自我意識に立ち帰れ」というすすめの声を、ここに聞き取る。（高橋主筆、前掲誌）

咸先生はこのように言われます。

……考えてみると、われわれは苦労するためにこの世に生まれて来たようなものだ。四千年を越す歴史で今日まで太平の世を知らない。試みに三国時代以後の戦争の回数を見ると百を越える。内乱を除いて他民族の侵入だけでも五、六十回に達し、その中で全国的に及んだものが三十回にもなる。そのすべての戦争が、高句麗が戦ったいくつかを除いて、みなわが領土内で行われたし、最初から最後まで防戦であった。敗けた戦いである。（咸錫憲著／金学鉉訳、前掲書、三五九頁）

学校で生徒に、「外国という言葉でまず何を思い浮かべますか」と問うと、たいていアメリカのビルとかフランスの人形とかスイスのアルプスの山などと言います。共通しているのは、日本人にとって外国とは行ってみたい憧れの対象であり、珍しいものです。それに対して韓国では、今はどうか分かりませんが、外国というと「銃」とか「侵略」とか「軍隊」という返事がすぐ返ってくるとのことです。それは経てきた歴史が日本と全然違うからです。その辺のことを私たちはお隣の国ですがどこまで理解しているかという問いを突き付けられます。他民族の侵入だけでも五、六〇回もあったというのです。私はこれを読んだとき、驚きました。

「……当然民衆は、戦いの禍から逃れる日がなかった。……われわれは平安が何であるかを知らない国民である。……われわれは、残忍なローマ人の一時の快感を与えるために円形劇場の中で戦う剣奴のように、また獣欲に燃える男に一塊の肉として扱われる娼婦のように、ただ単に他人のために苦しみ、虐待されるために生まれてきた畜生のようなものだ」（咸錫憲著／金学鉉訳、前掲書、三五九―三六〇頁）

「わたしは六、七年前から中学生に歴史を教えるようになったが、どうすれば若い胸に栄光の祖国の歴史を抱かせることができるかと努力してみた。しかしむだだった。……わたしは自分自身を偽ることなしには、はやりの〝栄光の祖国の歴史〟を教えることができないのを悟った。大体われわれは大きな民族ではない。……また、未だかって国際舞台で主役を演じたこともない。世界文化史に誇れるものを残してもいない。ピラミッドや万里の長城のような雄大な遺物があるわけでもなく、世界に大きく貢献した発明もない。……あるものと言えば圧迫であり、恥であり、分裂であり、失墜の歴史があるだけだ。……それは実に耐えられない悲しみである」

（咸錫憲著／金学鉉訳、前掲書、七〇頁）

これはむろん、韓国人である咸先生の自らの民族への愛ゆえの厳しい評価と反省の言葉であることを私達は見失ってはなりません。客観的には韓民族は青磁白磁などの焼き物を始め、古来から高い文化的遺産を残してきた民族であったことは言うまでもありません。

世界の各民族がそれぞれハナニムのところへ持っていく土産物があるが、われわれにあるものと言えば貧しさと苦難だけだと思うと、頭がくらくらとしてきた。……韓国はいったい何を残し、何を誇るつもりだろうか？……

（咸錫憲著／金学鉉訳、前掲書、七〇頁）

これを一九三三年とか、三四年に語っておられることを思わねばならないと思います。

けれども聖書は真理を示してくれた。わたしを救ったのは信仰であった。この苦難こそ、韓国がかぶるいばらの王冠であると教えてくれるのであった。……世界史全体が、人類の進む道の根本がもともと苦難であると悟ったとき、今まで虐待される婢女(はしため)としか思わなかった彼女が、いばらの王冠をかぶった女王であることがわかった。……彼女の仕事はこれからなのだ」

(咸錫憲著/金学鉉訳、前掲書、七一頁)

では、彼女の仕事、韓民族の使命とは何だというのでしょうか。

「われわれは不義の代価を負う者だ。われわれの不義か、他人の不義か、問う必要もない。……われわれは世界の荷を負う。目をあげて世界地図を見よ……東西両洋の文明はその残りかすをわれわれに押しつけているようだ。印度の仏教、中国の儒教はすぐれた点が多いが、鴨緑江を渡って来ると、その最も悪い弊害だけを残した。ヨーロッパの思想、アメリカの文明も恵沢を与える点は多いが、釜山に上陸して来ると、その最も怖ろしい毒だけをもたらした。東洋文明の弊は退嬰性、保守性、形式的なところにあるが、その苦い水はわれわれだけが飲んでいるようだし、西洋文明の害は物欲的、略奪的、外面的なところにあるが、その毒牙にわれわれだけがかかったようだ。……三千里山河は不幸の博物館、三千万の声明は罪悪の試験管だ。世界のありとあらゆる不幸と罪悪の結果を見たければ、この半島に来るがいい。儒教の弊がここにあり、仏教の害がここにあり、軍国主義の標本がここにあり、資本主義の奴隷がここにある。

この荷を負わせておいて、世界がわれわれに与えたものは何であったか。蔑視だ。嘲笑だ。指差しだ。パウロの言葉を借りると、『わたしたちは、全世界に、天使たちにも人々にも見せ物にされたのだ』（Ｉコリント四・9）。いや、世界の下水口になったのだ。世界の人々よ、この下水口に感謝せよ。あなたたちを歓楽の宮殿に遊ばせるのはこの下水口ではないか。……あなたたちに目障りなものはいつもこころよく引き受けて片づける下水口、そしてあなたたちの肥え太った肉体と、その開花した頭脳を育てる穀物と野菜をつくることまでも、この下水口がしているではないか。ああ汝、偉大なる世界の下水口よ！

われわれの使命はここにある。この不義の荷を怨みもせず、勇敢に真実に背負うことにある。……それを負うことによってわれわれ自身を救い、また世界を救うのだ。不義の結果は、それを負う者なくしては決してなくならない。人間のために、またハナニムのために、この荷を負わなければならない」

（咸錫憲著／金学鉉訳、前掲書、三七三―三七五頁）

第二イザヤの「苦難の僕」が朝鮮民族に重ねて言われているのは明らかです。いかがでしょうか。この咸先生の言葉に対し、韓半島を植民地化していた日本人として、私達はいったいどのような言葉を返しうるでしょうか。

さらに私は、朴正煕大統領のいわゆる維新体制の下での、民主化闘争への弾圧が熾烈をきわめていた一九七五年一月、韓国キリスト教百周年記念会館でもたれていた木曜祈禱会での咸錫憲先生の言葉を思い出します。木曜祈禱会というのは家族が投獄されている家庭および支援者が集まって毎週木曜日になされていた祈禱会でした。咸錫憲先生はいつもそれに出席されていた。そのことは日本で支援をしていた人々には有名で日本でもそれに合わせて祈禱会を持つ教会がありました。その木曜祈禱会に、自分の義妹が捕らえられていた沢正彦氏がいました。彼は一九七五年日本基督教団からの最初の派遣牧師として韓国に行き、一九七九年出国命令を受け帰国させられた牧師です。私は今、沢氏が書いておられた『ソウルからの手紙』(草風館)の第一四信(一九七五年一月)の内容を思い出します。

一月二日(木)

今年はじめての木曜祈禱会。知恵を連れていく。昨年のクリスマスに「もしかしたら釈放」という期待がはずれて、いつ終るともしれないこの木曜祈禱会を今年も無期限に続けていかねばならないと思うと気が重い。

(沢正彦『ソウルからの手紙』二〇九頁)

この民主化闘争というのは、当時のことを知っている人でなければなかなか想像しにくいかと思いますが、拷問され顔がやけどでケロイドになった人もいました。しょっちゅう日本でもテレビで弾圧されている学生たちの様子が報道されていました。沢牧師は次のように書いておられます。

定例のごとく説教、祈りがあったあと、いつもこの祈禱会に欠かさず参席している咸錫憲翁が急に立って、一言、言うことがあるという。翁は言葉をつまらせながら、拘束者家族を説得するかのように、慰めつつまた叱るかのように次のように語った。「私は拘束者の家族でもないから、このような言葉をいう資格はないと思うが、じっとこの集いを見守ってきた者として、いつか言いたいと心にためていたことがある。それは、一言でいって、あなた方の息子、御主人を完全に捧げなさいということだ。今もって、我が主人を、そして息子を返してくれという祈りをしなければならないのか！　家族達には辛かろうが、もうそのような祈りはやめなさい。そんな願いは捨てなさい。牧師は牧師らしく、教師は教師らしく、学生は学生らしく、正義と自由のために身を捧げているではないか。私達は彼らが本当に正義と自由のために身を捧げきれるように祈ろうではないか。正義も自由も代価なしに勝ちとりえない。もう自分の主人、息子、娘というまい。正義と自由の神に捧げてあきらめてしまいなさい……」。このように説く咸錫憲氏の顔も涙にぬれている。在席している拘束者家族はもちろん、参席者一同が、咸翁の大胆な、しかも正当な説得に泣きながら応えた。

この背景には咸先生自身が生涯にわたって何度も投獄された経験をお持ちの方であるという事実があるでしょう。（沢、前掲書、二〇九頁）

私もこの勧めを抽象的ではなく義妹のことと一緒に考えてその言葉の深刻な意味を思う。潤（ユン）は本当にもう私達の手に返ってこないのか。自由、正義は潤の身体との交換なくして得られないのか。そんなにも、自由は尊いのか。かわいそうな潤！潤！ 潤！ 咸錫憲翁の言葉に誰もさからう者はなく、われわれは「捧げます。神よ受け給え」という祈りに心いっぱいのアーメンを唱えた。悲しい悲しい決断であった。しかし、このように祈ってこそ今までの自己中心の願いから解放されると思った。木曜祈禱会は今日を期してまた新しい段階に入ると思う。

……拘束者の家族を咸翁のような方が見守り導いていてくださることを心より感謝する。本当の指導者とはいつもわれわれと共にいて、われわれより一歩先を見ている人のことであろう。韓国が咸錫憲氏のような方を持っている限り、韓国は決して亡びないであろう。「正義と自由具現のための木曜祈禱会」が自分の肉親を獄中においているという一つの事実のゆえに一つになって祈り慰め励ましてきたが、結局は正義、自由より、わが夫、わが息子、わが娘を返してくれというひとりひとり大変わがままな願いをもって集まっていたにすぎないことを指摘されたのだ。拘束者家族にとっては当然なこんな願いも人間の創造者であり、歴史の主である神御自身が望まれる時には、捨てなければならないのだ。

私は今、十字架にかかろうとするイエスのあの時を想像してみる。弟子は十字架（刑罰）にかかられる師に裏切られたと思って逃げてしまう。以前、師であったイエスは自分を捨てて従えといわれたが、それでも弟子達の心の中では弟子達の小さな人間的欲望が師によってみたされるという漠然とした期待のごときものがあった。しかし、その師の十字架は弟子達のこの最後のほのかな望みもこなみじんに砕いてしまった。だからこわくなって逃げた。イエスは神の前での祈りの葛藤の中で神の大きな御心に従って御自身を捧げることを決めてその道を歩まれる。すでにここにイエスと弟子達の間に根本的な生の方向に関するギャップが生じる。十字架の恥ずかしめと苦難を負われたイエスは神の力により復活されたが、弟子達ははじめて、あの十字架の犠牲が何であり、自分達の逃亡が何であったか悟った。自分の逃亡（神に向かっていない人間の生、まとはずれな生、罪）の決算が実は自分にかかわってあの十字架でなされていたという事実に気づかされた。「我が罪のための十字架」という告白も素直に出てきた。現代人、そして人間一般にとって、「代贖」ということほどわかりにくいことはない。だから信仰においてもいつの間にかイエスの倫理面が強調されて「代贖」「代罪」は説かれなくなる。しかしキリスト教の奥義にはイエスの十字架の死を「代贖」と理解しなければならない面が最後まで残されていると思う。神のイエスの代贖は一回的であるが、この真理を知った者は、これに生きなければならない。咸錫憲氏の説得はイエスの名を直接言うことこそなかったけれども、イエスの十字架を直視しなさいというのに同じだと思う。正義、自由、解放（政治用語であれ、いわゆる宗教用語であれ）は、自分を殺すことによってはじめて得られるものである。自己に徹底的に死ぬことはイエスに始まって、今イエスに従う者にひきつがれている。咸錫憲氏は、あまりに自明な真理を説いたにすぎなかったが、信仰という雰囲気と拘束者家族という情にひたっていたわれわれには大きな大きなショックであった。

（沢、前掲書、一〇九―一一一頁）

本日の説教での私の最後の言葉はこうです。主イエスの十字架によって罪あがなわれしことを知らされた者は、主の赦しの御声を心に聴いた者は、自らもまた、小さな十字架を負うべく招かれている。その十字架の内容は個々によって様々ですが。自分の罪だけでなく、隣人の罪をも担うべく招かれている。そして、そのわたしたちの戦いは、決して無駄に終わることはない。たとえ肉の目には無駄に終わったように見えたとしてもそうではない。イエスの十字架からの復活こそは、そうではないということの保証である。このことを信じて、この週も勇気を出して歩む者でありたい、そう願います。

一言祈ります。

（『教会と国家学会会報』第一〇号、二〇一〇年）

東日本大震災とTPP

これは二〇一一年六月の『教会と国家学会会報』に投稿したものです。

三月二十五日の朝日新聞に、「大津波 東電甘い想定 『福島』の危険性、90年代から指摘」との見出しで、次のような記事が載せられていた。

「福島第一原発を襲った津波は高さ14メートルを超えた。東電が想定していた5・4メートルの3倍近い。『想定を大きく超える津波だった』。東電の清水社長は13日夜、会見で話した。しかし、『東電の想定は甘い』という警告は、すでに専門家から繰り返されていた。『(東電の想定とは)全く比べ物にならないくらい非常にでかいもの(津波)が来ていることがわかっている』。……地震研究センターの岡村行信センター長は、過去に大きな津波があり、再び来る可能性があることを指摘。『(東電の想定が)そこに全く触れられていないのは納得できない』と、何度も厳しい口調で繰り返した。

原子力安全・保安院の安全審査官も『今後、当然検討する』と、現在の想定が十分でないことを認めていた」。

岡村さんが言った『非常にでかい』津波とは、869年の貞観津波を指す。古文書には、千人以上の死者を出したという記録が残る」。

「福島第一原発の設計当時、この津波の実態はわかっていなかった。東北電力による調査で、仙台平野の海岸線から、約3キロ地点で波高が3メートルもあったことがわかり、1990年に報告された。その後推定された地震規模はマグニチュード（M）8・4。東電が原発沖で想定していたM7・9の約6倍だ」。

「石橋克彦神戸大名誉教授（地震学）は、97年に今日の事態を予見したかのような論文を発表。地震の被害と、放射性物質による汚染が広域で重なり、救援も妨げられる事態を「原発震災」と名付け、警鐘を鳴らしてきた。……古い原発の耐震性を見直したり、新設の原発を強化したりするため、耐震指針を見直そうという動きは90年代からあった。しかし、元原子力安全委員長代理の住田健二大阪大名誉教授（原子炉工学）によると、当時はまだ原発の新設が続いており、『産業界から、計画が一段落するまで変えるなと圧力がかかった』と証言する」。

さらに東大のロバート・ゲラー教授もM9の巨大地震と大津波は「容易に想定できた」としていて、朝日新聞（二〇一一年四月十四日）は次のように報じている。

「ゲラー教授は、過去100年以内に起きたM9級の地震が、チリやアラスカなどいずれも日本と同じ環太平洋地域で起きていることに着目。『世界の地震を無視しなければ、時期の特定はできなくても、地震と津波の規模は想定出来た』と指摘する」

事実がこの記事通りだとすると、目の前の利益追求を、安全より優先させてきた東京電力の責任は、まことに重いと言わねばならない。そもそも二〇〇四年に起きたスマトラ沖大地震は、マグニチュード9・1であり津波も平均一〇メートル以上、最大三四メートルが記録されていた。

世界の各国で、すでに反原発の動きが活発になっているように、日本でも、これまでの原発推進政策の見直しは必至であろう。日本には、今五四基の原子炉があり、電力の三〇パーセントをまかなっており、これをCO_2を出さない電力として五〇パーセントにまで引き上げるのが、エネルギー政策として目指されていたとのことであるが、もはやそうした政策は放棄するほかあるまい。またフランスと競って、原発を輸出することも止めざるをえないであろう。日本は、原発に代わるエコでクリーンな代替エネルギーの開発に、国をあげて取り組むほかない。しかし全力で取り組んだとしてもかなりの期間、電力不足に陥ることは避けられないであろう。国民全体での一層の節電努力と協力が求められる。また電力供給不足は、経済成長を悪化させるであろう。国民はそれを受け入れる覚悟が求められる。

経済成長の悪化を悲惨なものにさせないためには、経済格差を出来るだけ小さくする政策が求められる。即ち求められているのは、復興という名の、単なる元のような生活の再建ではなくて（元のような生活とは、原発が充分稼働していることを前提に成り立っていた生活だったのだから）国民全体が痛みを分かち合いつつ、格差の少ない、より公平公正を目指す社会への転換、建設である。もし日本がこのような社会への転換、建設に成功すれば、これからの世界に対して、重要かつ偉大なメッセージを告げることになるであろう。なぜなら二十一世紀の世界は、急激な人口爆発、それに伴う水と食糧の不足、エネルギー資源の不足が予想されており、経済格差の一層の拡がりも予測されているからである。より公平公正な社会の建設は、それを目指す政府による指導と規制、それを支持する世論の力なくしては不可能である。即ちそれは経済の（市場原理万能主義）政策とは厳しく対立する。そしてＴＰＰ（環太平洋経済連携協定）はまさにこの市場原理の究極の姿と言っていい。

現在、与野党ともに国論を二分している問題にＴＰＰへの参加の是非がある。ＴＰＰとは「太平洋を囲む国々の間で、人、モノ、金の移動を自由にする約束」（『朝日新聞』三月十一日朝刊）の協定で、そのため、「２０１５年までに工業製品、農産物、金融サービスなどすべての分野において関税を実質的に撤廃して、究極的な貿易自由化を環太平洋全域に実現することを目標とする」（島崎暉久『証言』一三二一号）もので、「経産省の試算によれば、ＴＰＰ不参加の場合、約10年後に日本の基幹産業がこうむる損失は、実質ＧＤＰでマイナス1・5％（10・5兆円）。その上81万人の雇用が失われる。参加の場合は、輸出額が7兆円増加。……農水省の試算によれば、TPPに参加した場合、農業と関連産業への影響として、実質GDPが1・6％（7兆9000億円）減少し、340万人の雇用が失われる」（『証言』二三一号）という。

しかしTPPは、このようなお金の損得勘定だけを考えて判断すべきではない。もっと大きな、いわば国家の命運を左右するような内容を持っているものである。以下、私が学んだ所のいくつかを御紹介して、読者諸兄姉の参考に供したい。

民主党政調会長の玄葉光一郎氏は、「TPPは国の命運を決める」との見出しで、TPP賛成の考えを述べている。

「少子高齢化で人口が減るなか、名目3％、実質2％の成長を達成するには、国内の内需はもとより、アジア・太平洋40億人の内需を取り込む必要があります。アジアの中間層は今後10年で10億人増加すると言われます」

（朝日新聞、二〇一一年二月十一日）

こうした意見に対して、雑誌『世界』（岩波書店）の最新号（二〇一一年四月号）で、中野剛志氏が「Q&A　TPPで何がどうなる」の中で、次のように書いている。

「現在、ＴＰＰ交渉に参加している九カ国に日本を加え、これら一〇カ国のＧＤＰのシェアを計算してみると、……日米で九〇％以上を占めるのです。しかもＴＰＰ交渉参加国のうち、ＧＤＰに占める内需の割合が日本よりも大きいのはアメリカだけであり、……日本の可能な輸出先はほとんどアメリカだけです。これでは、ＴＰＰによってアジア太平洋の成長を取り込みようがありません。結局のところ、日本が参加した場合のＴＰＰとは、実質的に日米ＦＴＡなのです」（七五―七六頁）

また前原元外相は「日本のＧＤＰの第一次産業の割合は1・5％だ。これを守るために98・5％が犠牲になっている」と発言し、ＴＰＰで打撃を受けるのは農業だけで、他産業の従事者には利益になるような印象を与えたが、これに対して中野氏は、次のように述べている。

「第一に、ＴＰＰによる貿易自由化により、安価な農産物が流入すれば、農家のみならず食品関連産業全体で値下げ競争が激化し、デフレが悪化します。農業や食品関連産業で失業者が増えれば、労働力が過剰になり、国全体の労働者の実質賃金が下がってしまいます。

第二に、ＴＰＰで自由化を求められる分野は、農業だけではなく、人の移動も含みます。ＴＰＰ交渉参加国は、アメリカ、オーストラリア、ニュージーランド、シンガポールのような移民国家以外は、低賃金の労働力を日本に輸出したがっている国ばかりです。

日本の輸出企業にとって、安価な労働力の流入は、人件費の引き下げによる国際競争力の強化につながります。それゆえ、TPPへの参加を全面的に支持している日本経済団体連合会は、アジアからもっと移民を受け入れるべきだと主張しているのです。しかし、この不況下で、海外から低賃金の労働力が流入すれば、国内の実質賃金は下がり、デフレは悪化し、失業者は増大するでしょう」

(『世界』二〇一一年四月号、七九頁)

こういうことに加えて、さらに重要だと思うのはTPPによって、私達の食の安全が脅かされる危険があるということである。この点について安田節子氏(食政策センタービジョン21代表)が『市民の意見』一二五号で、詳しく論じている。大変重要なことなので、長い引用で恐縮だが、我慢してお付き合いいただきたい。

「BSE牛肉輸入規制について、米国は日本の全頭検査を撤廃させ、月齢20ヵ月以下、危険部位の除去を条件に輸入再開させました。現在米国は、月齢規制も撤廃せよと強く要求しています。米国では工業的畜産が生み出す数多くのへたり牛にBSEがまぎれている可能性や、遺伝子組み換えの飼料や米国だけが認可した人工ホルモン剤使用などいくつもの問題を抱えています。……

食品添加物については、承認審査時間を短縮・迅速化し指定増加を要求していま す。世界中から食料を輸入する日本は輸出国使用の添加物を認可しないと貿易障壁とされるため、指定はうなぎのぼり。すでに1500品目もの食品添加物が指定されています。……

ポストハーベスト（収穫後の農薬処理：PH）農薬については、驚くべき要求をしています。米国が輸出する柑橘類やさくらんぼなど果物には防カビのためいくつもの殺菌剤がPH農薬として使用されています。日本は農作物の収穫後に農薬を使うことは認めていません。それで、日本政府は苦肉の策としてこれらの殺菌剤を保存のための食品添加物として認めるという方便をとってきたのです。それに対して米国は今度は食品添加物ではなく農薬として、収穫前、収穫後の区別なく最大残留農薬基準を設定して認めよと要求。日本では食品添加物には表示義務があり、農薬には表示義務がないからでしょう。PH使用を許容する高い農薬残留値が設定されれば、生育中にも適用され、国民の農薬摂取量は一層増大することになります。……

遺伝子組み換え食品表示もできない？──危険な「紛争解決」規定──

外資が規制によって利益の侵害を受けたとみなされると政府に訴えることができるのです。米国は日本の遺伝子組み換え食品表示の撤廃を求めていますが、TPPなら「紛争解決」規定を使って表示が不利、差別的として政府を訴え賠償や規制撤廃を求めることができるのです。

農地法改正で農地の企業利用が認められましたが、外資の農地取得など、国土の切り売りが始まるでしょう。

米国はTPPで知的所有権の強化を求めています。ジェネリック薬（特許切れによって同じ成分で安価の薬）は出回りにくくなるでしょう。また米国は、種子の特許を幅広く認めています。遺伝子組み換え種子のみならず、普通の種子にも特徴ある遺伝子を特定しただけで特許をとることができます。知的所有権の強化によって知らずに撒いた種が特許侵害として訴えられることもあり得るのです。

食料は高い安いで生産したり止めたりする商品では困るのです。必要な量、生産し続けられることが不可欠です。だから国家の保護が必要なのです。どの国も手厚い農業保護をしています。また食料はいのちを守る品質でなければなりません。確かな規格、規制が必要なのです」

中野剛志氏は、「TPPを巡っては、農業の問題がクローズアップされていますが、問題は農業だけではなく、金融や医療などのサービス、政府調達、知的財産あるいは人の移動なども対象にしていることにも注意しなければなりません」（『世界』二〇一一年四月号、七四―七五頁）と述べておられる。

このように日本の産業界のあらゆる面において、米国のグローバル企業による経済市場主義の原理が隅々にまで行き渡ることに道が開かれるならば、格差の少ない公平で安全な社会形成などは不可能となってしまう。ＴＰＰへの参加は、菅首相が目指す「最小不幸社会」の実現に真っ向から対立するものであることを、首相に認識していただきたいと思う。

（『教会と国家学会会報』第一一号、二〇一一年六月）

核兵器工場と原発事故

これは二〇一一年七月二日、伝道誌『聖天』第二号の巻頭言として記したものです。

先日の六月十八日―十九日に、私たちの聖天伝道所の修養会がありまして、そこでアメリカの核兵器製造工場で働いていた労働者のことを描いたドキュメンタリー番組「私達は核兵器を作った」を見ました。アメリカには三〇〇ヵ所以上の核兵器工場があり、二〇〇九年オバマ政権になって閉鎖されたものもありますが、今も新設されているものもあるとのことです（例えば、広島、長崎に投下された原爆の実験場であったロス・アラモスでは、新設の工場の建設が進められているとのことです）。これまでに約七〇万人の労働者が、（何の仕事をしているかは、家族に対してさえ秘密にすることを求められ、うっかり漏らせばスパイ容疑で刑務所行きとの脅しさえ受けて）このような核兵器製造工場で働き、これまでに約一七万発の核兵器が生産されてきたとのことです。

アメリカの代表的な核兵器工場のロッキーフラッツ（ここはデンバーから車で三〇分の所にあり、一九五二―一九九二年まで六五〇〇人の労働者が働いていました）が、閉鎖解体ということになり、そこで働いていた多くの労働者が解雇されました。彼らの中から多くの、癌、白血病、脳腫瘍を患う患者が生まれました。しかし解雇された彼らには、会社での医療保険は使えません。会社はもはやありません。彼ら労働者は、奇跡的に残されていた資料から、会社の実態を明らかにし、自分たちの救済を国に求めるために団結して立ち上がり始めました。そしてどんな危険な作業を、よく知らされないままさせられてきたか。核の廃棄物、放射能に汚染された様々な機械などが、いかに無造作にただ土に埋められて処分されているか。そのために、その広大な土地が、放射能汚染のため、人が入れない地域となってしまっているかが明らかにされていきます。すんでのところで、核兵器が爆発する事故が、何度か起きていたことも（一九六九年五月、工場が火災に。大量の水をかけたら、核分裂の暴走が起きる危険があった。どうしたか。その時は消防車が来て水をかけて火災を抑えたが、核分裂の暴走が起きなかったのは奇跡的な幸運としか言いようがない、と）。しかし事故情報を外に漏らすことは厳しく禁じられました。ワシントン州ハンフォード核施設（かつてここで製造されたプルトニウムが、長崎に投下された原爆に使用された）は、高濃度汚染水を、近くのコロンビア川に流していたこと、放射性廃液をためている一七七個の巨大地下タンクから廃液が漏れ出していることが問題となっています。こうした問題は、アメリカだけでなく全ての核所有国にあることでしょう。

私が何を言おうとしているかというと、いま福島の原発事故で問題となってきていることは、すでにもっと大規模に、深刻な現実として、核兵器製造工場とその周辺で起こっているということです。私達は原発の問題と共に、権力によって隠されてきた核兵器製造工場の危険と汚染に目を向けねばなりません。

（『聖天』第二号、二〇一一年八月）

ブロークン・アロー

これは二〇一一年九月二日『聖天』第三号に巻頭言として記したものです。

ブロークン・アロー（折れた矢）とは、アメリカ政府の核爆弾の紛失や、核兵器事故に関する報告書の暗号名である。アメリカの情報公開法に基づき、一九八一年に、一九五〇—一九八〇年の間に三二件の重大な事故が起きていたことが公開された。とは言っても、安全保障上のことであり、これらは元々最重要秘密事項であって、今も詳細が明らかにされているわけではない。肝腎の所は、マジックで黒塗りされている。事故件数からして、関係者は口をそろえて、「三二件どころではない」と言う。早い話が、これは米軍の核兵器事故の報告であり、ソ連をはじめ、他の核兵器保有国も合わせれば、もっと数が増えるのは間違いあるまい。一九八一年以降のブロークン・アローは、どうなっているのか。未だ多くが私達の目には隠されたままである。

七月二十二日、BS歴史館では、スペインとデンマークで起きたブロークン・アローのことが取り上げられていた。この背景にあったのは、次のようなことであったという。一九五七年十月四日。ソ連が人工衛星スプートニクの打ち上げに成功した。アメリカは、ソ連が人工衛星に核爆弾をつけたミサイルで先制攻撃することを恐れて、一九五八年クロムドーム作戦を展開させることとした。クロムドーム作戦とは、核兵器の実弾を積んだB52戦略爆撃機を次々と飛ばして、二四時間ソ連の動きを監視し、危険な動きがあれば、先に先制攻撃しようというものである。スペインとデンマークの核兵器事故は、このような中で起きた。

一九六六年一月十七日、スペインの田舎町パロマレスの上空で、核爆弾を積んだB52戦略爆撃機が空中空輸機と接触事故を起こし墜落した。幸い核爆弾は爆発しなかったが、プルトニウムなどの放射性物質が周囲に撒き散らされた。パロマレスの畑の作物は焼却処分され、特産品のトマトは全て出荷停止となった。翌日から一七〇〇人の米兵が突然やって来て、汚染された土壌を四八一〇本のドラム缶に入れて持ち去り、それで除去処理は済んだとされた。しかし、この問題を独自に調査している地元のカメラマンによると、最も汚染された土壌に限っても米兵は七〇パーセントしか持ち去っていないという。それを裏づけるように二〇〇七年になって（事故後四五年たって）突然スペイン政府は、この地区を放射能汚染地区として、立ち入り禁止区域とした。スペイン政府の説明は、この地区の開発のため、土を掘り起こしたら、土中に埋まっていた放射性物質が出てきたためという。そもそも事故当時から、放射能汚染の実情が明らかにされてこなかった背景には、当時のスペインが、自ら核武装をしたいと思っていたフランコ独裁政権下（一九三九―一九七五年）であったということもあるという。

一九六八年一月十七日、核兵器を積んだB52戦略爆撃機が機内火災を起こして墜落炎上した。デンマーク領グリーンランドのチューレ空軍基地でのことである。消火や、汚染物質の除去作業にあたっては放射能に対する防護服を与えられたのは米兵のみで、デンマーク人の消防士やイヌイットの人達に対しては与えられなかった。その後、その人たちの六〇パーセント以上の人々が、ガンなどの病気になった。自然状態では一五カウンターミニッツの値の放射性物質が、事故の時は二〇〇万カウンターミニッツ（プルトニウム）を記録したという。そもそも当時デンマークでは、非核政策を取っていて、米国の核爆弾が持ち込まれていることは国民の知らないところであった。しかし当時のデンマークの首相H・G・ハンセンが、米国の核爆弾持ち込みに同意していた文書が、後にアメリカで見つかった。チューレ空軍基地被爆者の会の人々はこの文書により政府から三一億円の金を受け取ることに成功した。しかしそれはどこまでも和解金であって、補償金としてではなかった。

二〇〇八年十一月十日、英BBC放送がこのチューレの事故の際、厚い氷を突き抜けて海に落ちたままになっている未回収の核爆弾のパーツがあることを報じた。しかもそれは、核爆弾の最初の爆発を引き起こすプライマリーの部分ではなくて、次の、プルトニウムを大量に含み、甚大な放射能汚染を引き起こすセカンダリーの部分であることが、アメリカの記録文書の分析から判明したと報じた。デンマーク国内は騒然となり、デンマーク政府も調査に乗り出したが、その結論は次のようなものであった。落下した核爆弾は合計四つ。この内三つの核爆弾は回収され、四つ目の核爆弾の破片も回収された。四つ目の核爆弾は破損がひどく、未回収の破片があるとしても、もはや核兵器とは言えない、と。
しかしこれでは、海中でのプルトニウム汚染の疑惑は解消されたことになっていない。最後に、ゲストの軍事評論家小川和久氏が、一九六五年十二月五日に起きた「空母タイコンデロガ水爆搭載機水没事故」について、少し触れた。これはベトナム戦争での作戦区域での会議を終え、空母が横須賀に戻る途中、沖縄の東三二〇キロメートルの地点で一メガトンの水爆を搭載した攻撃機が水没したという事故である。インターネットで、BS歴史館「暗号名 ブロークン・アロー〜隠された核兵器事故」を開けると次のような説明が出てくる。

タイコンデロガ（空母）
核爆弾に実弾を搭載したA－4艦載攻撃機を、格納庫から飛行甲板に機体移動させるためエレベータに乗せるべく整備員が手押ししていた際、勢い余って海に転落させてしまったのだ。そして水没したパイロットも機体も、核爆弾も回収できなかった、という事故だ。（mame-tanuki の Hatena::Diary より）

一九八九年に環境保護団体「グリーンピース」が、水爆水没地点が沖縄沖であることを、スクープし、日本の新聞社も当時報道したらしい。

これを知って、私がショックだったのは、当時アメリカは、ベトナム戦争で核使用の選択肢を本気で考えていたのではないか。日本も国民の無自覚の中で、日米安保条約の下で、それに協力していた可能性があったのではないかということである。広島、長崎での経験をしたはずの日本がである。

（『聖天』第三号、二〇一一年十月）

八月十四日に思うこと――視点の転換

これは二〇一一年八月十四日、聖天伝道所での主日礼拝説教として語ったものです。

本日は八月十四日で「八月十四日に思うこと」という説教題を掲げました。こういう題で、最近思っているところのいくつかを申し上げ、みな様のお考えを伺い、祈りを合わせられればと願っている次第です。

もう一ヵ月以上も前になるでしょうか。以前新聞で、「大国の条件」ということで、日本は世界から見れば押しも押されもせぬ大国であり、その自覚に立って、国内のことだけではなく、国際問題についても、それなりに関心と取り組みと役割を果たすべきだとの意見が載せられていました。それは具体的にはソマリア難民のことであり、当時、国連や主要先進国の関心も、東日本大震災よりもソマリア難民のことに向かっていました。むろん当時日本でもBSの「ワールド・ウェイブ・トゥナイト」などの番組では取り上げられていましたが、一般のニュースでは、NHKでも民放でもほとんど報じられていなかったように思います。さすがに最近では、時々取り上げられるようにはなりましたが、一般の関心がそれほど高いとは言えないでしょう。日本の歴史的な円高はソマリア支援に有効な後押しとならないでしょうか。

今、ソマリアでは、三四〇万人が生命の危機的状況にあり、その内、六四万人の子供が極度の栄養失調で、深刻な状況にあるとのことです。このようになった主な原因は三つあり、その第一はこの地域の旱魃です。次に旱魃に伴う食料の高騰。この一年間で穀物の値段は五倍になったと報じられています。そして内戦。ソマリアは一九九一年に政府が反対勢力により崩壊、二〇〇〇年暫定政府が出来ますが、その後も内戦が継続、その後エチオピア軍の侵攻や米軍の介入、アフリカ連合のPKOの展開もありましたが内戦は収まらず、今もイスラム原理主義組織アル・シャバブやその他のイスラム過激派組織の争いが続いていて、人道援助の介入もままならないような状況が続いています。それでも国連は、ケニアに逃れてきた四〇万もの難民（九万人収容のキャンプに）に手を差し伸べるべく世界に訴えています。

本日八月十四日は、大阪への八回目の空襲（京橋駅大空襲。約七〇〇―一〇〇〇名死亡）のあった日です。第一回目は一九四五年三月十三日―十四日でした。計八回で一万人以上の市民が亡くなったと言われています。小田実はこの八月十四日の大空襲に、死ぬまでこだわった人でした。日本のポツダム宣言受諾の意向を米国はいつ知ったのかという問題です。八月十五日午前中にも米軍の飛行機を見たと証言する人々もいます。

昭和一七年（一九四二年）十二月九日から、昭和二〇年（一九四五年）五月五日まで「戦争日記」と題し、後に「暗黒日記」と呼ばれる日記を記した清沢洌という評論家がいました。彼は敗戦の年の五月に惜しくも五五歳で亡くなっているのですが、生涯日米友好を訴え続けた自由主義（平和主義）者でした。彼は中学進学を希望したけれども父が許さず、代わりに信州穂高にあった井口喜源治の研成義塾に学びます。清沢洌の一三歳から一五歳の時でした。その後一九〇七年（明治四〇年）彼は研学移民として米国へ留学するのですが、政治思想史家橋川文三が、研成義塾での清沢への影響について、こんなふうに記しています。

清沢は「私は井口先生によって、世の中には金や地位や名誉よりもっと大切なものがあることを知りました。それは信念です。私は過去に於て、また現在に於て、自分が考えて正しいと思うことを曲げたことのない一事は恩師の前に申しあげることができます」と語っているが、クリスチャンにならなかったものの、結局清沢の生涯は、内村鑑三や井口らキリスト者の歩んだ道とさしてことなるものではなかった。

学問は彼にとってなんらかの生活手段ではなく、人間として正しく生きるための必須の労働というべきものであった。（清沢洌『暗黒日記』評論社、一〇頁、「解題」）

そしてさらに橋川文三は、こんなふうにも記しています。

彼の生涯のもう一つの特質——きわめて広い国際的関心ということも、前記のような彼の生き方と切りはなしては考えられない。明治期の愛国者によく見られるタイプであるが、熱烈な愛国心と広大な世界的視野とが一体化している人々の典型として、たとえば内村鑑三を考えることができる。日本と世界と神との三位一体の信念の上に立つならば日本が世界から孤立して独善の知識をもち、独断の行動を行うことは不可能でもあり、許されることでもない。日本は世界を通じて「神」の仕事にアンガージュするというこの種の信念は、やはりまた清沢のものでもあった。彼はたんにジャーナリストとしての職業的必要から世界のことに気を配ったのではなく、世界は「神」におけるものとして必然的に清沢の関心をとらえたというべきであろう。そして、その意味における世界についての無知との抗争が、彼の生涯の仕事になったと考えることができよう。〝日記〟はその戦いの記録とみることができる。（前掲書、一一頁）

信仰を与えられてから、社会や世界や歴史のことなどについて、本当に勉強するようになったという人々がいます。今まで自分や自分のまわりのことしか関心がなく、自分を中心にしか物事を見ていなかったのが、そこから解放され、隣人のことに思いを馳せれるようになり、さらには神様の思いに心を向けれるように、キリスト信仰が人を変える力を持つものであれば、これは当然のことと言えるでしょう。

その清沢洌の暗黒日記の昭和二〇年元旦の文章は、次のように書き始められています。

一月一日（月）
昨夜から今晩にかけ3回空襲警報なる。焼夷弾を落したところもある。一晩中寝られない有様だ。僕の如きは構わず眠ってしまうが、それにしても危ない。……日本国民は、今、初めて「戦争」を経験している。戦争は文化の母だとかいって戦争を賛美してきたのは長いことだった。僕が迫害されたのは「反戦主義」だという理由からであった。戦争は、そんなに遊山に行くようなものなのか。それを今、彼等は味っているのだ。

私は初めこれを読んだとき、「えっ」と思いました。昭和二〇年になって「日本国民は、今、初めて『戦争』を経験している」という文章を読んで、違和感のようなものを感じたからです。だって日中戦争は一九三七年の盧溝橋事件から始まっているのだし、太平洋戦争は一九四一年の真珠湾奇襲攻撃から始まっていたのですから。それを一九四五年になって「日本国民は、今、初めて『戦争』を経験している」とはどういうことか、と。そして「ああ、そうか。日本内地にいた日本人の多くの人々にとっては、沖縄を除いては、戦争体験とは空襲体験だったのだ」と納得しました。外地からの引き揚げ経験、苦労が語られることはあっても、今なお中国を始めとするアジアでの皇軍の暴虐が戦争経験として語られることは少ない。

その空襲も、昭和二〇年一月二十日カーチス・ルメイが前任者ヘイウッド・ハンセルに変わって着任し、日本の都市の無差別戦略爆撃が立案実行されるに及んで、それまでとは様相が一変しました。ハンセルは上官のローリス・ノースタッドの無差別焼夷弾爆撃命令にもかかわらず、一月三日の名古屋空襲でも高高度からの工場攻撃に重点を置き、焼夷弾は一部機体に試行的に実施させたに過ぎませんでした。これが司令官をルメイに変える契機になったと言われています。

この時ルメイが考案した日本本土爆撃の主なポイントは、次の四点であったとのことです。

1 高高度からの爆撃をやめ、低空（１８００メートル以下）からの爆撃とする。
2 爆弾は焼夷弾のみとし、最大積載とする。
3 搭載燃料を最小限とし、防御用の銃座は外す。
4 攻撃は夜間とする。

さらに、日本の「木と紙でできた家屋」を効率よく破壊延焼する専用焼夷弾を開発した。

こうして三月十日の東京大空襲へとつながっていくわけです。しかしルメイが行った無差別戦略爆撃は、戦時国際法違反です。しかしそれが裁判で裁かれることはありませんでした。広島、長崎への原爆も含めて、日本軍が一九三九年から一九四四年まで行った中国重慶への無差別絨毯爆撃（死者一一、八〇〇名）への報復として、東京裁判で正当化されたからです。のみならずルメイは戦後、日本政府から勲章をもらっています。パソコンで検索すると次のような記述が出てきます。

1964年航空自衛隊創立10周年に、航空幕僚長の浦重の招待を受け来日、航空自衛隊創設時の戦術指導に対する功績により、日本政府より勲一等旭日大綬章を授与された。これは参議院議員で元航空幕僚長源田実と小泉純也防衛庁長官からの強力な推薦によるものであった。なお勲一等に叙する勲章は本来、授与に当たって直接天皇から渡される（天皇親授）のが通例であるが、昭和天皇はルメイと面会することはなかった。

先日テレビで、こんな場面が報じられているのを見ました。アナウンサーが道行く人々にたずねるのです。第二次世界大戦が終わったのはいつですか、と。するとどの人も、「昭和二〇年八月十五日」と答えます。今度は同じ質問をアメリカですると、どの人も「一九四五年九月二日」と答えます。九月二日はミズリー号で、日本が降伏文書に署名した日であり、対外的には、これが日本の降伏を内外に示した正式な日であり、アメリカでもロシアでも、この日が対日戦勝記念日となっています。では日本人が戦争が終了した日と考える昭和二〇年八月十五日とはどういう日か。言うまでもなくそれは、玉音放送で昭和天皇がポツダム宣言を受諾した旨を、日本国民に告げた日です。しかしそれで、ただちに外国人も、それをもって戦争終了と了解するはずだし、それが当然だと日本人の誰もが思ってしまってきたところに問題があるのではないか。だからこそ、八月十五日を過ぎてなお、いくつか戦闘行為があったのを、「戦争が終わっているのに……」と日本人は割り切れぬ思いを抱いてきたのではないか。例えば最近、浅田次郎の『終わらざる夏』で有名になった占守島での戦い、八月十八日から二十一日にかけて、日ソ中立条約を破ってソ連軍が攻めてきて、二十一日に日本軍が降伏、大勢の人がシベリアへ抑留されたという事件ですが、ポツダム宣言受諾を宣言した八月十五日が過ぎた後にソ連軍は攻めてきたという思いが、日本が弱っている時に中立条約を破って攻めてきたということと共に一層ソ連軍の理不尽さを日本人に抱かせる要因となっているように思います。私も日本人のそうした思いの正当性を思いますが、しかしソ連側（ロシア側）には、全く違った正当化の論理が成立しうるのだと思います。まず八月十五日は、国際的に対日戦終了が成立した日ではないこと、ナチス・ドイツのソ連侵攻（一九四一年六月二十二日）を受けて、それがうまくいったら日本もソ連に攻め込む計画を立てていて、ソ満国境に八〇万の兵を集めて、一九四一年七月に関東軍特別演習を行っていたこと、日本が対ソ戦を実行しなかったのは、仏印進駐を優先したからに過ぎず、スターリンは、日本軍の侵攻がないことをゾルゲ情報により知って、対独戦に集中的に兵力を投入し、ナチス・ドイツの侵攻を食い止めたこと、極東国際軍事裁判でもソ連側の主張として、「1941年7月に日本陸軍は「関東軍特別演習」(関特演)を行っており、これは日本側からの重大な軍事的挑発であるとして、中立条約破棄の責任を否定する見解があ」り、「また、この「演習」は極東に配備されていたソ連軍部隊を、対独戦に投入することを阻止する目的で行われていたものであり、ドイツが勝利していれば、直ちに日本軍がソ連領内に侵攻する意図をも含んでいた」との主張もなされているとのことです。

太平洋戦争(大東亜戦争)についての日本のポツダム宣言受諾を受け入れて行われた極東国際軍事裁判判決では、「中立条約が誠意なく結ばれたものであり、またソビエト連邦に対する日本の侵略的な企図を進める手段として結ばれたものであることは、今や確実に立証されるに至った」とソ連側の行為を合法的なものと規定している。歴史についても自分中心の視点からの解放が必要なのです。自国中心、国益中心の教育が、いかに危ういかよくよく心せねばならないと存じます。

先日NHKで「活かされなかった原爆情報」という、大変貴重なドキュメンタリー番組が放映されました。御覧になった方も多いと存じます。

日本も一九四三年(昭和一八年)春から仁科芳雄氏を中心として原爆開発の研究が進め

られていたが、資材の不足などから一九四五年（昭和二〇年）六月研究を断念していたこと、これに対しアメリカは、ニューメキシコで一九四五年七月六日原爆実験に成功。そのニュースは日本の参謀本部にまで伝わっていたが、参謀本部はあえてそれを原爆とは認めようとしなかったこと。（しかしこの番組ではありませんが、大阪を含め、広島に原爆が落とされる前に、外側の形はそっくりな模擬爆弾が日本各地に五〇個も投下され、犠牲者が出ていたということが報じられました。）

そして八月六日午前三時に、小編隊の特殊任務機エノラ・ゲイを中心とした数機が、日本に向かっていることを、日本の情報部はつかんでいて、参謀本部に連絡がいっていたにもかかわらず、参謀本部は、それを広島に伝えず、広島では空襲警報も出されず（防空壕に入っていたある婦人は助かった）多くの人々が原爆の熱線を直接浴び、一挙に十数万もの人々が亡くなったのでした。この広島のニュースを聞いても、陸軍はそれが原子爆弾によるものとは認めようとしなかったと言います。しかし本当は彼らは知っていたはずだと、元情報部員であった人は言っていました。そして八月九日、広島の時と同じ電波を使っていた飛行機が長崎に向かっていることが、投下の五時間も前に、軍の中枢部に伝えられていたにもかかわらず、それを阻止する高度一万メートルも飛行しうる紫電改を持った戦闘機部隊が、大村にあったにもかかわらず、軍の中枢部は何もしなかった、ではその時、軍の中枢部は何をしていたかというと、ソ連参戦という事態に御前会議を開いて、降伏すれば天皇の地位はどうなるかという議論をしていたのでした。

これを見て、改めて私が思い知ったこと、それは参謀本部にいた人々にとって、大切なのは天皇制であって、国民の命なんかではなかったということです。

八月十五日を前に、今年も様々な戦争に関する番組が放送されますが、日本の加害の事実についての報道は、皆無に近いことについて改めて考えさせられずにはおれません。

日本では戦前と戦後という分け方を、当然のように申します。しかし多くのアジアの国々にとっては、第二次大戦後に、今度は植民地からの独立戦争を戦わねばなりませんでした。日本のように、戦争が終わって、すぐに「平和」が到来し復興に励むという具合にはいかなかったのです。そのため日本への賠償請求も遅れざるをえませんでした。このことを、どれだけの日本人が分かっているでしょうか。

明日八月十五日を前にして、改めて歴史の混沌、不条理、闇の勢力の強大さなどに思いを馳せざるをえません。そうした歴史の現実を前にして、キリストの福音は私達に何を語りうるでしょうか。


本日は、テキストとして、パウロが復活について述べている所を取り上げました。

最も大切なこととしてわたしがあなたがたに伝えたのは、わたしも受けたものです。すなわち、キリストが、聖書に書いてあるとおりわたしたちの罪のために死んだこと、葬られたこと、また、聖書に書いてあるとおり三日目に復活したこと、ケファに現れ、その後十二人に現れたことです。次いで、五百人以上もの兄弟たちに同時に現れました。そのうちの何人かは既に眠りについたにしろ、大部分は今なお生き残っています。次いで、ヤコブに現れ、その後すべての使徒に現れ、そして最後に、月足らずで生まれたようなわたしにも現れました。わたしは、神の教会を迫害したのですから、使徒たちの中でもいちばん小さな者であり、使徒と呼ばれる値打ちのない者です。神の恵みによって今日のわたしがあるのです。そして、わたしに与えられた神の恵みは無駄にならず、わたしは他のすべての使徒よりずっと多く働きました。しかし、働いたのは、実はわたしではなく、わたしと共にある神の恵みなのです。

（第一コリント一五・三―一〇）

パウロの、復活のキリストとの出会いについて記したダマスコ途上の記事は、パウロが直接書いたものではなく、弟子のルカが書いたものです。しかし本日の記事はパウロ自身が書いているものであり、殊に八―一〇節は、パウロが自分のことについて書いている所です。

そして最後に、月足らずで生まれたようなわたしにも現れました。（一五・八）

ここでパウロは復活のキリストが彼に現れたと言っているのです。イエスが殺された場面は多くの人々が見ていました。イエスはユダヤ教の最高法院（サンヘドリン）で、神を冒瀆した者との判決を受けてローマ側に引き渡され、自らを王と名乗っているという政治犯として、ローマ帝国によって十字架刑に処せられたのでした。ところが三日目の日曜日に、復活のイエスに出会ったと弟子達が言い出し、その後、同じように証言する人々がたくさん現れたというのです。イエスが復活する場面を見た人は誰もいません。犯罪人として処刑されたイエスがよみがえったとされ、彼こそメシア（キリスト）であり、神の子なのだと言う人々が現れることは、当時のサンヘドリンにとっても、由々しきことであり、そんなデマは、埋葬してある岩穴からイエスの死体を引っぱり出して早く打ち消したかったはずです。しかしサンヘドリンもローマの兵隊達もそんなことは出来ませんでした。ですからどんな批判的な歴史学者も、イエスの死体はなくなっていた、ということは認めざるをえませんでした。

イエスの復活、それはいかなるメッセージを私達に告げているでしょうか。それは死が絶対である（死の偶像化）ということが打ち破られているということです。来世がどんなものであるかは分かりませんが、そして聖書はそれについて多くを語りませんが、ともあれ、死が最後のものではないということが示された。このことを抜きにして、迫害下に置かれた初期のキリスト教徒達の殉教の死は説明できないでありましょう（復活から、ではあの十字架の死は何であったのかとの問いが生じ、イザヤ書五三章の苦難の僕や罪祭の犠牲の子羊との連想から、贖罪信仰が初代教会に成立していったと考えられますが、この贖罪信仰だけからでは、迫害下にあった初期キリスト教徒達の多くの殉教の死を、とても説明できません)。

次にイエスの復活は、この世の判決、評価を覆すものがあることを示します。これは私達に〝永遠が勝負である〟とするような人生への歩みを鼓舞するものでありましょう。

さらにイエスの復活は、「イエスこそ神の子」との信仰を生み出すことになりました。当時、神の子とされていたのは、ローマ皇帝でありました。それに対して「イエスこそ神の子」との信仰は、この世の権力を相対化し、神の支配と言うべきものがあることを確信させることになりました。

そしてそれは、山上の垂訓の「幸いなるかな貧しき者、幸いなるかな悲しむ者、幸いなるかな義に飢え渇く者」との、この世の価値観をひっくり返すようなイエスの呼びかけを、約束を、その慰めを真のものとする生き方へと私達を押し出すものとなる。

すなわちこの世の価値観にどっぷりつかり、死を絶対とする生き方からの転換です。それを聖書は悔い改めという言葉で表したわけです。主イエスは、その宣教の初めを、次の言葉で始められました。「神の国は近づいた。汝ら悔い改めて福音を信ぜよ」と。神の国は神の支配です。福音はこの世の歴史の現実を相対化させる力を与えるのです。「神の支配は近づいた。汝ら悔い改めて福音を信ぜよ」。その御声を私達もまた心の耳を澄まして、新たに聴く者でありたい、そう願います。一言祈ります。

(『聖天』第三号、二〇一一年十月)

「放射性廃棄物はどこに」

これは二〇一五年一月二十五日に『聖天』に寄稿したものです。

これはBS世界のドキュメンタリーで放映された「終らない悪夢（前篇）」というタイトルで、二〇〇九年フランスで制作された番組である。核兵器製造工場にしろ原発にしろ、そこで出る大量の核廃棄物（核のゴミ）の最終処理技術を、人間は未だ手にしていない。ではその核のゴミは、どうされてきたのか。どうされているのか。一九五〇―一九六三年の期間は、核のゴミはドラム缶に詰められ、海中に投棄されてきた。番組の冒頭で次々とドラム缶が海中に放り込まれる場面が映し出される。英仏海峡の海底の空になったドラム缶には、うなぎが住みついていたという。核のゴミは魚などを通じて食物連鎖の中に取り込まれたということである。こうした核のゴミの海洋投棄は、五〇年足らずの期間で一〇万トン以上に上るという。グリーンピースなどの啓蒙活動により、反核運動の高まりで一九九三年、国際条約で核のゴミの海洋投棄は全面禁止となった。しかし軍の抱える放射性廃棄物については各国とも、軍の機密事項ということで、本当に核のゴミの海洋投棄が完全になくなったかどうかは分からない。一定以上の放射線にさらされた物は全て汚染される。労働者の作業服も全て。使用済核燃料は、プルトニウム、セシウム、アメリジウム、クリプトンなど色々なものがあり、放射線を出し続ける期間も千分の数秒のものから数百万年のものまで様々。

米国は一九四二年、砂漠にハンフォード核施設を作った。マンハッタン計画である。マンハッタン計画で、ハンフォードは人口五万二千人の町になった。長崎に投下された原爆のプルトニウムは、ここで製造されたものである。現在ハンフォードは廃墟のようになっており、米国政府のエネルギー庁の管轄下に入っているが、長年ここは秘密の場所で、これまでこの施設で何回放射能もれや火災があったかなど、風下の町の住民に知らされることは一切なかった。廃液は側を流れるコロンビア川にそのまま流され、ひどく汚染された。コロンビア川の川底は放射性廃棄物に覆われている。今も汚染され続けている。しかしハンフォード核施設で働く人々や家族にいっさい知らせなかったので、画面にコロンビア川で遊ぶ人達の姿が映し出されている。一九六三年にハンフォードに来た元原子力技師は、二〇年間上司に聞かされてきたことは全て事実とはかけ離れており、ハンフォードは廃液で周囲を高濃度で汚染してきたことを証言している。

一九四三年以降、最も危険度の高い廃液を貯蔵するため一七〇個のコンクリートの巨大なタンク（各々がビル一つがすっぽり入る大きさ）が作られた。その後リスクを減らすため、タンクは地中に埋められた。一九八〇年代、六〇個のタンクから廃液が漏れ出して地下水を汚染していることが判明。放射能レベルの高い廃液は、今も二億リットル残っている。ガラス固化が出来るまで廃液は漏れ続け地下水は汚染され続けられる。二〇〇二年のアメリカエネルギー庁の調査ではコロンビア川の魚には、ストロンチウム九〇が含まれていると報告されている。ここの魚を食べ続けるとガンを発症する危険が高いと言われている。ハンフォードの植物汚染を調べている学者は、エネルギー庁の妨害に遭いながらも調査を続行、コロンビア川の土壌と水のサンプルを採取、それをフランスの原子力調査機関クリラッドに送って分析してもらった。その結果は、ハンフォード周辺の川はトリチウムに汚染されていること。一リットルあたり一三ベクレル。高濃度のウランが検出等々であり、それらがコロンビア川に流れているとのことであった。

ソ連は一九四五年から一〇余りの核施設を作ったが、三〇年余りもの間、ソ連から何の情報も流れてこなかった。しかし一九七六年、反体制派の学者ジョレス・メドベージェフが、一九五七年ウラル地方のチェリャビンスリ州の核施設で、廃液を貯蔵しているタンクが爆発し、重大な放射能汚染を引き起こしていたことを告発した。しかし当時、西側の科学者は相手にしなかった。当時、原発を推進しようとしていた西側諸国は、彼の告発を、西側諸国の核開発を遅らせようとするKGBの陰謀だと解したようであった。しかしアメリカのCIAは、この事故のことを知っていたが公表しなかった。国民に原子力に対する恐怖心を煽りたくなかったからだろうとジョレス・メドベージェフは言う。

一九四六年からマヤークの核施設は、ソ連の原爆用のプルトニウムを製造、長い間この施設は外国人の立ち入りを禁止しただけでなく、地図にも載せられず暗号名で呼ばれてきた。一九五七年に爆発したタンクは、この秘密の町のそばにあった。現在も近づくことは出来ない。この大惨事で大きな被害を受けたカラボルカ村では、当時、一五〇〇人の一二歳の生徒達が畑の手伝いをしていた。九月二十九日午後四時頃、生徒達は爆発音を聞く。地面が大きく揺れ、空が真っ黒になったという。爆発の規模はTNT火薬七五トンに相当し、放射性物質は上空一千メートルまで吹き上げられ、周囲一万五千平方キロメートルを汚染し、二〇〇人以上が死亡し二七万人が被爆した。この核事故は、チェルノブイリ以前の事故としては最悪のものであったが公表されなかった。事故の二日後、生徒達は畑でまた収穫の手伝いをさせられた。しかし収穫されたじゃがいもは溝に捨てさせられた。汚染された八〇〇平方キロメートルの土地は今も立ち入り禁止となっている。一九九〇年代にペレストロイカ政策のおかげで、一時、記者の取材が許されたことがあった。

マヤークの核施設は、廃液をカラチャイ湖に投棄してきたが、汚染で危険になったので当局は埋め立てることにした。車体が五トンの鉛で覆われているトラックが、カラチャイ湖に岩を運んで戻ってくるまで、全部で一二分以内で行わねばならないと言われたと運転手は証言する。湖のそばの放射能レベルがあまりに高濃度であるため、湖に近づくと計測器の放射能レベルが跳ね上るので、作業員は岩を下ろすのに三分以上はかけられない。現在カラチャイ湖は埋め立てられているが、次々生み出される廃液を貯蔵するため、さらに深い人工の湖が作られた。この新しい貯水池は、テチャ川を汚染している。テチャ川は多くの村を通ってオビ川に流れ込み、オビ川はシベリアを横切って北極海へ汁いでいる。フランスの原子力機関の科学者が、テチャ川の放射能汚染を調べた。川岸の橋の下は、自然放射能線量の五〇倍の五千カウントから一万六千カウントの所もある。しかしそこは立ち入り禁止にされていないため、住民が川魚を取りに来たりしている。川は五〇年間汚染されてきた。橋を建設した労働者は被爆している。多くの村人が立ち退かされたが、最後に残ったわずかな家族が廃墟の中で暮らしている。一九九三年エリツィン政権の下でグラチノスチ政策で放射能の危険が語られるようになったが、プーチン政権の下で秘密主義に戻ってしまった。政府は、村から出れば二八〇万円支払うと村人に言っているが、それだけでは村を出て生活を再建するには足らない。多くの村人がガンで亡くなった。村人は乳牛を飼い、家庭菜園を作っている。役人は牛乳と水を調べるが結果は村人に知らされない。フランスの科学者がムスリュボモ村の牛乳を調べたところ、牛乳には、かなりの量のストロンチウムが含まれていることが判明した。飲み続けるとガンになる可能性が大きくなる。ここから最も近い放射線障害を調べる研究機関では、住民の定期検診を行っているが、結果が住民に知らされることはない。

テチャ川の魚、水、土などを採取し、フランスに持ち帰って調べた結果、テチャ川はトリチウムによって高度に汚染され、土壌にセシウム一三七が大量に蓄積（一キログラム当たり最高一八万ベクレル）され、セシウム一三七が魚では六〇〇ベクレル以上、牛乳では一キログラム当たり二四ベクレル検出された。村の住民は、地面から出る放射線と食事による体内からの汚染によって大量に被爆している。テチャ川の沈殿物からは、最も猛毒なプルトニウム二三九と二四〇によって汚染されていることが判明した。一キログラム当たり二二〇〇ベクレルという高い数値である。

フランスのラ・アーグ核燃料再処理工場では、フランス国内のばかりでなくヨーロッパの他の国や日本からの使用済み核燃料を受け入れている。再処理で回収されたウランは最終的にどこへ持って行かれるのか。八千キロ離れたシベリアの奥地に作られた秘密都市トムスク（人口一二万五千人、別名セベリスク）へ運ばれていた。ここではウランの貯蔵コンテナが大量に投棄されている。

私はこの番組を見て強い衝撃を受けた。聖天伝道所では二〇一二年一月十五日の礼拝後、みんなでDVDでこの番組を見た。アンテナを高く鋭敏にして、知るべき事実を嗅ぎ分ける努力を怠らないことの大切さを改めて思う。民主主義社会の維持発展は、こうした努力の上にこそ成り立つものだから。

（『聖天』第四号、二〇一二年二月）

九月三十日の説教から

尖閣諸島の領有権をめぐる日中の争いが、ニュース報道の重要部分を占め、テレビでもいくつもの番組が、この問題を取り上げていることは、みな様ご承知の通りです。私もそれらのいくつかを見、また読むなどしてきましたが、専門家と言われる人々の発言も含め共通して決定的に欠落しているものを感じて半ば絶望的な気持ちにさえ陥る時のあるのを禁じえません。それは何か。それはかつての日本の侵略に対する日本人の側のあまりもの無知と罪責感のなさです。中国も韓国も繰り返しそれに言及しているのに、日本側の受け止め方のなんと鈍感なことか。その鈍感さに私は絶望的な思いを抱いてしまうと申し上げたのです。そもそも日中戦争で、日本軍によって殺害された中国人はどれ位か、みな様ご存知でしょうか。太平洋戦争を含めて日本の死者は三一〇万人と言われますが、中国人の犠牲者は実に一千万人以上とあります。みすず書房が出している「現代史資料集」の第一巻に出ています。加害者は忘れても、被害を受けた側はそう簡単に忘れられるものではありません。日中平和友好条約の時に、田中角栄首相が、「中国に多大の迷惑をかけた」と述べたとき、訳語のこともあったのか、そのあまりに軽い言葉の故に、中国側のお祝いムードが一気に冷えて、列席者の顔がこわばったということですが、この出来事がいみじくも示しているものが、日中の問題の根底に横たわっています。そのことを如実に示すものが、二十八日の「ビジネス展望」で寺島実郎氏が語っておられた事実に現れています。それは今回の反日デモは、中国国内においてだけではなく、東南アジアに住む（例えばタイやシンガポール）華僑の人々によってもなされたということです。すなわち今回の対立は、単に日本と中国という二国間の対立にとどまらず、中華圏にまで広がっているということです。尖閣諸島の問題が、日本の侵略戦争の象徴のように映っているからです。二十九日の朝日新聞の「耕論」で、筑波大学の遠藤誉教授が、次のように書いておられました。

〈愛国教育の裏面〉

89年に若者たちが民主化を求めて起こした天安門事件の再来を警戒し、江沢民時代に愛国主義教育が始まりました。中国では愛国主義教育は反日教育ではないと言っていますが、実際は反日感情を醸成しています。なぜなら学習指導要領の中で、「抗日記念館」などの見学を義務付けているからです。抗日記念館というものは、日中戦争時代、日本軍がいかに残虐な殺戮行為をし、中国共産党がいかに日本軍に抵抗して勇敢に戦ったかを陳列した博物館です。そこには凄惨な場面を再現した生々しいろう人形などがあり、若者の心に激しい反日感情を芽生えさせます。

だから若者の目には、日本政府による尖閣諸島の国有化が「日本がいまだに侵略戦争を続けている象徴」と映るのです。
日本企業の工場を破壊し、商品を略奪するのは許されない犯罪行為であり、世界に中国進出リスクを広めるだけです。行きすぎた愛国主義教育は中国自身のためにも好ましいことではないでしょう。

この通りだとは思いますけれども、これを中国人ではなくて日本人が、自らの加害責任への言及は一言もなしに平然と言われていることが問題なのだと思うのです。ましてや日本の加害責任や反省のなさどころか、日米軍事同盟の強化を図ることで、中国との交渉を優位にしようとの安倍自民党総裁が、次期総理になる可能性が高いということは、私の絶望感をさらに深めずにはおれません。そんなやり方は問題の解決をいっそう困難にするだけであることは目に見えていると言わねばなりません。

野田総理は、尖閣諸島が日本の固有の領土であることは、明々白々の事実であると申します。しかし、果たしてそうでしょうか、外務省はホームページに次のように書いています。

尖閣諸島は1885年以降、政府が沖縄県当局を通ずる等の方法により再三にわたり現地調査を行ない、単にこれが無人島であるのみならず、清国の支配が及んでいる痕跡がないことを慎重確認の上、1895年1月14日に現地に標杭を建設する旨の閣議決定を行なって正式にわが国の領土に編入することとしたものです。

これに対して『「尖閣諸島・竹島問題」とは何か』という小冊子で、著者高井弘之氏は、次のように述べておられます。

なぜ、日本政府が「閣議決定」を行っただけで、ある島（々）を、日本の領土にできるのだろう。また、「固有の領土」であるはずのものを、なぜこの1895年、あるいは1905年という時期に、あえて「編入」する決定をしたのだろうか。

（高井弘之『「尖閣諸島・竹島問題」とは何か』えひめ教科書裁判を支える会、一二頁）

「固有の領土」であるなら、わざわざ、ある特定の時期に「編入」するなどというのは、おかしいのではないか。ある時期「編入」の決定をしたというのは、それが「固有の領土」などではなかったことを自ら言っていることになるのではないかと言うのです。高井氏は「私の住む四国について……明治新政府が……編入の決定や告示をしたことなどない」（前掲書、一二頁）と言われます。政府は「尖閣諸島は1885年以降……再三にわたり現地調査を行ない、……無人島であるのみならず、清国の支配が及んでいる痕跡がないことを慎重確認の上」と述べています。しかしその一八八五年十月に、「尖閣諸島を日本領土に編入したかった山県有朋内務卿」が、井上馨外務卿に国標を建てる提案をしたとき、井上は反対し、「国標を建て、開拓等に着手するは、他日の機会に譲って」と述べています（前掲書、二一五頁参照）。その「他日の機会」が、日清戦争で日本が勝利を確実にした一八九五年一月であったということです。このような尖閣諸島の編入経過が分かってきますと、国連で中国の楊外相が、日本が魚釣島などを、日清戦争にからめて盗み取ったと主張するのにも、根拠のないことではないと言うべきでしょう。しかし中国は周恩来や鄧小平らの「棚上げ論」に従って、日本の実効支配を今まで容認してきたのでした。それを破るきっかけを作ったのは石原都知事であり、そのためにどれだけ多くの人々が損害や迷惑を被ったか。しかし日本の中では、中国国内の問題を指摘し、批判する論調ばかりで、石原都知事の責任を問う声のほとんどないのは、不可思議千万と言わねばなりません。

我が意を得たりと思った新聞記事を二つ紹介して、尖閣諸島についての話を終えます。

一つは九月二十六日付の朝日新聞「声」の欄に載ったものです。

あの戦争の清算　逃れられぬ

無職　中居一男
（神戸市北区　八〇）

1994年から8年間、私は中国の西安と青島の外国語大で歴史や文学を教えていた。95年8月15日に受けた衝撃は今も鮮明だ。西安外大図書館ロビーには、「祝　反ファシズム抗日戦勝利50周年記念」と大書した横断幕が張られ、日本軍による目を背けたくなる残虐行為の写真が所狭しと展示されていた。

中国人は小学生段階から日中関係にかかわる歴史事項を教え込まれている。１８９４年（日清戦争開戦）▽１９０４年（日露戦争開戦）▽19年3月1日（朝鮮半島での三・一独立運動）▽19年5月4日（中国での五・四運動）▽31年9月18日（満州事変の発端となった柳条湖事件）▽41年12月8日（真珠湾攻撃、日米開戦）。これらに日本の学生はどれだけ即答できるだろうか。

以前、テレビで日中韓の若者による討論番組を見た。日本人学生の近現代史に関する無知に、中韓の学生は驚いていた。日本が中国や朝鮮半島で何をしたか、包み隠さず教えるべきだ。その貴重な教訓をもとに堅固な友好関係を確立すべきだ。

自虐史観だ、偏向教育だと、卑劣な脅しをかけて事実の隠蔽を続ける限り、日本はあの戦争を清算できず、その「亡霊」から逃れられない。

もう一つは、高橋源一郎氏が、二十七日の朝日新聞の論壇「時評」で紹介しておられる元防衛大学校教授の孫崎享氏の意見についてであります。

孫崎さんは、いざとなってもアメリカは尖閣を守ってくれない、という。あるいは、豊富な資料をもとに「尖閣諸島は日本古来の領土である」という前提には根拠がない、ともいう。まことにもって、ギョッとするような「暴論」ではありませんか。

しかし、孫崎さんは、「領土」問題に関しては専門家中の専門家なのである。たとえば、同じ敗戦国のドイツは、「領土」に対してどんな姿勢をとることにしたか。敗戦後、ドイツは、膨大な国土を失った。人の住まぬ岩礁ではない。ドイツ語を話す人々の住む土地を、である。だが「ドイツは歴史の中で新しい生き方を見出した」、「失ったもの（領土）は求めない、その代わり欧州の一員となりその指導的立場を勝ち取る」ことにした、と孫崎さんは指摘する。そのドイツの戦後の「国家目標」が、ぼくたちの国では「暴論」に聞こえてしまうのが、なんだか哀しい。

こういうドイツの姿勢とヴァイツゼッカー元大統領の「荒れ野の四〇年」の演説、それを拍手をもって迎えたドイツの議会（誰かが日本の罪責を指摘、告白し、反省する演説を国会でしたとして、日本の国会議員はどのように反応するでしょうか。やじと怒号の嵐で、最後まで話させないのではないでしょうか）。

ホロコースト記念館をベルリンに作ったこと。これらの中に、私は罪の自覚と悔い改めを求める聖書の信仰の伝統の影響を感じないではおれません。みな様は日独のこの違いをいかにお考えになられるでしょうか。

追記

昭和二六年（一九五一年）六月六日付の総理府令第二四号では、日本政府は尖閣諸島も

竹島も、日本固有の領土ではないことを、公式に認めている。また外務省は、

「尖閣諸島はサンフランシスコ平和条約第三条によって、南西諸島の一部として、米国の施政権下に置かれたため、その後昭和四七年（一九七二年）五月一五日に、尖閣諸島を含む沖縄の施政権が日本に返還されるまでは、日本が尖閣諸島に対して直接支配を及ぼすことはできませんでした。しかし、その間においても、尖閣諸島が日本の領土であって、いかなる第三国もこれに対して権利を有しないという同諸島の法的地位は、琉球列島米国民政府および琉球政府による有効な支配を通じて確保されていました」

との見解を述べているが、沖縄返還に当たって米国国務省のマッククラウスキーが、

「沖縄を返還する時、米国は施政権を日本側に返還するが、米国は施政権と主権が別個のものであると考える、主権問題をめぐり食い違いが出た時には当事国が協議して解決すべきである」

と述べている（孫崎享『日本の国境問題』七〇頁）ことには触れない。私は何も尖閣諸島は中国領だという中国政府の主張が正当だと言っているのではない。「尖閣諸島は台湾の

ものであり、台湾は中国のものだ」というのが中国政府の主張であるが、私は、台湾は中国のものだとの主張に賛成しない。台湾は台湾人の自決権が認められるべきであると思うからである。私の言いたいことは、日本も中国も韓国も、自国に有利と思われる資料にだけ基づいてナショナリズムを煽るのは止め、自国に不利な資料も、各々の国民に開示すべきであるということである。そして何より、領土の確保などより、人ひとりの生命の方が尊いとの考えを徹底するべきだということである。日本は尖閣問題も竹島問題も、日本のアジア侵略の過程の中で日本が領有したものであることを認めるべきであると思う。

（『教会と国家学会会報』第一三号、二〇一二年十一月）

偽りの霊との戦い——自民党憲法草案の問題

これは二〇一三年六月十五日、聖天伝道所の修養会の発題として述べたものです。

四月十九日の朝日新聞の「声」の欄に次のような投稿が載せられていました。

〈国に束縛されない自由守れ〉

憲法改正の動きが、安倍晋三首相や日本維新の会を中心に活発だ。国防軍の保持や集団的自衛権の行使など、戦争の出来る国にしようとしているように思えるが、憲法改正は第九条だけの問題ではない。

大日本帝国憲法は、自由や人権を「法律の範囲内」だけで認めていた。自由及び権利や表現の自由などは「公益および公の秩序」の範囲内でしか認めない自民党の憲法改正草案は、まさにそれである。果たして国民はこのような憲法を望むだろうか。

日本国憲法草案は確かに連合国軍総司令部（ＧＨＱ）が作成した。だが、憲法学者の鈴木安蔵を中心とした憲法研究会の憲法草案要綱が大きな影響を与えたとされている。要綱には国民主権や生存権などが盛り込まれていた。日本国憲法は全部がGHQから押しつけられたものではない。世界に誇れる「国家に束縛されない自由な国民生活」は、彼らの腐心の成果でもあるのだ。

次の参議院選挙で、護憲勢力が三分の一以上の議席を取らなければ、一気に改憲に進むだろう。国民一人ひとりが敗戦直後の鈴木安蔵らのように、日本の未来をもう一度真剣に考えるべき時である。

会社役員　野尻賢二（大阪市住吉区　七一）

大日本帝国憲法では自由や人権は「安寧秩序を妨げず、及び臣民たるの義務に背かざる限りに於いて」となっていました。その「秩序」とは神格化された天皇制の下での秩序であり（したがって「国体」を変革すると見なされたものは治安維持法の対象となったのでした）、臣民の義務とされたもの（たとえば兵役）の前では、自由や人権などは消し飛んだわけです。軍隊には理不尽な命令やそれへの奴隷的服従はあっても自由や人権など入る余地はなかったわけです。（特に私がここで特筆しておきたいのは上官によっていじめ殺された、または自殺へと追い込まれた兵士の数は天皇の軍隊では世界の中でもまれに見る多さではなかったかと思われることです。これは天皇の神格化とその利用によるところ大であると思われます。そして今も自衛隊内におけるいじめによる自殺者が毎年一〇〇名近くにも上ることが問題とされています。）

現在の日本国憲法の第一三条では、

すべて国民は個人として尊重される。生命、自由及び幸福追求に対する国民の権利は公共の福祉に反しない限り、立法その他の国政の上で、最大の尊重を必要とする。

となっています。ここで言う公共の福祉とは、公益とか国益とか、公の秩序とかいったものではありません。伊藤真氏は次のように説明しておられます。

公共の福祉という言葉を聞くと公益とか国益とか言った一人一人の国民とは直接関係のない、ある意味で抽象的な社会的利益が存在するようなイメージを抱く人が少なくないでしょう。でもそれは違います。もしもそのような公共の福祉によって人権が制限されるとしたら、人権よりも上位の価値があることを認めることになり、「個人の尊重」を最高の価値としている憲法の理念と合致しません。

「個人の尊重」という憲法の理念にしたがうなら、ある個人の人権を制限できるものは「別の個人の人権」しかありません。したがって「公共の福祉」とは、あくまでも人権と人権のぶつかり合いを調整する原理に過ぎない、すなわち「人権相互の矛盾衝突を調整するための実質的公平の原理」と考えることができます。

（伊藤真『高校生からわかる 日本国憲法の論点』トランスビュー、八二―八三頁）

そうして例として「出版の自由」と、一般市民の「プライバシー権」や「名誉権」を取り上げて、

たとえば出版社には「出版の自由」が与えられています。しかし、だからといって一般市民のプライバシーや名誉を侵害してもよいということにはなりません。出版社に「出版の自由」という人権があるなら、一般市民にはプライバシー権や名誉権という人権があります。

どちらも大切な人権であり、両者の人権はしばしば衝突します。それを調整するために「公共の福祉」という物差しが必要になります。その物差しに照らせば、出版の自由がある程度の制限を受けざるを得ないケースがあり、逆に個人のプライバシー権よりも出版の自由が優先するケースもあります。いずれにしてもそこで自由や権利を制限しているのは「公益」や「国益」といった抽象的な価値ではありません。社会や国家のために人権を制限するのではなく人権を守るために人権を制限するのです。

（前掲書、八二―八三頁）

と記しておられます。

しかし自民党改憲草案では、

自由及び権利や表現の自由などは「公益及び公の秩序」の範囲でしか認めない。

ということになっていて、そこで言われている「公益および公の秩序」とは、自民党改憲草案では「日本国は……天皇を戴く国家」であり、「天皇は日本国の元首」で、「日本国民は国旗及び国歌を尊重しなければならない」とされているわけですから、天皇制の枠内での自由や人権でしかなくなるということになります。

これは大変なことで、たとえ天皇制が個人的に好きという人でもまともな人権感覚の持ち主ならば天皇制批判が一切許されなくなるようなこんな改憲案には反対するはずだと思いますが……。

今でも私が毎年広島や長崎で催される平和祈念式典にどうして天皇は出席されないのかとの投書をしつこく出しても、マスコミからは無視されます。天皇への批判的な言論はマスコミでは今もタブーなのだとの感を深くしています。「公益及び公の秩序」なるものの内容が、政府や与党によって決められるならば、私達は何という不自由な一方的な情報によって洗脳されかねない社会に暮らすことになるでしょうか。

今でも権力による教育への介入により、日本に都合の悪い事実は隠され（例えば皇軍による一千万人以上の中国人殺害、『現代史資料集』第一巻、みすず書房）る傾向は強まっているのに、自民党草案に改憲されたならば、事実、真実というものが覆い隠され、その結果、日本軍によって侵略されたアジアの国々の人々との深いところでの心の交流は閉ざされてしまうことになるでしょう。

いわゆる従軍慰安婦の教科書への記載は自虐史観ではないかとの自民党の西川京子議員の質問に答えて下村博文文部科学大臣は四月十日の国会答弁で「日本に生まれたことを誇らしく思えるような歴史認識が教科書に記載されるようにしていく必要がある」と述べ、安倍首相も「教科書の認定基準が愛国心や郷土愛を尊重することとした改正教育基本法を生かせないものとなっている。自負心を持てるようにすることが教育の基本だ。教育的観点から教科書が採択されるかどうか検討していく必要がある」と述べて、いわゆる従軍慰安婦（軍隊性奴隷）強制動員などの記述を歴史教科書から削除するよう、教科書検定制度の見直しを推進する動きを見せている。

臭いものにはフタをした上で抱く日本人としての誇りとか自負心なるものとはいったい何でしょうか。それを教育的と強弁する安倍首相の倫理感覚のなさに私は驚かざるをえません。教育において大切なのは何よりも事実を尊ぶ学問的精神であって、この学問的精神の欠如があの愚かで無謀な侵略戦争に突き進み、敗戦に至った重要な要因でありました。

次に、投稿者の野尻氏は日本国憲法押し付け論に対して、鈴木安蔵らの憲法研究会の憲法草案要綱の現憲法への影響があったことに言及しておられます。私はそれに加えて、従来、大日本帝国憲法とほとんど変わらない内容の草案を提出したとして、GHQに退けられた憲法問題調査委員会（松本委員会）の中で「憲法九条につながる非軍事国家の構想が」宮沢俊義東大教授らによって説かれていた事実を指摘しておきたいと思います。

以前、朝日新聞（二〇〇三年八月十七日）に次のような記事が載せられていました。

「敗戦直後の新憲法制定作業の過程で、政府の憲法問題調査委員会（松本委員会）の委員や顧問が、軍備全面撤廃論を展開していた詳細な様子が明らかになった……憲法九条につながる非軍事国家の構想が、もともと日本側にあったことを裏付けているという」

「松本委員会の委員の一人、憲法学者の宮沢俊義・東大教授は、GHQの武装解除による軍の不在という現実に憲法規範を合わせ、明治憲法の統帥大権（一一条）、戒厳大権（一四条）、兵役義務（二〇条）など軍関係規定を全面削除すべきだと主張。論文や講義でも『日本再建の道は平和国家の建設をおいてはない。永久にまったく軍隊を持たぬ国家、それのみが真の平和国家だ』と説いた」

また現憲法はGHQの「押し付け」と言いますが、GHQ原案は、日本の衆議院、貴族院などの帝国議会で議論され、修正され、追加され、最後に枢密院での審議を経て、圧倒的な賛成多数で可決成立したものでありました。押し付け論はこれらの事実を故意に無視した主張です。押し付けと言うならばある意味で大日本帝国憲法の方こそそう言えるものです。なぜなら自由民権各派から出されていたいくつもの私擬憲法草案の一切を無視し、一般民衆は憲法の何たるかを全く知らない状態で（憲法の交付を天皇から絹布をもらえると誤解）、天子様から下されたものとして憲法を受け取ったからです。それは一般民衆からすれば、明治政府による押し付け憲法と言えるものです。現在の日本国憲法のように、国民が内容を十分承知した上で、喜んで受け入れたというものではありませんでした。

自民党改憲草案では、前文に、

日本国は、長い歴史と固有の文化を持ち、国民統合の象徴である天皇を戴く国家であって、

と記されています。

しかし日本人が昔から天皇を、わが君として戴き忠誠を尽くしてきたというのは、明治

政府の作った神話にすぎません。明治維新後、「明治政府は各県で『人民告諭』というものを出して国民に天皇」（雁屋哲『日本人と天皇』いそっぷ社、三六頁）というものについて教える文書を出しています。

たとえば「奥羽人民告諭」では、

「天子様ハ
天照皇大神宮の
御子孫様にて
此世の始より
日本の主にましまし
神様の御位正一位など
国々あるも
みな天子様より御ゆるし
被遊候わけにて
誠に神様より尊く
一尺の地も一人の民も
みな天子様のものにて
日本国の父母に

ましまさば……」

とありますし、長崎では、

「此の日本ト言フ御国ニハ
天照皇大神宮サマカラ御継ギ遊バサレタ所ノ
天子サマト云ガゴザッテ
是ガムカシカラチットモ変ワッタ事ノ無イ
此日本国ノ御主人様ジャ（中略）
天子サマト云モノハ色々
御難渋遊バ
サレナガラ今日マデ
御血統ガ絶ズドコマデモ違ヒナキ事ジャ
何ト恐レ入タ事ジャナイカ……」

という御諭書が一八六九年に出されています。

雁屋哲氏は次のように述べています。

武士以下の階級の者は自分たちの住む国の藩主以下の武士たちに支配されていて、天皇を自分たちと関係ある存在としてとらえられるはずもなかった。したがって、日本人が昔から天皇に忠誠を尽くしてきたというのは事実に反することだ。……たしかに初期の天皇は政治の主体として活躍したが、藤原氏の摂関政治以来天皇は力を失い政治の主体となることはなかった。武家政治が始まってからは、将軍に「征夷大将軍」の称号を与えるだけの役割しか担わなかった。もともと暴力集団だった武士が権威づけのために天皇を必要としたのであって一般国民には天皇は無縁の存在だった。

（雁屋、前掲書、三八—三九頁）

そして自民党改憲草案では、天皇制こそが日本の長い歴史と文化を貫く代表のような書き方になっていますが、実際は近代天皇制こそが日本の歴史と固有の文化の破壊者であったと言えます。それは例えば日本の固有の文化的伝統であった仏教と神道の共存融合のあり方に対して、明治政府は、一八六八年（明治元年）と一八七〇年（明治三年）に神仏分離、廃仏毀釈を断行したことにも見ることができます。『日本史辞典』（角川書店）を見ますと廃仏毀釈について次のように記されています。「太政官布告による神仏判然令により、平田派国学者の神官らを中心に神仏分離、神社における仏堂・仏像・仏具などの破壊や除去が各地で行なわれた。これに対して廃仏反対の民衆の動きや、信教自由の主張が高まり、一八七五年信教自由の保護が各宗に通達されたが、この運動により、政府は政治優先の思想を普及させることができた」。その他僧侶の神職への転向の禁止、仏事の禁止なども行われました。それは単なる神仏習合の廃止が目的ではなく、天皇家の神を国家の最高神とし、天皇家に尽くした功神をその下の神々として、それ以外の神仏は廃滅するというものでありました。

むろん廃仏毀釈の運動からそのまま直線的に国家神道の設立に結びついたわけではありませんが、これは天皇の神格化、国家神道を作り上げるための発端となりました。そして国家神道の設立は、地方の神社への中央からの神主の派遣などの仕方で、神社神道つぶしとなっていきました。そして明治以降、神格化された天皇中心の文化や伝統が、あたかも古来からの唯一の日本の伝統のように教育され宣伝されてきました。そこでは、先日ドラマ化された蝦夷の英雄アテルイなども、大和朝廷に弓引いた悪人としてのみ位置づけられました。自民党の改憲草案が通れば、先日ドラマで描かれたような東北の英雄アテルイ像は姿を消すことになるのではないかと危惧されます。

このように自民党の改憲草案では、事実上の天皇の偶像化（批判を許さない存在）とそれによって、それを利用する仕方で、権力や富を握る人々が自分達の権益の確保と拡大を図り、反対する人々の言論を封じ、戦争さえも辞さない体制を作り上げるものとなっています（「交戦権の否認の削除」）。

それは時に天皇自身の意向さえも超えて機能することになるでしょう。これは現憲法下でも起こっているわけで、韓国の前大統領の李明博氏の「(天皇が)韓国を訪問したいなら、独立運動をして亡くなった方たちを訪ねて、心から謝罪すればいい」との発言に対し、日本からは「無礼だ」などとの応答が見られましたが、天皇ご自身は、訪韓して謝罪の言葉を述べてもよいと言われたことを週刊誌の『女性自身』が報じています(二〇一二年九月十九日号)。それを受けて翌日、韓国ではこれが『朝鮮日報』に大きく報じられました。しかし日本の大手のマスコミは、この事実を無視しました。

かつて矢内原忠雄先生は、福音信仰に立って軍国主義日本の偽りと戦われました。またもや偽りの雲がこの国を覆わんとしているこの時に当たり、偽りの霊に飲み込まれず、事実を見抜き、真実に立つことを得しめたまえとの祈りを熱くする者でありたいと願います。

(『教会と国家学会会報』第一四号、二〇一三年六月)

自民党改憲案の問題点

これは二〇一三年十一月二日—三日に千葉県市川市にある山崎製パン企業年金基金会館で開催された無教会全国集会の発題として語ったものです。

自民党改憲案の問題点の発題ということですが、これについては多くの心ある人々が危機感をもっていろいろと語っておられて、おそらくみな様には繰り返しになるでしょうから発題として掲げておいた(一)から(八)の内、そのいくつかを時間の許す限り述べることで私の発題としたいと存じます。

(一)改憲の動きの背後にいる闇の勢力

これについては、「キリスト者遺族会」の機関誌に投稿したものに付加したものを述べることにします。

国旗国歌法が成立した当時、政府は繰り返し、押し付けをするつもりはない、ましてや教育現場への押し付けはしない、と明言していた。それが見る見るうちに、日の丸・君が代の教育現場への押し付けが露骨に行われてきた。八月二十七日の朝日新聞は、次のような記事を載せている。

大阪維新の会府議団が、国旗や国歌について「強制の動きがある」と記した実教出版の高校日本史教科書の使用は「不適切」だと、二七日、府教委に申し入れることがわかった。……

府教委は今月二一日、これらの校長を集め、「実教出版では採択されない可能性が出てきた」と伝えていた。……

文部科学省によると、高校教科書は各校が選び、最後は都道府県教委が採択。「教委は学校の選定を覆す決定もできる」という。ただ、府教委は「これまでは学校側の選定を覆したことはない」としている。

今でさえこうなのだから、改憲されれば、自民党改憲草案の第三条には「日本国民は、国旗及び国歌を尊重しなければならない」とあり、日の丸・君が代の強制は、教育現場だけでなく、社会のあらゆる所に浸透することになるであろう。

また五月末、自民党の国会議員四五人が教科書会社の社長や編集責任者らに、戦争や領土に関する記述について質問し、「自虐史観」に陥っていないかを問題視して聴取したという。

また安倍首相の改憲姿勢に疑問を呈する投書をした男性は夜中三時に電話がかかってきて「売国奴」と罵られたという。

憲法九条を守りたいという趣旨の投書が掲載された男性の自宅には、まもなく、男の声で投書をとがめる内容の電話があった。「お前の家は分かっているぞ」とも言われた。また朝鮮半島での過去の植民地支配について、日本の閣僚が偏った発言をしたことに対する疑念を述べ、歴史教育の大切さを訴えた男性は投書が掲載されたその日の深夜から、二週間にわたって毎夜、無言電話がかかってくるようになったという。

安倍内閣の憲法「改正」への動きの背後に、このような闇の勢力が存在することを、私達は見据えておかなければならない。自民党改憲草案では、天皇の元首化が謳われ実質上の天皇の偶像化が謀られている。改憲されれば、これら闇の勢力が、公権力の後ろ盾を得る中で、どのような卑劣な振る舞いを密かに、あるいは大っぴらにするようになるのか、私達はしかと見据えていかねばならない。権力を握った者達は、そのような闇の勢力を隠すべく、国民の眼を他にそらす工夫を大々的にしていくであろう。スポーツでの勝ち負けは、そのための格好の材料であると言ってよい。現在、成立が目指されている特定秘密保護法なるものが、かつての治安維持法のような歴史をたどらないか、しっかり見ていかねばなるまい。

オリンピック招致によって煽られるナショナリズムは、それによって大震災の復興のための資材や労働力が、オリンピックの方にまわされることや経済格差の拡大、軍事力拡大政策などを国民の眼からそらすのに大いに使われるであろう。治安維持法は、時代と共に適用範囲は拡大され、罰則も最後は死刑を含むものに強化されたのであった。

今年四月、NPTの委員会で提出され、八〇ヵ国が賛同した核兵器の非人道性を訴える共同声明に日本政府は署名を拒否した。「人類はいかなる状況においても核兵器を使うべきではない」という文言の「いかなる状況においても」との言葉をはずすよう求めたが受け入れられなかったからというのである。長崎市長はこれを核兵器の使用を状況によっては認めるという姿勢を日本政府は示したことになる、と批判した。

「唯一の被爆国なのに」という諸外国からの批判も受け、共同声明は日本提案の表現が付け加えられたことをもって、十月二十二日、日本政府は、共同声明に参加を表明した。朝日新聞（二〇一三年十月二十二日）は次のように報じている。

日本の提案で共同声明に加わった表現は「核軍縮に向けたすべてのアプローチと努力を支持する」。米国の「核の傘」のもとで核保有国に段階的な核軍縮を求める日本型の「現実的アプローチ」を容認する内容になった、と外務省はみる。

「核の恐怖から世界を救うための人類の願望」「人道的焦点に対する政治的支持の高まり」という表現も、願望と政治的の言葉が入ったことで、「声明は政治的文書であり、各国の安全保障を縛るものでなくなった」と解釈。賛同しない理由だった「いかなる状況においても核兵器が二度と使われないことが人類の利益になる」の文言が残っても、日本の安全保障政策と両立すると判断した。

「核の傘」からの脱却を求める被爆地との温度差は依然大きい。だが、日本は今回の賛同で「核軍縮の先導役」になるよう求める世界の期待を背負うことになった。被爆者との隔たりを埋める一歩にしなければならない。（武田肇）

共同声明に参加しても、それは単なる表向きの努力目標としてであり、米国の核の傘の下での安全保障政策を進めることについて、何ら支障はないと判断したということである。

また現憲法で「拷問及び残虐な刑罰は絶対にこれを禁ずる」とあるのを自民党案では「絶対に」という言葉をはずしている。「場合によっては」との含みがあるのではないかと憶測が生ずるのは、治安維持法の歴史を振り返るとき、あながち杞憂とも言いきれない。

（二）領土問題をてこにナショナリズムを煽ることで、日米安保の強化を狙う軍需産業

自民党改憲案では、国防軍の保持を明記しているが、すでに今の憲法下で、安倍政権は着々と、日米安保の下での軍需産業拡大の政策を打ち出していることは、みな様ご存知の通りです。そしてこれは、大企業優遇のアベノミクスと一体の政策です。一機一〇〇億円と言われるオスプレイの自衛隊による購入計画、現憲法下での集団的自衛権容認を目指す動き、そして特定秘密保護法案は何が特定秘密に指定されているかさえ分からず、指定が妥当かどうかの検証ができず、秘密指定の有効期間は五年が上限だが、何度でも延長が可能。これでは永久に秘密とすることができるという代物です。ここには歴史の事実を事実として尊重するという精神はまるでなく、南京大虐殺はなかったとかと主張する人々と同質のよこしまな精神を私は見ます。伊勢神宮には参拝しても、およそ歴史を審く神を畏れる精神などは、ひとかけらもありません。

「領土問題をてこに」と私は申しました。

昨年八月に新聞に投書したけれども不掲載とされたものを読ませていただきます。

竹島が法的に島根県に編入されたのは一九〇五年である。一九〇五年とは日韓関係においては、どのような年であったか。それは日本が、武力で大韓政府を脅して、無理やり承服をさせ結んだことにした「乙巳《ウルサ》保護条約」(「第二次日韓協約」)成立の年である。それは朝鮮の外交権を完全に奪い、内政全般も日本の総督府の支配下に置くものであった。即ち事実上の日本の植民地支配は、この時からすでに始まったと言ってよい。そして、日本の韓国に対する植民地政策が、いかにむごいものであったか、多くの日本人は知らないし、知らされてこなかった。今も単なる「歴史問題」とか「日本の統治下にあった時代」などという抽象的な言葉で済ませ、その具体的な内容については、マスコミも言わない。韓国の人々にすれば、一九〇五年の竹島の島根県編入を法的根拠にして、韓国は不法占拠していると言う野田首相や日本のマスコミの主張は、かつての植民地支配に対する反省の思いがひとかけらもない日本人の主張と映るであろう。

(日本の竹島編入の閣議決定は、一九〇五年一月二十五日で、第二次日韓協約締結は、一九〇五年十一月であるが、竹島の日本領土編入を大韓帝国政府が知ることになるのは、一九〇六年三月二十九日であった。それも島根県の竹島調査団が、天候不良のため欝陵島に寄港したとき、調査団一行の話から偶然もれて大韓帝国政府が知ることになったのであって、日本政府は大韓帝国政府に対しては秘密裏に、竹島編入を閣議で決定していたのであった。)

私の言いたいことは、日本も中国も韓国も、自国に有利と思われる資料にだけ基づいてナショナリズムを煽るのは止め、自国に不利な資料も、各々の国民に開示すべきであるということである。

(三) 経済特区創設について

安倍首相は「世界一企業が経済活動をしやすい地域を」と繰り返し言い、これをいわゆる成長戦略の柱と位置づけ、「特区諮問会議」のメンバーから、厚生労働相などの規制を守る方へ行きがちな大臣を外して、「トップダウンで規制緩和を進めるねらい」(朝日新聞、十月二十一日)だと言われます。これは、いつでも首切りが出来る、八時間労働制の枠も外すなど、労働者の労働基本権が空洞化される恐れがあり、解雇特区などと言われて批判されて、この点は一応矛をおさめたようにも見えますが、基本的に大企業優先、富裕層優先のアベノミクスですからこれがＴＰＰと結びつくとき、日本の労働者にとってどのような事態を招くことになるか、憂慮せざるをえません。原発輸出、武器輸出三原則の見直しによる防衛産業の活性化など、安倍政権が日本のどの層の利益を最も重視しているかは、はっきりしているのであって、庶民は幻想を抱くべきではないと言うべきでしょう。堤未果さんの『貧困大国アメリカ』を読んではっきり分かったこと、それは世界の経済を見るとき、国と国との関係で見ていたのでは分からない、というよりも真相が見えなくなるということです。国益などと言われても、それが一国のどの層にとっての利益を言っているのかに着目しなければならない。「国家とは支配階級が被支配階級を支配するための道具である」とは、マルクス主義の「国家」の定義でありますが、このような国家観の有用性を改めて思わされます。

〔(四)(五)(六)は省略〕

(七)

自民党改憲案前文には、「我が国は、先の大戦による荒廃や幾多の大災害を乗り越えて発展し」とあり、ここでは、戦争による荒廃と自然災害とが、双方の根本的な違いに全く言及されることなく、さらりと並んで記されています。しかし、この二つは全く別物であり、殊にわが国の場合、「戦争による荒廃」は、わが国の侵略による加害責任と共に考えられねばならないものです。しかし自民党案前文には、まるでその自覚は見られません。し、意図的に加害責任を消し去ろうとしているようにも見えます。しかしそれは、ひとり自民党だけのことかと言えば、そうではないと思われるところに、事の深刻さがあるように思います。社会的な出来事も、自然の流れの中の一部のように見なして、全てを忘却の中に流し去る心的傾向は、私たち日本人の内に根深く存在しているものだと思います。キリスト信仰は、こうした日本人の心的傾向に楔を打ち込むものであり、内村鑑三は、そのような内的戦いを生涯にわたってなした人物でありました。これは私達にとっても、重要な課題であり続けていることだと思います。

（八）

自民党改憲案では、第百二条で、天皇は憲法尊重擁護義務から外され、他方、一定の権力を持つ元首と規定され、その行為は「内閣の助言と承認」は必要とせず、単に「進言」を受けるに留まっています。これは天皇の実質上の神格化に道を開くものと言わざるをえません。改憲されれば、公的には天皇制批判は一切許されない事態を招くことになるでしょう。この天皇の偶像化に、私達キリスト者はいかに立ち向かうべきでしょうか。私はキリスト教は、イエスを「神の子」に祭り上げることで、イエスを偶像化してきたと思います。それはそれを認めないユダヤ教徒への迫害と表裏一体でした。超越なる唯一の神のみを神とするという、十戒の第一戒に厳密に立つという以外にないというのが、私の考えです。それはどういうことか。「キリスト者遺族会」の会報に掲載された私の文を引用させていただきます。

自分達こそは真の神を知っているとの前提は偶像礼拝にほかならないことも知らねばならない。教義の絶対化も同じであることを悟らねばならない。自らが神の審きの下に置かれていることを受け入れなければならない。天皇の偶像化に対して、イエスの偶像化をもって対するのは、同じ穴のむじなでしかないことを洞察すべきである。その上で私達はどこまでも「主の僕、苦難の僕」として生きられたイェスを、「神の子・キリスト」と告白する。それはイエスの偶像化をも含めて、この地上のあらゆるものの偶像化との戦いを私達に命じる。

そしてそれは、天皇制の下で差別される人々の側に立つこと、国益至上主義に対し、正義を第一に求めること、肉（生来の自己中心的存在として）のナショナリズムとの対決、国家の一員であると共に、神の国の民であることにアイデンティティを持つこと、どこまでも「平和」への道を探る努力、そのための学び等の課題を担うことを求めるであろう。

これらの課題を担わんとする者にとって、最も大切なことは、「主の僕」として生きられた主イエスこそ、最後の勝利者となられたことを信じる信仰である。この信仰による平安に支えられて、与えられた課題の一端を黙々と担いゆく者でありたい。

これで私の発題を終わらせていただきます。

（『教会と国家学会会報』第一五号、二〇一四年三月）

敗戦と天皇制

これは日本基督教団大阪教区「教会と天皇制」を考える特別委員会主催の「八月十五日を覚える集会」での発題として語ったものです。

時間の関係もありますので、私はいくつかの歴史的事実、それも知っている方には常識に類することで、しかし御存知なかった方々には、多少驚くような事実のいくつかを御紹介することで私の発題とさせていただきたいと存じます。

先の戦争で日本の戦死者数は三一〇万とされています。これに対し、皇軍による中国人の死者は一千万人以上、アジア・太平洋全域では二千万とも言われています。この加害の重い事実は、日本の社会では意図的に伏せられていると私は思います。

安倍首相は、彼の祖父である岸信介首相時代の六〇年安保闘争を取り上げて、「あの時多くの人が、日米安保の強化はそれによって日本はアメリカの戦争にまきこまれることになるといったが歴史を見てください。そんなことにはならなかったし、日本の安全の強化につながったではないですか」というようなことを言っていました。同じようなことを言っている人は他にも多くいますし、こうした意見に賛成する人は国民の多数を占めているのかもしれません。しかし、そこでは全く見落とされている重要なことがあるのです。それは、日米安保で日本は米軍に基地を提供し、様々な後方支援をすることでアメリカの戦争に加担してきたのであり、その意味で間接的とはいえ日本は加害責任を免れないということです。朝鮮戦争もベトナム戦争も湾岸戦争もイラク戦争も、日本の基地がなければ、米軍はあのようにはそれらの敵国とされた国々を攻撃できなかったはずです。その加害責任の認識は、日本人の中に、あまりにもなさすぎると私は思います。キリスト教界を含めてです。

日本が敗戦へと向かう分岐点となったのは、一九四二年六月のミッドウェー海戦での敗北でした。病を抱えながら超人的な努力を重ねて、沢地久枝氏が、この時の戦死者が、日本側三〇五七人、アメリカ側三六二人、合わせて三四一九人であることを突き止められました。（それまで戦死者の数も場所も、日本側はきわめて曖昧に済ませていました。）日米決戦の天王山と言われたマリアナ沖海戦（四四年六月）で日本は敗北するや、敗戦は時間の問題となりました。しかし天皇も統帥部も、「アメリカ軍の侵攻を一時的にも頓挫させた上でないと、外交交渉に入るべきではない」と考えていました。アメリカに一撃を与えてからというわけです。神風特攻隊もその延長線上にあります（若い命を犬死にさせた。恐怖心を除くために、怪しげな興奮剤を注射して飛び立たせたとも言われています）。

四五年二月十四日、こうした情勢にたまりかねて、元首相の近衛文麿は天皇に次のような上奏文を提示しました。「敗戦は遺憾ながら最早必至なりと存候。……国体護持の立前より最も憂うべきは、敗戦よりも、敗戦に伴うて起ることもあるべき共産革命に候。……随って国体護持の立場よりすれば、一日も速に戦争終結の方途を講ずべきものなりと確信仕候。……」というものです。

しかし昭和天皇は「もう一度戦果を挙げてからでないと中々話は難しい」（ハーバート・ビックス著／岡部牧夫・川島高峰訳『昭和天皇 下』一一七頁）と近衛上奏を退けます。その後、東京大空襲、沖縄戦、原爆投下と続いたことはご承知の通りです。この一事をもってしても、昭和天皇の戦争責任は免れるものではないと言わねばなりません。しかるに、「市議会で天皇には戦争責任があると発言した」（前掲書、二八一頁）本島長崎市長は、自民党や右翼からの非難にさらされ、一九九〇年一月十八日、拳銃で撃たれました。何としてでも、天皇陛下の戦争責任など認めさせないぞとする勢力があるということであり、彼らは真実を知ろうとする精神の敵であります。

近衛上奏でも一番に考えられているのは、「国体護持」ということです。国の敗北以上の重要事と考えられている。この国体護持へのこだわりが、いかに強いものであり、これがどのような悲劇を引き起こすことになるかを、次に見ていくことにします。四五年七月二十六日ポツダム宣言が発表され、八月十日、受諾の旨の申し入れを日本はしていますが、その内容はこういうものです。

ポツダム宣言受諾申し入れ

……帝国政府ハ昭和二〇年七月二六日米英支三国首脳ニヨリ共同ニ決定発表セラレ爾後（じご）ソ連邦政府ノ参加ヲ見タル対本邦共同宣言ニ挙ケラレタル条件中ニハ天皇ノ国家統治ノ大権ヲ変更スルノ要求ヲ包含シ居ラサルコトノ了解ノ下ニ帝国政府ハ右宣言ヲ受諾ス（一九四五・八・一〇発電）

よく無条件降伏と申しますが、無条件降伏ではなかったということです。この国体護持へのこだわりが、どういう事態を招いたか。

「活かされなかった原爆情報」というNHKのテレビ番組を見て驚きました。東京都杉並区に陸軍特殊情報部があって、そこではB29が今日はどのぐらいの数が、日本のどこに空襲に向かっているかを大体把握していたというのです。情報部は米国の、それまでとは全く違う一二―一三機のV六〇〇番台のコールサインの編隊に着目し、それらを特殊任務機と名付けていました。日本の陸軍参謀本部は、アメリカの原爆実験成功の二年前から、原爆開発の事実を把握しており、東条英機は仁科芳雄や湯川秀樹といった科学者に、日本の原爆開発を命じて、福島でウランの採掘などをやらせています。当時、作業に駆り出された人は、マッチ箱一つぐらいの爆弾で、ニューヨークの都市全部を破壊できる威力を持つ兵器を作るのだと聞かされていたということです。一九四五年七月二十六日アメリカが原爆実験に成功します。この情報は、日本の参謀本部にも伝わっていました。新兵器と言っていましたが、参謀達はそれが原子爆弾であることは分かっていたはずだ、と陸軍特殊情報部にいた人は証言しています。そして八月六日午前三時、特殊情報部はあのV六〇〇番台の電波をとらえ、特殊任務機一機が広島に向かっていることをキャッチ、軍の参謀本部に伝えました。しかし軍の上層部は、そのことを広島に伝えず、空襲警報すら出されないで、原爆が広島に投下されたのでした。参謀本部は、内部ではそれが原爆であることを認めつつ、表向きは原爆とは認めない態度を取ります。そして八月九日、テニアン島から出発した特殊任務機が、まったく同じV六〇〇番台のコールサインを出して九州に向かっているのを、長崎原爆投下の五時間前に情報部はとらえ、軍の中枢に報告していました。当時、大村には高度一万メートルを飛ぶ能力を持った紫電改という軍機があり、ボックスカー（長崎に原爆を投下した米軍機）を追撃するべく、今か今かと出撃命令を待っていた兵士がいました。彼は偶然に広島の原爆投下を、飛行機上から見ていた人物でした。しかし、ついに出撃命令は出なかったのです。ではその時、軍の指導者達は何をしていたのか。ソ連参戦のニュースが入る中で、ポツダム宣言を受諾しても、国体を守れるかどうかの議論をしていたのでした。彼らにとっては、何が重要であったかがよく分かります。

それなのに一九七五年、訪米の際の記者会見で昭和天皇は原爆投下について聞かれたのに対して、「原子爆弾が投下されたことに対しては、遺憾には思っていますが、こういう戦争中であることですから、どうも、広島市民に対しては気の毒であるが、やむを得ないことと私は思っています」（ビックス、前掲書、二七五頁）と答えています。それは国体護持に固執し、ポツダム宣言を黙殺するとの七月二十七日の首相談話が、原爆投下やソ連参戦の口実となったことへの、あまりにも傍観者的応答であったと言わざるをえません。また自身の戦争責任について聞かれたら、「そういう言葉のアヤについては、わたしはそういう文学方面をあまり研究もしていないので、よく分かりませんから、そのような問題についてて答えかねます」（ビックス、前掲書、二七五頁）と答えています。以後、天皇への質問は事前に宮内庁が許可したもの以外は出来なくなります。

これはマッカーサー回顧録に見られる天皇の姿とは、あまりに違います。マッカーサーの回顧録には次のように記されてありました。

天皇の口から出たのは、次のような言葉だった。

「私は、国民が戦争遂行にあたって政治、軍事両面で行なったすべての決定と行動に対する全責任を負う者として、私自身をあなたの代表する諸国の採決にゆだねるためおたずねした」

私は大きい感動にゆすぶられた。死をともなうほどの責任、それも私の知り尽している諸事実に照らして、明らかに天皇に帰すべきではない責任を引受けようとする、この勇気に満ちた態度は、私の骨の髄までもゆり動かした。私はその瞬間、私の前にいる天皇が、個人の資格においても日本の最上の紳士であることを感じとったのであ

る。(津島一夫訳『マッカーサー大戦回顧録』中公文庫、二〇三頁)

半藤一利氏などは、こうした天皇像に感激し、今も週刊誌などに、こんな立派な君子がどこにいるかなどという記事を書いていますが、このマッカーサーの回顧録の記事は、果たして信用できるでしょうか。日本の共産主義者を恐れて、その阻止のために、天皇制の利用を目論んでいたマッカーサーの創作ではないかとの疑惑を、私は拭いきれません。というのはジョン・ダワーの『敗北を抱きしめて』にはこの時、通訳を務めた奥村勝蔵の会見録には「天皇が戦争責任を取ると申し出たという記述は……まったくない」(下巻、三二頁)とあるからです。

戦後も昭和天皇の最大の関心事は、天皇制の維持存続でした。そのために一九四七年九月に、米軍が沖縄を五〇年以上占領状態に置くことを希望する旨を、占領軍の政治顧問シーボルトを通じて、天皇はマッカーサーに伝えています。シーボルトのメモにはこうあります。

マッカーサー宛メモ

天皇の顧問の寺崎英成が、将来の沖縄に関しての天皇の構想を私(シーボルト)に伝えるため訪れた。

寺崎は、天皇が米国が沖縄や琉球列島の島に軍事占領を継続することを希望していると述べた。天皇の考えは、そのような占領は、米国にとっても有益であり、日本にも防護をもたらすことになるだろうというもの。

天皇は、そのような行動は、広く日本国民に受け入れられると感じている。国民の間では、ロシアの脅威があり、また、占領が終わった後に、左翼や右翼のグループの台頭もあり、彼らが事変を起こしかねないし、それをロシアが日本の内政干渉のために利用する可能性もある。

天皇が更に考えるには、沖縄の占領（他の島の占領も必要かもしれない）が、日本の主権は残した状態で、二五年や五〇年間、いや、更に長期間の賃借の形態に基づくものになるであろうということである。……

手続きに関して寺崎が思うには、沖縄や琉球列島内の他の島における軍事基地の権利獲得については、日本と連合国の講和条約の一部にする方法よりも、むしろ日米間の二国間の条約によるべきであるとする。寺崎が思うには、連合国との講和条約の一部にする場合は、かなり強制的な平和条約の様相になることが察しられ、将来、日本人のことを同情的に解するなど危機的になるだろうと。

（「（通称）沖縄メッセージ」を紹介する「地球&我ら地球人」のホームページより）

これがやがて日米安保条約という形で実現していったのでした。日米安保条約は、吉田ドクトリンなどとも呼ばれ、それを推進したのは吉田茂であったと思われています。しかし、むしろ吉田は最初反対で、それを推進したのは昭和天皇であったことを明らかにしたのは、岩波新書『安保条約の成立』の著者豊下楢彦氏でした。その内容を藤巻孝之氏が『友和』の五二八号（一九九七年七月五日）にまとめておられるので、そちらを見ていただきたいと存じます。

安保条約と昭和天皇

藤巻孝之

新しい研究（豊下楢彦『安保条約の成立』岩波書店）によると、日米安保条約の「基礎」をつくり出したのは、当時の首相兼外相の吉田茂ではなく、意外にも昭和天皇であったとのことである。第二次大戦後冷戦が激化し、四九年には中華人民共和国が成立し、蔣介石の国民党は台湾に退き、五〇年には朝鮮戦争勃発という情況のなかで、アメリカは急遽占領下の日本を反共の砦に仕あげるべく、先ず国際社会に復帰させるための講和条約を結ばせ、またアメリカの対ソ極東戦略上軍隊の駐留と基地の提供、さらには日本の再軍備を迫る安保条約を同時に結ばせようとした。しかし吉田首相は講和条約後には、いかなる外国軍隊の駐留にも反対であった。彼の多年鍛え上げた外交感覚では、朝鮮の動乱は直接日本の危機にはつながらず、「ソ連は断じて日本に侵入しない」と確信できた。再軍備には気乗りせず、米軍に従属する軍隊ではなく、独立国の証としての軍隊を作りたかった。また事務レベルで折衝に当たった外務省条約局長西村熊雄も「日本がアメリカの軍事力を必要とするように、アメリカもまたその戦略上日本の基地を必要とする」と見抜き「五分五分の論理」で安保条約をまとめたかった。

しかし昭和天皇の考えのみは違っていた。天皇は戦後も明治憲法の天皇の意識をそのまま残し、日本国憲法の象徴天皇にはなり切れなかった。とくに「万世ノ為ニ太平ヲ開カム」という終戦詔書の誓いにもかかわらず、憲法の平和主義を理解することができなかった。

すでに四七年五月六日マッカーサー元帥との第四回の会談では、三日前に施行された新憲法九条戦争放棄と戦力不保持が憂慮に堪えず、米軍による日本の安全保障を要請したのである。ところが五〇年二月になるとソ連は細菌化学戦争計画立案に関わった罪で、天皇の戦犯裁判を要求し始めた。そしてこの年六月にはついに朝鮮戦争に至ったが、米軍の苦戦で天皇の不安はますます深まった。天皇の脳裏にあるものは、いつも万世一系の天皇制の維持だった。ソ連の直接間接の侵略は「革命」と天皇制の打倒につながるので。この危機を救うものは米軍以外にはない以上、今は躊躇することなく、日本が懇請し米軍が駐留を受諾し、日本が全土を基地提供する安保条約を締結すべきだった。焦慮をつのらせた天皇は吉田にまかせておけず、マッカーサーをも介する事なく、大統領特使ダレスと直接交渉した。これは憲法の禁ずる天皇の政治介入であり正式な外交機関でない天皇外交であったが、アメリカ側は安保条約への「陛下の献身」として喜んだ。

吉田は国民に対しては「ワンマン」と言われ傲慢そのものだったが、天皇には「臣茂」と称してひたすら崇敬の誠を捧げ、拝謁して「御叱り」を受けるや、ただちに「御下命」に従った。しかし不本意な安保条約に署名しなければならない不満から、一時講和会議の出席を拒むなど児戯に類する抵抗もして見せたが、天皇はゆるさなかった。

それにしても独立後の日本の進路を運命づけた外交方針が行政の最高責任者たる首相によってでもなく、国民の代表たる国会によってでもなく、もはや「国政に関する権能を有しない」人物によって決められ、今日それが「日米安保は国家存立の基盤」（橋本龍太郎首相の言）とされている経緯を考えると感慨深い。今日安保条約下の沖縄の苦悩を思う時必然に四七年九月に出された昭和天皇の有名な「沖縄メッセージ」を思い出す。昭和天皇にとっては「沖縄メッセージ」も安保条約の締結も国体護持のために必要だったのである。


いかがでしょうか。みな様はいかがお考えになられるでしょうか。

これで私の発題を終わります。


（『教会と国家学会会報』第一六号、二〇一四年十一月）

この豊下楢彦氏の説がこのたびの『昭和天皇実録』でも裏づけられたことを十月二十二日の朝日新聞が報じている。(十月二十七日内坂記)

II

靖国問題

これは二〇〇六年八月十六日に『教会と国家学会会報』第四号の「あとがき」に記したものです。

八月十五日の日本の敗戦記念日（私はあえて終戦記念日とは言わない。日本は日米安保体制によって、間接的に朝鮮戦争にも、ベトナム戦争にも湾岸戦争にも、アフガニスタンやイラクへの爆撃にも加担してきたからである）に、予想通り小泉首相は靖国神社に参拝した。憲法第二〇条「国及びその機関は、宗教教育その他いかなる宗教的活動もしてはならない」の規定は、戦前の国家神道が戦争を推進する精神面における中心的役割を果たしたこと（靖国はまさにその中核）への反省の上に記されたものであった。そのことを踏まえるとき、首相の靖国参拝は違憲行為と言わざるをえない。裁判所で違憲判決が出るのは当然である。

また中国や韓国との関係が悪化するから参拝を控えるようにとの意見も多いが、私はそれとは別に、戦中は戦争を推進する役割を果たし、戦後もあの戦争を自衛戦争であったと正当化し、戦死させられた兵士を英霊として崇め祭り、侵略行為を偉業としてたたえる神社に、首相ら公人が参拝に行くことは、平和憲法の精神に反するので参拝すべきではないと思う。「英霊」達は、国に謝罪してもらうべき対象なのであって、それを「英霊」として顕彰し崇め祭るのは、事の真実を覆い隠そうとする欺瞞行為である。そして、言うまでもなく「英霊」達は、アジアの人達の側からすれば、（A級戦犯とされた人達だけではなく）侵略者であり、加害者であった。だから靖国問題は、A級戦犯を分祀すれば片が付くという問題では全くない。

「国のために戦死した兵士を国が追悼するのは当然だ」などと言われる。しかし「国のために」戦って死んだのは、兵隊だけではない。原爆の犠牲者をはじめ、あの戦争で亡くなった全ての犠牲者がそうだった。あれは国を挙げての総力戦だったのだから。そのために国家総動員法なる法律も作られたのではなかったのか。

そして東京裁判が、いかに問題があった（原爆投下を問題にせず、七三一部隊も訴追せず、天皇の責任も追及せず……）にせよ、日本は、あの判決を受け入れることを通して、独立を回復し、国際社会に復帰しえたのであった。だから東京裁判の判決を無視するように、A級戦犯も英霊として首相が参拝することに、中国や韓国が抗議しても当然であり、内政干渉などという言い方は出来ないのである。

皇軍による一千万以上の中国人虐殺（「現代史資料集」みすず書房）、三五年にわたる朝鮮半島の人々に対する残忍な武断統治を含む植民地支配、これらの歴史的事実に対して、日本では、しばしば「不幸な過去」とか「迷惑をかけた」などという言い方がなされる。しかし事はそんな軽々しい言葉で言い表されることであろうか。「日本が取り返しのつかぬ重い罪責を担った過去」と言うべきではないか。

私はそもそも国家という政治組織が、死者の追悼などという宗教的領域にまで関わること自体に反対である。それは国家の越権行為だと思う。日本が国家としてなすべきことは、過去の加害行為を謝罪し、国の内外を問わず、戦争で犠牲となった人々を、各々の遺族や関係者が、それぞれの仕方で慰霊追悼する施設を整備することであり、それ以上の宗教的領域に国家は介入すべきではないと思う。

八月十五日、私は三つの集会を梯子した。平和遺族会、市民文化フォーラム、八月十五日と南原繁を語る会、である。三つの集会に共通していたものは、むろん日本の右傾化への危機感である。私はこれを世界のグローバリズムの流れや南北格差の問題、環境問題や人口爆発、食糧や水の不足などとの関連の中でとらえ直す作業も必要ではないかと思う。それは、こうした面での草の根の交流、NGOの働きなどが、右傾化阻止への力になるのではないかとの期待でもある。

（『教会と国家学会会報』第四号、二〇〇六年十月）

スピリチュアル・ブーム

これは二〇〇七年五月六日『教会と国家学会会報』第五号の「あとがき」に記したものです。

都知事選での石原氏の圧勝、改憲のための与党の国民投票法案の成立、また米軍再編促進法案も成立することになり、いよいよだなと改めて対決の覚悟を新たにした。石原都知事を支持した都民への、知事に何を期待しますかというインタビューに対して、何人かの方が「強いリーダーシップ」と答えていたのが印象に残った。浅野氏はその点において、石原氏に及ばないことが浅野氏敗因の一因だとの分析を聞いていて、ファシズムへと向かう要素が、国民の中に生まれてきていることを、私は直感的に感じざるをえなかった。

最近『キリスト新聞』に、「スピリチュアル・ブームにひそむ危険」という見出しで、東大の宗教学者の島薗進氏の発言が載せられていた。その内容を私なりに要約すると、今の日本人は、オウム真理教の事件やカルト集団のスキャンダラスな事件が、メディアで大きく取り上げられたこともあり、宗教への強い警戒心がある。また既成宗教を背景に持った戦争やテロのニュースなどから、既成宗教に対しても期待感を持てないでいる。しかし他方、近代合理主義の行き詰まりや渇き（非人間性、潤いのなさ）は強く感じていて、そういう人々が、特定の宗教という形はとらないスピリチュアルなものを求める流れがあり、それに対して手軽に応えていこうというメディアの動きがあり、それはスピリチュアル・ブームとでも呼ぶべき現象を引き起こしている。しかし、そこに危険はないのか、として島薗氏は次のように言われる。

……宗教集団については強すぎるほどの警戒心を保っているが、消費文化についてはいたって寛容というのはバランスを失している。

……テレビ番組でスピリチュアルな癒やしを説く人物を見慣れているうちに、霊の世界が身近になる視聴者は少なくないだろう。それは霊的な世界のイメージに頼る姿勢を育てることになる。だが、自ら霊的な世界を身近に感じるようになったとして、それをどのように確かな生き方と結びつけることができるだろうか。……

……新しいスピリチュアリティのもっとも深刻な問題は、堅固な学びの道や自己陶《とう》冶《や》の過程を見いだしにくいということだ。消費文化の中のスピリチュアリティに親しむだけでは、長期的に指導を受け修練を積んで身につけたが故に力となるようなものを得にくい。自由に取捨選択でき、束縛されたり強制されたりすることがないのがメリットであるように見える。だが、それでは自己が拡散してしまい、自己を見失って主体性を失う過程の始まりかもしれない。

……人気のスピリチュアル・カウンセラーがおもしろおかしい雰囲気にとけこみ、親しみ深くかつ頼りになるヒーローを演じていくテレビ画面はどこか危うい。カリスマ的なリーダーを信じやすいメンタリティを育てつつ、同調しない者への排除が勧められているかのようだ。……

テレビ視聴者の間に集団的な軽信を育てることは、また偏狭なナショナリズムや自己滅却的な指導者崇拝や排他的な集団主義の魅惑に引き込まれやすいパーソナリティの形成に道を開くだろう。（『キリスト新聞』二〇〇七年四月七日号）

ここにもファシズムへと流れていく土壌が育まれつつある。教会はこういう流れに抗する精神主体を、福音によってどこまでこの日本社会に提示しうるか、これが問われていると言ってよい。反対にこうしたスピリチュアル・ブームに乗り遅れまいと、愛とかいやしとか霊性とかいう言葉を多用して、同じようなもののキリスト教版を作ることに懸命になっているとするなら、また何をかいわんやであり、私達は神の裁きを畏れなければならぬ。いや、その前に自分達の宣教が歴史の審判に耐えるようなものであるのかどうかを考えねばならないであろう。

先日テレビのBSで、ロシアにおけるロシア正教復興の様子が報じられていた。ソ連崩壊直後は三〇数パーセントであった信徒の数が、今や六〇数パーセントにもなって、ロシア政府との結びつきも強くなっているとのことであった。ソ連崩壊後の人々の魂の空白を埋めるものとしてロシア正教が再び力を得てきたことは、そこに評価すべき点がなくはないとしても、そこにただ壮麗な伝統的儀式やスピリチュアルなものだけがあって、学問的分析と理性的批判精神の尊重といったものがなければ、それはやはりこれまでの正教の歴史のように体制の補完的役割を担うためだけのものに終わる危険があると言わねばならない。

四月十五日から稲城教会ではヨハネ福音書の講解説教を始めた。ご存知のように福音書記者ヨハネは、その書き出しを「初めにロゴスがあった」と記し、「万物はロゴスによって成った」と記した。これは神のロゴスによる創造と支配を語っている言葉だが、ロゴスというギリシャ語には単に「言葉」という意味だけでなく、「知恵」、「理性」といった内容を有し、さらにはストア哲学においてはこの世を支配する「道理」、もしくは「法則」という意味を持つ。「初めにロゴスがあった」と記したとき、ヨハネはこういった内容を含めてロゴスという語を使ったと思われる。そしてこの時ヨハネが、これに相対峙するものとして見ていたものは、キリスト教徒に迫害をもって臨もうとするローマ帝国の権力(皇帝ドミティアヌス)やグノーシスの流れと共に当時ヘレニズム世界にあった天体礼拝や諸々の霊力への信仰であろう。そしてそれらは、その本質において現代のスピリチュアル・ブームに通ずるものがあると思う。主体的な道徳的人格の育成といったことからは無縁の「神秘いじり」、幸福主義等々。しかしそういったものでは、ユダヤ教やローマ帝国の迫害に抗して、教会を守り、形成していくなどということはとても出来なかったであろう。

ストア哲学における、この世界を支配する道理もしくは法則をも表すロゴスという言葉を引っぱってきて、「初めに言葉があった」と記したヨハネの信仰、さらにその「ロゴス」をイエスという一人の人格と結びつけてとらえたヨハネの信仰は、スピリチュアル・ブームの中で福音の宗教化が強まる現代日本社会の中で、いっそう重要さが増していると私には思われる。

（『教会と国家学会会報』第五号、二〇〇七年五月）

原爆の日の平和祈念式典

これは二〇〇七年十月二十四日『教会と国家学会会報』第六号の「あとがき」に記したものです。

毎年思うことだが、今年も原爆の日の平和祈念式典をテレビで見ていて、安倍首相の「国際社会の先頭に立ち、核兵器の廃絶と恒久平和の実現に向け、全力で取り組む」との言葉を実に白々しい気持ちで聞いた。式典での言葉とは裏腹に、安倍首相は米軍再編の動きの中で日米軍事同盟強化の道を進めており、米軍の核の傘の下での安全保障を、より強固にする道を押し進めていたからである。私たち日本国民は、核廃絶の願いと日米安保条約とは相容れないことを認識しなければならない。自らは米国の核の傘の下での安全保障の政策を取りながら、いくら原爆被害の悲惨を訴え、核廃絶を叫んでみても、他国の人々には説得力を欠く。

次に、今年も式典への外国人参加者を画面に映し紹介していたが、二万人とも言われる在韓被爆者が紹介されたのを未だ見たことがない。どうして国や広島、長崎の両市は彼らを式典にお呼びしないのか。この人々は日本の苛酷な植民地支配の犠牲者であり、かつ被爆者であり、戦後も自国で無理解と差別の中で辛酸をなめてこられた方々である。同じ被爆者なのにそこに民族差別があってはならないであろう。

さらに毎年、首相は式典に参加するようになったが、どうして天皇は出席されないのか。昭和天皇は一九四五年二月、近衛文麿が、和平交渉を急ぐべきだとする「上奏」を行った際、「もう一度戦果を挙げてから」と退けている。この一点を取っただけでも、昭和天皇の戦争責任は免れないであろう。

今の天皇は、その地位だけでなく、昭和天皇の戦争責任もきちんと引き継がれるべきではないか。八月十五日の戦没者追悼式には出席しても、原爆の日の平和祈念式典には出席されない理由を伺いたい。

そして最後に、日本も戦時中、極秘に仁科芳雄博士らを中心に、原爆の開発計画に着手していた事実を私達は日本人として忘れてはならないであろう。

去る九月二十五日に、朝日新聞の「声」欄に、私の投書が掲載されたが、元の原稿とは変えられている部分があるので、元の原稿をここに載せるのをお許しいただきたい。

テロ特措法は誰のためか

牧師（六一歳）内坂　晃

テロ対策特別措置法についての賛否が争われている。安倍前首相は、これは対米支援という以上に国際公約だと言い、麻生氏はこれは日本の国益だ、と街頭で訴えていた。しかしそれが肝心のアフガニスタンの民衆のためになっているかどうかという観点からの議論はほとんど聞かれない。テロとの戦いという大義を掲げてなされている軍事力の行使によって、テロリストと言われる人々の何倍何十倍もの民衆が死傷しているとの現地からの報道がある。中村哲氏は軍事力の行使は問題の解決にならないばかりか、アフガニスタンの悲劇を増大させていることを繰り返し訴えておられる。結婚式の祝いの場が米軍によって爆撃されたこともあった。軍事力の行使は新たなテロリストを生み続けるだけであり、そこには「勝利」もなければ、「終わり」もない。日本がなすべきは、旱魃対策に協力し、農民の自治を助けることではないか。また生活苦のためにケシ栽培に走る農民がおり、それを麻薬の資金源にしているテロ集団がいる。だとすれば旱魃対策への協力は有効なテロ対策にもなるではないか。完全非武装の中村氏らの活動がテロ集団に襲われたことは一度もない。

十月十二日の朝日新聞は、「ミャンマーでケシ栽培急増」との見出しで、「〇七年のミャンマーでの生産量は四六〇トンで、〇六年の三一五トンから四六%増え」、世界第二位と報じていた。では第一位のアフガニスタンはどれぐらいかというと、実に予想生産量八二〇〇トンというから驚きである。テロと麻薬との関連の深さを改めて思わされる数字である。

北欧やカナダ、イラク、ペルーなどの国々が、NGOと連携しながらクラスター爆弾禁止を目指して運動を展開している。「〇八年末までに爆弾禁止の新条約を作ろうという『オスロ宣言』が採択され、四六ヵ国がこれを支持した」（朝日新聞、二〇〇七年五月十四日）という。しかし日本はオスロ宣言に加わらず、各国を失望させた。「自衛隊はクラスター爆弾を大量に保有している。政府は、日本に侵入した敵軍の兵士や戦車を撃退するのに有効だとしている」（同紙）という。数百個もの子爆弾を周囲にまき散らし、数多くの不発弾を残し、後々までも一般庶民に恐ろしい犠牲者を生み出し続けるこんな非人道的な兵器を所有し続けることなど、わが国の平和主義の理念に反する。自分達の税金が、こんなおぞましい兵器の生産に使われていたことを、どれだけの国民が知っているだろうか。防衛庁が防衛省になる中で、防衛機密の名の下で、こうした事実が一般庶民の目からいっそう隠されていくのではないかと恐れる。

先日、ニュースの特集で地球温暖化の問題が取り上げられていた。北極海の氷が科学者の予想より数十年も早いペースで溶け始めていること、いったん氷が溶けてしまうと回復は極めて難しいということなどが報じられていた。しかし他方、氷が溶け出したのを、新しい航路の開拓というビジネス・チャンスにつなげようとする動きが早くも動き出しているとのことであり、その商魂のたくましさにいささか啞然とする思いを禁じえない。のみならず北極海の海底深くには石油、天然ガス、鉱物資源が豊富にあるということで、自国の大陸棚の延長としてロシアが自国の旗を立てたのを機に、アメリカ、カナダ、デンマーク、ノルウェーなどが資源の争奪戦に乗り出そうとしているとのことである。しかも日本も技術協力という形でこれに一枚かんでいるという。しかしそれらの動きはますます温暖化を促進することになるのではないのか。

先日、地球温暖化をめぐる国際会議が開かれたが、そこで話題の中心としては全く出なかったことがある。それは戦争との関わりであり、いくら個人や家庭や企業が営々と努力を積み重ねても、戦争はそれらを一挙に御破算にしてしまう。戦争こそは最大の環境破壊の元凶である。劣化ウラン弾しかり、クラスター爆弾しかり。いわんや核爆発（核実験、原発事故）においてをやである。この意味では平和のための戦いは即地球環境を守る戦いと直結していると言わねばならない。

（『教会と国家学会会報』第六号、二〇〇七年十一月）

日露戦争

これは二〇〇八年十一月九日『教会と国家学会会報』第八号の「あとがき」に記したものです。

1

先週の大きなニュースの一つは、何と言っても、アメリカで黒人の血を引く大統領が初めて誕生したことでありましょう。長く根強いアメリカの人種差別の歴史を知る者にとって、これがどれほど大きな感激と感慨をもたらすものであったか、それを私は、テレビで勝利宣言をするバラク・オバマ氏の演説を、涙をいっぱい流しながら聴いているジェシー・ジャクソン氏の顔を見た時に思わずにおれませんでした。ジャクソン氏もまた、二〇年ほど前、黒人の大統領候補としてその名前が上った人物でした。しかし時代は今や大きく動いたと言わねばなりません。未だに白人至上主義の狂信に取りつかれている一部の人々がいるとしてもです。

オバマ氏はイラクからは、一六ヵ月以内での早期撤退を主張する一方で、アフガニスタンでのテロとの戦いに際しては、増派の意向で日本に対してもインド洋での給油以外の協力を打ち出してくる可能性があると言われています。そうだとすれば、憲法九条の存在は、ますます重要になってくると言わねばなりません。日本はあくまで憲法の制約上、軍事面での協力は一切できないこと、テロとの戦いで、軍の増強は解決にはならず、旱魃《かんばつ》による飢餓への対処、農業の再生、民生の向上こそ阿片栽培を資金源にしているタリバンに対する最も有力かつ根本的な戦いの方策になるのだということ、その面においてこそ日本は積極的な役割を果たしうるということを表明しなければならないと思います。カルザイ大統領も、これ以上の民間人の犠牲者を増やさないでほしいと、オバマ氏当選の日に言っていたことを思い出します。

また六日の朝日新聞の社説は、「大義なきイラク戦争は、4千人以上の米兵と多くのイラク国民を犠牲にした」と記していました。では多くのイラク国民とは、どれほどの人数なのでしょうか。数千人なのか数万人なのか。いいえ、信頼できる数字として、非戦闘員だけでも少なくとも一〇万人以上、そして一〇〇万人もの負傷者を出していると言われています。民族、宗派間の対立が残るイラクから、いかにして秩序ある撤退をすることが出来るか、オバマ政権が抱える大きな課題であります。

2

トルコやアフガニスタンだけではなく、北欧の国々も含め、かつてロシアの脅威に苦しんだ国々では、日本に対して好意を持つ人々が多くいて、その理由は日露戦争における日本側の勝利にある、と聞いていささか複雑な気持ちになった。日露戦争はロシアの当時の満州（中国東北部）での支配と韓国への進出の意図に対し、同じように満州や朝鮮半島への侵略的意図を持っていた日本とが衝突した戦争であったが、そのきっかけは日本側の奇襲攻撃によるものであったことを、最近、小和田哲男氏（歴史家、静岡大学教授）の文章によって知った。

日露戦争は日露双方それぞれ死傷者一〇万人以上（日本側一一万八千人）に及んだ戦争であったが、被害と犠牲者は、日露両国に止まらず、韓国朝鮮の人々にも及んでいた。日本は陸軍の第一軍を朝鮮半島に上陸させ、海軍を仁川沖に派遣し、ロシア艦隊を奇襲したのであった。即ちあの戦争は、中国と共に朝鮮半島も戦場とされたのであり、韓国朝鮮の人々も日本軍の軍夫として狩り出されたのである。それだけではない。岡百合子氏は『中・高校生のための朝鮮・韓国の歴史』の中で、次のように記しておられる。

日露開戦の危機がふかまるのをひしひしと感じた朝鮮は、局外中立の道をさぐっていた。皇帝は日露両国につかいを送って中立の保障をとりつけようとしたが失敗した。そこでいっぽう的に中立を宣言することにして、一九〇四年　月、いかなる事態になろうとも朝鮮は中立を守る、という声明が世界各国に打電《だでん》された。

しかし翌二月、ついに日露《にちろ》戦争の火ぶたはきられた。日本は中立声明を無視してただちに漢城に軍を進め、その圧力の下で「日韓議定書《にっかんぎていしょ》」の調印を強行した。それは、朝鮮での日本軍の軍事行動や基地設置の自由を認めさせるだけでなく、内政への干渉、日本の承認なしには第三国との条約も結べないという、一国の外交権を侵害する内容の条約だった。

ついで五月、日本政府は「帝国の対韓方針」を決定する。いずれ〝適当な時期に〟朝鮮を植民地にするが、それまでにどのようにして実権をうばっていくかを、軍事、外交から産業支配にいたるまで、こまかく定めたものである。

この方針にもとづいて、日本はまず、「第一次日韓協約」を結んだ。大韓政府に、外交、財政などの日本人顧問《こもん》を置くという屈辱《くつじょく》的とりきめである。

日本はこの「顧問《こもん》政治」によって、朝鮮の内政支配を強めた。たとえば財政顧問となった目賀田種太郎《めがたたねたろう》は、朝鮮の貨幣《かへい》を「整理」し、日本の貨幣が流通するよう「改革」した。日本の銀行が通貨発行権をにぎり、日本の金融《きんゆう》支配が実現されていく。この新旧貨幣交換のなかでおおくの朝鮮人資産家が破産した。警察も、日本の警察顧問の監督下におかれることになった。(二二四―二二六頁)

明治時代というと日本の近代国家の形成期であり、文明開化ということで、明るい面ばかり強調されがちだが、それが韓国、朝鮮の人々にとって、あるいはアイヌやウィルタや沖縄の人々にとってどういうものであったかという視点を見失ってはならないと思う。

（『教会と国家学会会報』第八号、二〇〇八年十二月）

司馬史観

NHKで、司馬遼太郎氏の「坂の上の雲」の放映が始まり（彼はこの作品の映像化を厳しく禁じていたとの由であるが……）、大河ドラマでは「龍馬伝」の放送が始まった。何やら「明治万歳」の刷り込みを、ドラマを通して知らず知らずのうちにされているのではないかという危惧の念を抱くのは私の思い過ごしであろうか。欧米列強の圧力の下、「明治」は日本が近代国家としての歩みを始めた時であり、条約改正の悲願を抱いて、富国強兵の旗印を掲げて突き進んだ時代であった。日清戦争、日露戦争での「勝利」はこれまで進んできた歩みへの自信と、これで日本も列強の仲間入りを果たしたとの慢心を、日本人に抱かせた。しかしこの慢心が、後の中国への侵略、太平洋戦争の敗北につながっていったことを司馬も指摘しているが、日露戦争後の当時、米国の地にあってこれを強く警告し、憂慮を表明したのは朝河貫一（一八七三―一九四八）である。彼はイエール大学で教鞭を取った歴史学者であるが、一八九五年に首席で卒業した東京専門学校時代に、横井時雄より洗礼を受けた。先日BSの民放放送で、二時間枠の番組で朝河貫一が取り上げられ、私は大変興味深く見た。出来れば「明治万歳」的傾向への対抗番組として、NHKでも民放でもいいから、田中正造を取り上げてもらいたいと強く願っている。日清、日露の両戦役の間、一九〇〇年に、足尾銅山鉱毒事件で、被害者の農民達が東京に陳情に行こうとしたのを警官隊が阻止、流血の惨事となったいわゆる川俣事件を受けて、田中正造は、国会で「亡国に至るを知らざれば、之れ即ち亡国の儀につき質問書」という演説を行い、「民を殺すことは国家を殺すことだ」と述べている。それは明治政府の富国強兵の方針に対する根本的な批判であった。国の中心は民衆である。大日本帝国憲法制定以降の天皇制の体制が、いかに民衆の生命を軽視していたか。それは日清戦争における戦死者(一万三三〇九人)の内、九割は戦病死であったこと、日露戦争時、財政の半分近くが軍事費であり、戦費の大部分は増税と借金によって調達したこと、十五年戦争における戦死者の七割は、餓死と病死であったことなどの事実に端的に示されている。(ついでながら、「君が代」について内村鑑三が、あれは君主をたたえる歌であり、平民の歌ではないから、国歌としてはふさわしくないと言っていることも心に留めておきたい。)

中村政則氏は、司馬が旅順虐殺事件(外電は、非戦闘員、婦女子、幼児など数千人を殺害と報道)を無視して、「日本兵士は『軍隊につきものの略奪事件を一件も起こさなかった』と不正確な叙述をし」(岩波ブックレット『近現代史をどう見るか11 司馬史観を問う』六〇頁)ていることを批判している。旅順虐殺事件とは、日清戦争時、日本軍が旅順攻略の際に、旅順市民を多数(虐殺を生き残って死体処理に当たった中国人の証言に基づいて、被害者が葬られた「万忠墓」の碑には一万八百余名と記されており、日本側の研究では二千名から六千名とされている）殺害した事件である。きっかけは「鼻や耳をそがれた生首が道路脇の柳や民家の軒先に吊されているのを、二つの部隊が掃討の際に目撃し激昂した」というものである。これは清が「敵兵の首級や体の各部位を戦果の証拠とし、それに対し懸賞金を支払ったためであった」。（これを読んで私がすぐ思い出したのは、秀吉軍が朝鮮に攻め行った際、朝鮮の人々の耳や鼻をそぎ、これを樽に詰めて秀吉のもとに送ったことである。）それにしても日本軍のあまりに過剰な報復、虐殺は、すでにこの時期に、中国人に対する蔑視感情があったのではないかとの憶測を抱かせる。ともあれこの事件は、欧米のジャーナリズムによって批判され、明治政府はこれが条約改正に悪影響をもたらすことをひたすら恐れ、マスコミ対策に奔走し、条約改正が無事アメリカ上院で批准されるや、彼らにとってこの問題は一件落着とされたのであった。

また日清戦争も日露戦争も、朝鮮が戦場の舞台となり、これらの戦争に否応なしに巻き込まれ、日本の「勝利」によって、植民地とされる道を強制された朝鮮（大韓民国）の人々の思い、悲劇は、日本がこれから両戦争を取り上げる際、決して見過ごしてはならぬ点であるが、これまでしばしば無視されてきた。このたびのＮＨＫの『坂の上の雲』ではどうなるであろうか。

鳩山政権は、日米安保という米国との軍事同盟を日本の安全保障の基軸にするという道を選びながら、普天間飛行場の移設問題に手をつけ、新たな移設先を探している。しかしグアムであれ、日本国内の他の場所であれ、米軍普天間基地の移設先が自分達の所に来ることを拒否するであろう。両者は相矛盾した政策方向なのであり、米軍も沖縄の人々も共に納得する道を五月までに見出すのは、極めて難しいと言わざるをえない。読売新聞（二〇一二年十二月二十九日）のインタビュー記事に、中西寛京大教授の次のような意見が載せられていた。

「そもそも日本にとって在日米軍の意義は、日本への攻撃を米国への攻撃と見なして抑止することにある。現時点で、日本を攻撃して占領しようと思っている国はいないだろうが、米国の後ろ盾がなくなれば、様々な問題で圧力をかけやすくなる、と受け止められるだろう。俗な言葉で言えば、日本はなめられやすくなり、脅されて譲歩を迫られる可能性が高まる。紛争や摩擦を覚悟のうえで対応するのか、隠忍自重して屈服するのか、厳しい判断を迫られる局面が増えるだろう。

フィリピンは、国内の大半の米軍を撤収させた。しかし、日本の場合は核を保有するロシア、中国、北朝鮮と接近し、事情が違う」

だから在日米軍基地は重要なのであり、軍事的地政学的には、米軍を沖縄に駐留させることは止むを得ないとの結論に導く。しかし、この中西氏をはじめ、日米安保の堅持と重要性を説く論者に共通して見られることは、日米安保条約によって、戦後、米国が関わったいくつもの戦争（朝鮮戦争も、ベトナム戦争も、湾岸戦争も、イラク戦争も）に、日本は基地提供を始めとして、様々な形で関与させられてきたのであり、間接的にではあっても加害責任を負わされてきたという事実認識の欠落である。在日米軍基地がなければ、あのような形で、米軍はこれらの戦争を展開できなかったはずである。しかし日本国民の多くも、日米安保条約による日本の加害責任の認識は欠けている。

中西氏は、米軍の後ろ盾がなくなれば「日本はなめられやすくなり、脅されて譲歩を迫られる可能性が高まる」と言われる。私はそうは思わない。核兵器を所有していないが自衛隊の軍事力は、フィリピンなどとは比べ物にならぬ世界有数のものである。さらに在日米軍の力を借りて、外交を有利に導こうなどと考えるべきではない。それよりも近隣諸国との経済協力のパイプを太くしていくことの方が、どれだけ安全保障に寄与することになるか。北朝鮮の暴発、中国と台湾の有事、中国の軍事力の増強などを挙げ、日米安保の重要性を説く論者が多い。しかしそのようなことは、在日米軍の存在があれば、必ず抑止できるものではなく、万一そういうことが起これば、日本の米軍基地が撤去されていたとしても、第七艦隊は横須賀以外のどこかに必ず司令部を置いて直ちに行動するであろうし、在韓米軍も動かないなどということはありえない。そうした動きは、直接、米軍の極東戦略体制に関わることだからである。日米安保条約を必要としているのは、本当は米国であって日本ではない。日本は独立国として、米国との軍事同盟を平和友好条約に変えるべきであると思う。

日本は年間、現在、二千五百億円（地代や防音工事、自治体への補助金なども加えると六千五百億円以上）ものお金を、この赤字財政の中、在日米軍のために「思いやり予算」と称して支出している。

日米地位協定では、基地地主への地代以外は、全て米国側の負担になっている。それが、米国のベトナム戦争後の財政危機の中で、米国は日本に駐留経費の負担を求めたのであった。一九七八年のことである。それが年々ふくらんでいって、二〇〇四年の段階で、米兵一人当たり千六百万円である。田中宇氏によると、日本は在日米軍の駐留経費の七五パーセントを負担し、米軍の、米国外での駐留費総額の四分の一を出しているとの由である。日本はどうして米軍のために、そこまで日本国民の税金を使わねばならないのか。米軍への支出を減らせば、日本の医療や福祉の財源は、ずいぶん改善されるはずである。

（『教会と国家学会会報』第九号、二〇一〇年二月）

広島の平和祈念式典

これは二〇一〇年八月二十一日『教会と国家学会会報』第一〇号の「あとがき」に記したものです。

毎年のことだが、今年もテレビで広島の平和祈念式典を見て、いろいろのことを思った。そのいくつかをここに記しておきたい。

今年は初めてルース米駐日大使と潘基文国連事務総長および英、仏の代表も出席したということが大きく報じられた。またテレビは菅首相と並んで、各政党の党首達の姿をも映し出していた。

しかし、私は毎年思うのだが、どうして天皇は出席されないのか。十五日の戦没者追悼記念式典だけでなく、広島や長崎の平和祈念式典にも参列されるべきではないか。しかしこのような声は、ほとんどどこからも聞こえてこない。私はこの意見を、朝日や読売や赤旗にも投書してきたが、これらの新聞に載せられたことはない。天皇の戦争責任に関することは、今もって日本のマスコミではタブーなのだと察せられる。

しかしポツダム宣言受諾を遅らせた最大要因が、国体護持へのこだわりであり、ために事情を知る者は誰もその可能性を信じていなかったソ連による和平仲介に無理な望みを託して、いたずらに時間を空費し、多くの人命を失わしめ、原爆投下へと至った経緯を考えるとき、昭和天皇や天皇制の責任は、免れがたいと言わざるをえない。

潘基文国連事務総長が、長崎、広島を訪れ、被爆者達の訴えに耳を傾け、核廃絶を世界に向かって訴えられた。私はその演説を聞きながら、彼が韓国人であることに、日本人の内どれだけの人々が心に留めているだろうかと思わずにはおれなかった。なぜなら、韓国では日本への原爆投下によって、自分達は日本の苛酷な植民地支配から解放されたのだと思っている人々が多数派であり、原爆に対して日本人の受け止め方とはずいぶん違うからである。以前「在韓被爆者を支援する市民の会」が、韓国で原爆展を開いたとき、それに抗議に来た韓国の人がいたことを思い出す。そうした韓国の状況を充分知った上で、潘基文氏の今回の行動と発言を私達は受け止めねばなるまい。

秋葉広島市長は、「核の傘」のもとでの安全保障政策からの脱却を訴えた。私の記憶している限り、これは初めてのことではないかと思う。私は思わずテレビに向けて拍手した。自らは「核の傘の下」での安全保障政策を取りながら、核の悲惨を訴え、核廃絶を唱えても、国内ではともあれ、対外的には何ら説得力を持たないとずっと思ってきたからである。しかし菅首相は核抑止力への依存の必要性を言われた。核抑止とは、早く言えば核兵器による報復をちらつかせて、自らの安全を確保しようとするということであり、それは「日本国民の、二度と核による被害をもたらさないでほしいという思いを受け止めていただくよう祈念いたします」という首相自身の言葉と矛盾すると言わざるをえない。

むろん現実政治は、理想や理屈どおりにいかないことも実際である。それにしても「核の傘の下での安全保障政策」からの脱却の方向性や道筋を何ら示すことなく核抑止力の必要性だけ言われては、核廃絶の願いは、これまでの自民党政権と同じ、口先だけのことと思われても仕方ないのではないか。この点について、私が特に残念に思うのは、広島の秋葉市長も長崎の田上市長も言われていた「非核三原則の法制化」に対して、菅首相は政権の「非核三原則」の堅持を誓っただけに終わったということである。それは裏返せば法制化の努力まではしないということの表明でもあり、私は失望の念を禁じえなかった。

またルース米国大使の広島の平和祈念式典出席に対し、来るのが遅すぎた、との声が少なからずあったと報じられた。しかし日本の首相が、一九三七年十二月十三日から翌年の二月まで続いたと言われる「南京大虐殺事件」への謝罪に今まで行ったことがあったか。あるいはナチスのスペイン・ゲルニカ無差別爆撃（戦時国際法違反）に倣って、一九三八年十二月二十六日から一九四一年八月まで継続的に行われた重慶への無差別絨毯爆撃（米軍による日本本土への空襲は、この重慶への爆撃に対する報復であったし言われている）

への謝罪に行ったことがあったか。いやそもそも、そのような声は、政界やマスコミはもちろん一般国民の中からも、ほとんど聞こえてこない。ルース駐日大使の広島訪問に対する日本人の「遅すぎる」との声を、南京や重慶の人々はどのように聞かれるであろうか。

六日の朝日新聞の夕刊は、〈広島に原爆を投下したB29爆撃機「エノラ・ゲイ」のポール・ティベッツ機長（故人）の息子が五日、ルース駐日米大使の記念式典出席を「前例がなく、すべきではなかった」「暗黙の謝罪だ」などと批判した。「日本は真珠湾を攻撃した。我々は日本人を虐殺したのではなく、戦争を止めたのだ」とコメントしていた〉、と報じていた。私はこれを読んでいつものごとき米国人の代表的な見方に接した気がした。日本人が原爆のことを持ち出すと、決まって米国人は、パールハーバーと返す。しかし私は「パールハーバーと原爆、そんなもの比較になるか！」と先ず思う。

私の父も母も、二次被爆者である。当時、父は軍医として中国に行っていたが、重い病を負って日本のわが家に帰っていた。そこは広島と島根の県境にある村で、女医であった母が、村の診療所の医師として働いていた。一九四五年八月六日午前八時一五分、母は、ピカッと光る光を見て、そばにいた看護婦さんに、「あなた今、鏡か何かでいたずらした？」とたずねたそうである。看護婦さんは「いいえ、私何もしていません」と答えた。そして午後にするとすぐに地鳴りのような音がしてしばらくしたら黒い雨が降ってきた。

なると被災者が次々に運ばれてきて、診療所はてんてこ舞いとなった。全身にガラスの破片が突き刺さって苦しみながら死んでいった人の話などなど、母が診た被爆者の人々のことをここに記すのは今は止める。それから幾日も経たないある日、病気で寝ていた父に、広島市内に入り、負傷者の治療に当たれとの命令が軍から来た。父は病を抱えた身を、母に支えられながら広島市内に入り、治療に当たった。母は父を広島市内に送り届けると、真っ暗な中、一人、村へと帰っていった……。母から何度か聞かされた原爆体験である。

パールハーバーと原爆の悲惨は、比較になどならないものであることは、米国の当局は、よく知っていたに違いない。だからこそマッカーサーは、原爆に対して強力なプレスコードを敷いたのであった。原爆の悲惨が世界に報じられていたら、米国は戦後の自由主義、民主主義世界のリーダーとして、あのように振る舞い続けることは、難しかったに違いない。無論ソ連を初めとする共産主義勢力に、情報が漏れることを恐れたということもあったにしてもである。

「原爆によって戦争を止めた」。原爆は終戦を早め、日米双方の犠牲を少なくするために止むを得ず使用したものだ――。これは米国だけでなく、今も国外の多くの人々が思っている見方である。

しかし原爆投下は、戦後の対日占領政策における、ソ連に対する米国の優位を確保するためのものであったというのが、米国においても、今や専門家の半数以上を占める有力意見であることを、以前、新聞で読んだことを思い出す。一九四五年二月のヤルタ会談の秘密協定で、ドイツ降伏後九〇日以内に、ソ連の対日参戦が決められていた。この秘密協定に従って、ドイツ降伏（一九四五年五月八日）の三カ月後の八月九日、ソ連は対日参戦した。

（日本はこの秘密協定を知らず、ソ連に米英との和平交渉の仲介を頼んでいたのであった。また、このソ連の対日参戦は、日ソの中立条約を一方的に破ったもので、日本では対ソ非難の材料とされてきた。しかし日ソ中立条約を守る気がなかったのは、日本も同じことであった。一九四一年六月二十三日、独ソ戦が勃発。ソ連が苦境に陥っているのを見て、日本は対ソ戦を計画、兵力を三〇万から八〇万に増強し、ソ満国境に進軍した。この時、対ソ戦に突入しなかったのは、同年七月二日の御前会議において、南部仏印進駐が決定したからにすぎない。）

ソ連の対日参戦の予定を事前に知っていたトルーマンは、ソ連の参戦がなくとも、アメリカだけで日本を降伏させることが出来ることを示し、戦後の対日占領政策の主導権を握ろうとして、ソ連の対日参戦前に、原爆投下に踏み切ったのであった。もう何年も前であるが、トルーマンの息子が、「自分も長い間、原爆は戦争を早期に終結させ、日米双方の犠牲者を少なくするためのやむをえない決断であったと思っていたが、今はそう考えていない。いろいろ調べているうちに、アメリカの対ソ戦略として行われたものだと考えるようになった」という趣旨のことを述べているのを、朝日新聞の記事で読んだことを覚えている。

六日の夜、NHKテレビで放送された「吉永小百合　原爆詩朗読コンサート」も見た。彼女はいつも原爆詩の朗読を、峠三吉の有名なこの詩から始めるとのことであった。

ちちをかえせ　ははをかえせ
としよりをかえせ
こどもをかえせ

わたしをかえせ　わたしにつながる
にんげんをかえせ
にんげんの　にんげんのよのあるかぎり
くずれぬへいわを
へいわをかえせ

吉永さんの朗読は、まことに心のこもった感動的なものであった。であるからこそ、私は吉永さんに、今後の原爆詩の朗読会に、ぜひ取り入れていただきたいと願っている詩がある。栗原貞子さんの「ヒロシマというとき」と題する次のような詩である。

ヒロシマというとき

〈ヒロシマ〉というとき
〈ああヒロシマ〉と
やさしくこたえてくれるだろうか
〈ヒロシマ〉といえば〈パール・ハーバー〉
〈ヒロシマ〉といえば〈南京虐殺〉

〈ヒロシマ〉といえば　女や子供を
壕のなかにとじこめ
ガソリンをかけて焼いたマニラの火刑
〈ヒロシマ〉といえば
血と炎のこだまが　返ってくるのだ

〈ヒロシマ〉といえば
〈ああヒロシマ〉とやさしくは
返ってこない

アジアの国々の死者たちや無告の民が
いっせいに犯されたものの怒りを
噴き出すのだ
〈ヒロシマ〉といえば
〈ああヒロシマ〉と
やさしくかえってくるためには
捨てた筈の武器を　ほんとうに
捨てねばならない
異国の基地を撤去せねばならない
その日までヒロシマは
残酷と不信のにがい都市だ

私たちは潜在する放射能に
灼かれるバリアだ

〈ヒロシマ〉といえば
〈ああヒロシマ〉と
やさしいこたえがかえって来るためには

わたしたちは
わたしたちの汚れた手を
きよめねばならない
（栗原貞子・伊藤真理子編『日本の原爆記録19　原爆詩集　広島編』日本図書センター、三七四―三七五頁）

本年二月十日に行われた民主党議員お二人の理事を囲んでのシンポジウムの際に、私は在日脱北者問題と教育基本法改定問題について質問した。その時に用意した原稿を、以下に記す。会員諸氏にも問題を共有していただけるよう願ってのことである。

（1）難民問題に熱心に取り組んでおられる今野東先生におたずねします。

今、二〇〇人ほどおられると言われている在日朝鮮人脱北者の方々の現状と、政府または民主党の取り組みについてお話しいただきたいと存じます。

二〇〇四年九月二十一日の朝日新聞の夕刊でオーストラリアの日本史教授テッサ・モーリス・スズキ女史がこの問題についての日本赤十字および日本政府の関与について次のように指摘しておられます。

〈1959年から一時の中断をはさみ84年まで続いた「帰国事業」では9万3千数百人の在日朝鮮人が北朝鮮に「帰国」した（日本人配偶者を含む）。その中には、現在でも北朝鮮で存命している人がいる。しかしかなりの数の帰国者はのちに労働収容所に収監され消息を絶ったか、またある者は国境を越え中国に逃れた（脱北者）。

隠された主要な動機

「帰国者の圧倒的多数が朝鮮半島南部にルーツを持つ人々だったのはよく知られている」。「総連主導による大量帰国運動は、58年の8月に開始された。しかしその3年近くも前から、日本政府と日赤は、在日朝鮮人の大量『帰還』について国際委員会に働きかけていた」

「56年の段階で6万人という在日朝鮮人の大量『帰還』の可能性が日本政府と日赤の間で検討された」

56年ごろ、在日朝鮮人への生活保護支給を削減させるキャンペーンが厚生省によって行われた事実を、ここで想起すべきだろう。在日朝鮮人への福祉は打ち切られたか、支給額が大幅に削減された。かくして「日本で悲惨な生活を送る女性や子供」は、より悲惨な状態へ追い込まれたのである。

1．本来NGOであるはずの日赤が「国益」を代行した。

２．以前から疑われていた以上に、日本政府は帰国事業に深く関与しており、その事実は計画的に日本国民および在日朝鮮人たちから秘匿された。とするなら、帰国者たちがたどった運命について、北朝鮮政府はもとより日本政府も責任を負う必要がある。少なくとも切迫した問題として元在日朝鮮人脱北者たちが、「日本に帰国」を望む場合、日本政府にはその人たちを積極的に受け入れる歴史的責任があるのではなかろうか〉

在日朝鮮人脱北者を支援しても何ら民主党の票にはつながらないであろうことは分かっています。しかし命を大切にする政治を目指される鳩山政権とすれば、韓国併合一〇〇年のこの年、取り組むべき課題の一つではないでしょうか。

（2）土肥・今野両先生におたずねします。

私は牧師の仕事と共にそれ以上に長くやってきたのが学校の教師でありました。それで、教育基本法の改定は見過ごすことができません。現憲法との深いつながりの中で先の戦争への歩みへの反省を踏まえて作られたのが旧教育基本法でした。それが二〇〇六年十一月、官制の愛国心教育を盛り込みたい当時の与党の単独採決により現教育基本法に変えられてしまいました。

これにより「君が代」「日の丸」の強制は法的根拠を得ることになってしまいました。

それと戦い、傷つき、結局、教育現場を去られた幾人もの教師がいます。自分で考える姿勢を大事にするこうした教師こそ日本の民主主義のためには大切なのにであります。故小渕首相や野中広務元官房長官があれほど繰り返し教育現場への強制はしないと言っていた国旗国歌法の成立であったのにです。

そして今、大阪の教育現場では、校長が教師を採点し、ランク付けし、下位にランク付けされた者は減給させられるということが起きていて、校長の意に容易に逆らえないような仕組みになっています。校長が各学校の教育目標を立てて、それに向かって教師が一丸となって進むように求める。その目標たるや、有名大学への進学率を何パーセント上げるといった類のものが多く、そこでは一人一人の個性を尊重した人間教育の面は置き忘れられがちであります。

先日、民放のBSプライムニュースで教育問題が取り上げられ、自民党の議員であったか、女性キャスターの発言であったか忘れましたが、ある教師が竹島問題で韓国側の言い分の方に、より正当性があると生徒達に教えたという問題を取り上げ、こういう国益に反する教育が行われていることは問題であり、日教組の影響があるのでは、というようなことを言っていました。しかし教育は、何が真理であり、真実かというそれの追求を基本にすべきなのであって、国益などというものを中心に据えるべきではないのは言うまでもないことです。しかしこうした国益重視の意見が教育の現場でもまるで正論でもあるかのように横行するわが国の現実の根底に、改定教育基本法とそれを支持した勢力があるように思います。国家主義的偏向教育の波について、先生方のお考えと民主党の中の現状についてお伺いしたいと存じます。

一九一〇年八月二十九日、日本は朝鮮半島を植民地化した。以来、敗戦までの三五年間、その支配は徹底した差別と抑圧と収奪の歴史であった。抵抗する者には容赦なき弾圧で臨んだ。韓国の人々は、日本は自分達から王を奪い、土地を奪い、米を奪い、生命を奪い（三・一独立運動）、名前を奪い（創氏改名）、言葉を奪い（朝鮮語の使用禁止）、人間を奪った（徴兵、徴用）と言われる。しかし、日本人の多くは、それらの事実についてあまりにも知らないし、知らせないでおこうとする勢力がある。日本と韓国が、真に友情と信頼の関係を築く上で、最も基本的な問題は、これらの歴史の事実に対する認識の有無また は格差であろう。

菅首相が、日韓併合に対し「村山談話」に沿った謝罪と反省の談話を発表した。それに対し早速「当時とすれば併合条約は法的に有効なものだった」「日韓条約で決着済みの賠償・補償問題を蒸し返す」などの批判が出された。日韓併合条約は日本が武力を背景に強制的に結ばせたものだが、実は当時の法的手続きとしても、決定的な欠陥を持っていたものであった。日本が韓国を植民地にするために、韓国に強制した条約は一九〇四年二月の議定書に始まり、一九一〇年八月の併合条約まで全部で五つある。そのうち四つまでは「全て韓国の国家主権にかかわる重大な内容であるにもかかわらず、（批准書を作らないで済ませる）略式の形式が採用され（「韓国併合」一〇〇年市民ネットワーク編『今、「韓国併合」を問う』星雲社、九頁）、韓国併合条約も「韓国皇帝の批准書が、皇帝の同意を得られずに、皇帝の署名が欠落している」（「韓国併合」一〇〇年市民ネットワーク編、前掲書、九頁）ものであった。こうした事実を伏せて、ニュース解説者（関西テレビの青山解説委員）が、「当時の法的手続きとしては、問題はないのだ」などと一方的に言われると多くの人々は、そうなのかと思ってしまう。

また、すぐに賠償、補償問題を声高に叫ぶことで、元来、人道上の問題であるものが巧妙にすり替えられていくことに、許しがたいものを感じる。卑劣だと思う。

（『教会と国家学会会報』第一〇号、二〇一〇年二月）

原発問題、竹島問題

これは二〇一一年五月十九日『教会と国家学会会報』第一一号の「あとがき」に記したものです。

元原発建設現場監督故平井憲夫氏が、一九九六年に話された文章を読んで、原発の現場の実態について初めて知って本当に驚いた。そしてこれは、日本国中の国民にぜひ知ってもらいたいと思った。その内容を今ここで詳しくご紹介することの出来ないことを残念に思う。平井氏の話の資料は、「日本熊森協会」(電話〇七九八—二二—四一九〇、FAX〇七九八—二二—四一九六)に申し込めば、送ってもらえるはずである。原発は、一九八六年ぐらいから「経験不問」という形で作業員を募集、現場作業員は「絶対安全」だという洗脳教育を五時間ほど受けただけの全くの素人の集団だということ(これについては、一九九九年九月三十日に東海村JCOが起こした事故で、死者二名、六六七名の被爆者を出したのがあったが、その時、JCOはウラン化合物をステンレス製のバケツで日常的に作業員に運ばせていたことが大きく報道されたことが思い出される)、そこに見られるのは、作業員の人々の命に対する軽視である。このたびの福島第一原発の事故においても、最も危険な仕事に従事させられている従業員の人々は、寝るのは雑魚寝で毛布一枚か寝袋で、風呂は四日に一度、医師が健康診断に来たのは四月二十二日になってからで、日当は一万数千円［つい最近になって四万円に引き上げられたとか……］とのマスコミの報道を見て、電力会社の体質は、ＪＣＯの事故後も少しも変わっていないことを思わされる）、作業員だけでなく、きちんとしているのは設計までで、施行、管理、検査官にいたるまで全て素人がしていること、なぜそうなるのか、それがいかなる危険を引き起こしてきたか、被爆の危険と差別などなど、原発の現場に長年いた人でないと分からない事実が詳しく記されている。私はこれを読んで初めて、今回の事故以前から放射能を含んだ水が何十トンも海に流されてきたこと、日本のプルトニウムが、フランスの核実験に使われてきたこと、核のゴミは一九六九年までは、ドラム缶に詰めて近くの海に捨てられていたことなどを知った。

原発はCO_2を排出しない、エコで安価な発電施設というのが、原発推進派の人々の意見であった。これが、原発の利権に群がる人々、政府、企業の長年にわたってついてきた大ウソであったことを知った。今回の事故の前から、原発の高い排気塔から一日二四時間放射能が出されていて、周辺住民は被爆している。原発は作業員を被爆させなければ、動かすことが出来ない。

原発は安価か。今朝（五月十四日）読売テレビの「ウェークアップ！ぷらす」で、その問題を取り上げていた。それによると国が出している発電コストの表によると毎時一キロワットの発電コストは、太陽光四九円、風力一〇—一四円、水力八—一三円、地熱八—一二円、火力七—八円、原子力五—六円（二〇一〇年エネルギー白書）。しかし原子力公開資料センターの資料では、各地の原発の発電コストは一七—一八円となっている。河野太郎自民党議員が、国が出している原子力発電コスト五・三円の根拠となる資料を請求しても企業秘密を理由に、国は多くを黒塗りしたものしか出さない。大島堅一立命館大学教授が、各電力会社の四〇年分の財務データを元に、原発のために投下されてきた財務資金をプラスして出されたコスト比較によると、原発は一〇・六八円、火力が九・九〇円、水力は三・九八円である。ただしこれには、核のゴミや閉鎖した原発の管理費用は含まれていない。あくまで発電のためのコストでしかない。「ウェークアップ！ぷらす」によると、国が出している太陽光の毎時一キロワットの発電コスト四九円は一〇年前のもので、今は三〇円ぐらい、これが普及しているヨーロッパでは二〇円ぐらい、普及が進めばもっと割安になるとのことであった。

四月十八日付朝日新聞で長野純子氏は、「発電をしていなくても高速増殖炉『もんじゅ』は一日の維持費が約五五〇〇万円もかかるが、一昨年の事業仕分けでも結局そのまま事業は継続している。こうした費用を見直し、太陽光パネル設置に使えないものか」と言っておられる。森本敏拓殖大学教授は、原発四分の一、火力四分の一、水力四分の一、自然エネルギー四分の一ぐらいが理想的かつ現実的な目標であるということを言っていたが、環境エネルギー政策研究所所長の飯田哲也氏が、日本の原発の老朽化に言及して、森本氏の発言が少しも現実的でないことを指摘すると、森本氏は新しい原発建設の必要性を言われた。また読売新聞特別編集委員の橋本五郎氏は、「原発をなくすなんてことはありえないのであって、極端な議論にならないように」と発言、これに対して飯田哲也氏は、世界の実例を挙げて極論と言われることがそうではなく、世界のこれからの大きな動きになりつつあることを指摘された。

五月十八日のBSのワールド・ウェイブでは、フランスのムルロア環礁での核実験（一九六六年から一九九六年までに二〇〇回）に反対して、ニュージーランドでは電力の七四パーセントを自然エネルギーで賄っており、チェルノブイリでの経験から、オーストリアでは、六五パーセントを自然エネルギーで賄っており、アメリカですら、それは五・四パーセントになっている。しかし日本では優秀な技術があるのに、それは三・四パーセントにすぎない。日本も原発から自然エネルギーへの転換へと大きく踏み出す決意をするべきである。

「教会と国家学会」の理事でもある土肥隆一衆議院議員は、東北の被災地に行っておられて、今回の研修会には欠席された。土肥議員については、韓国で開かれた日韓キリスト教議員連盟の集まりで、日本の竹島領有権放棄に署名したとして騒ぎとなり、土肥議員は三月十五日に民主党を離党された。土肥議員がわざわざ署名したというのは間違いで、土肥議員の名前が既に印刷されている紙が配られたとの由である。インターネットでは、次のような記事が載せられていた。

〈日本国の竹島領有権放棄に署名〉

２０１１年（平成23年）２月27日、日韓キリスト教議員連盟の日本側会長として、竹島領有権の放棄を日本側に求める下記の「日韓共同宣言」に署名し、韓国の国会で韓国の議員らと記者会見を行った。

「竹島領有権主張問題　共同宣言文の骨子」

一、日本は恥ずかしい過去に対し、歴史の真相を糾明し、日本軍慰安婦、サハリン強制徴用被害者など、歴史の被害者に対する妥当な賠償措置を履行しなければならない。両国の善隣関係は、真実の謝罪と賠償が出発点となる。

一、日本は、平和憲法改正と軍国主義復活の試みを直ちに中断しなければならない。

一、日本政府は歴史教科書歪曲と独島（注――竹島の韓国名）の領有権主張により、後世に誤った歴史を教え、平和を損なおうとする試みを直ちに中断しなければならない。

三月九日になってこの事実は明らかになり、問題化した。土肥は第一報を報じた産経新聞の取材に対し、「個人的には竹島は日本の領土とは一概には言えないのではと思っている」と語った。波紋はまたたく間に広がり、九日夜の首相ぶらさがり会見で、菅首相は土肥の行動に対し「大変遺憾」と語った。土肥はマスコミ各社のインタビューを受けたが、「個人的には竹島は日本の領土とは一概には言えないと思っている。日韓両国が互いに自国の領土と主張すれば、問題はいつまでも解決しない」（朝日新聞）、「（竹島は）政治的には日本の領土だが、話し合いはすべきだ」（時事通信）、「竹島は日本の領土との認識に変わりはないが、日韓双方の主張があり、韓国側の主張にも納得できる部分もある」（読売新聞）、「（竹島に関してはどのように？）それはもう、日本の領土ですよ。あの文章はやっぱりね、今読み直してみても、相当一方的だなということは感じるけれども。その場にのまれたっちゃあ、のまれたし。こんなにマスコミに取り上げられるとは思ってもみなかったからね。まぁ、うかつでした」（FNN）など、ニュアンスがバラバラの発言を行っている。民主党内からも批判が相次ぎ、渡辺周は「まったくの見当違いで撤回すべき」「放置してしまうと党として黙認したことになりかねない」と指摘した。この問題で二〇一一年三月十四日、離党届を出し、翌十五日承認された。

私は土肥議員の「竹島は日本の領土とは一概には言えない」との主張は全くその通りで（竹島が島根県に編入された一九〇五年は、日本が大韓帝国から外交権を奪った第二次日韓協約を武力で脅して結ばせた年であることに留意)、国益中心という情念に毒されていない限り、常識にかなった公平な見方であると思う。しかし私がテレビで土肥議員の記者会見を見た時には、彼は「竹島は日本の固有の領土である」と繰り返し述べておられた。民主党政府の立場がそうであり、その時はまだ土肥議員も民主党員であったのだから仕方なかったと思うが、私はそこに政治家の限界というものを強く感じざるをえなかった。日本の政治家は、日本の国益に反すると思われることは、事実がどうであれ、はっきり言えない存在なのだと思わざるをえなかった。

しかし教育はそうであってはならない。国益などというものによって、真実が歪められるようであってはならない。ところが三月三十一日の朝日新聞に「竹島・尖閣の記述大幅増――中学の教科書検定公表」との見出しの下に各教科書会社の「竹島・尖閣諸島をめぐる記述」の一覧表が載せられているのを見ると次頁のようになっている。

私は教科書がこんな国益中心の記述では困ると思う。せめて先生方が、こういう記述を批判的に取り扱えるだけの見識を持って生徒達に教えてくれることを切に願う。

私は教科書においては何よりもまず事実や真実あるいは真理が尊ばれるのでなければならないと信じている。これは教会においても、そうあるべきで、教会だから、クリスチャンだからといって、変にキリスト教という宗教を弁護しようと考えるならば、それは間違っている。真理を畏れ尊び探求する精神、何はなくとも、これだけは失ってはならぬもの

■竹島・尖閣諸島をめぐる記述

出版社	竹　　島	尖　　閣
東京書籍	日本固有の領土です。しかし、韓国が不法に占拠していることから、日本は、韓国に対して抗議を続けています＝公民	中国がその保有を主張しています＝公民
教育出版	日本の固有の領土であり、（中略）1952年以降、韓国政府が不法な占拠を続けています。＝地理	中国もその領有を主張しています＝公民
清水書院	固有の領土であるが、領有権を主張する韓国が島を占拠している＝地理	1970年代ごろから中国が領有権を主張するようになった＝公民
帝国書院	日本固有の領土である竹島（島根県）についても、韓国との間に主張の相違があります＝地理	（地図中での表記のみ）＝公民
日本文教出版	1952年から、韓国は自国の領土であると主張しています＝地理	中国は1970年代から、尖閣諸島を領土として主張しはじめました＝地理
自由社	韓国李承晩政権は（中略）竹島を自国領としてとりこみ、違反したとする日本漁船に銃撃、拿捕、抑留などを実施した。1954年には、沿岸警備隊を派遣し、竹島を実力で占拠した。現在も、警備隊員を常駐させ、実力支配を強化している＝公民	周辺地域に1970年代はじめ有望な油田が確認された。すると、中国はこの尖閣諸島を自国の領土であると主張しはじめた。（中略）中国漁船がしばしば違法操業を行っている（中国によるガス田採掘についても記述）＝公民
育鵬社	韓国がその領有を主張し、支配しています。（日本政府の見解も掲載）＝公民	中国がその領有を主張しています（日本政府の見解も掲載）＝公民

（複数の分野に記述がある社については1分野を選んだ）

であり、そのためには、教条主義的になってはならない。

三〇年間聖書を講じてきて分かってきたことは、聖書自身が宗教批判に満ちた書であるということである。ヨブ記などは典型的にそうであるし、預言者達やイエスやパウロの言論活動もみなそうである。だから彼らは、時の宗教権力と戦わねばならなかったのであった。創世記の天地創造の記事さえ、バビロン捕囚下のマルドゥク宗教の支配への批判精神から生み出された記述であり、ユダの拝一神教的信仰打破の精神から生み出された記述であると言える。日本にはそのことを知らず、知ろうともしない一神教批判が何と多いことであろうか。自らを裁く神を唯一の神としたバビロン捕囚期のユダの民の信仰をしっかり受け継がなければならない。


このたびの大震災において、日本人キリスト者として陥ってはならない二つのことがあると私は思う。

その一つは、神の弁護人になろうとしてはならない、ということである。弁護人は被告のことがよく分かっていないと、適切な弁護は出来ない。では私たちは神様のことがよく分かっているか、といえばそうではないであろう。それなのに神の弁護人を演じようとすれば、勢いそれは、自分の抱いている神についての教義を神の座に据えて論じることになる。それは被災された方々への、当たり前の人間としての共感を覆う危険をもたらすであろう。ヨブの友人達の陥った誤りは、まさにこういうものであった。賞罰応報主義への信仰が、ヨブへの友情の目を曇らせたのである。今回のことで私達は、ヨブのごとく神に対して、憤り、嘆き、訴えてもいい。しかしヨブの友人達のように、神の弁護人になろうとしてはならない。

二つ目は、災害の大きさの故に、だから神などいない、とする誘惑に飲み込まれてはならない、ということである。山折哲雄氏がテレビのインタビューで、無常観が庶民の中に生きていることを実感したというようなことを言っておられた。この世は全て無常であり、この世に確かなものなどないことを、改めて深く受け止め、諦めるべきものは積極的に諦めて、前を向いて進もうとする姿は、世界中の人々を感心させ、感動を与えていると言えよう。それはそれで私もすばらしいと思う。しかし、そこに欠落するもののあることを、見逃すわけにはいかない。無常観、ここからは歴史への責任を問い、担う姿勢は生まれてこない。日本が全てを時代のせいにして、時の流れに委ねて、戦争責任を担う姿勢を持ってこなかったことは、心ある者の眼にはあまりにも明らかである。ドイツがベルリンに、ホロコースト記念館を作ったように、日本が東京に、南京虐殺記念館を作る可能性などゼロである。日本の罪責を隠し、美化し、正当化する動きも絶えることはない。そこには、神への畏れなど全くない。それは原発労働者の命への軽視の姿と重なる、神への畏れの欠落と宗教的熱狂主義は同居しうる。

今回の東日本大震災を機会に、脱原発へ、省エネ生活へと大きく舵を切る方向へと向かうことが、犠牲となられた方々の死を無駄にしないための戦いになると思う。
（『教会と国家学会会報』第一一号、二〇一一年六月）

オリンピック、消費税増税

東日本大震災から一年余が過ぎた。ウラン採掘現場で働く海外の労働者や原発作業員の被爆という犠牲の上に成り立っている原発は継続すべきではない。人々の健康と生命の尊厳は、あらゆる便利さと物的豊かさの追求に優先されねばならない。

野田首相は子孫に自分たちのつけを残してはならないと言って、消費税増税の理由にするが、それならば核のゴミをこれ以上ふやさないために、原発廃止を決断すべきではないか。

高校野球の開会式を観た。球児たちの入場行進の後、最初に国旗掲揚と共に、女子学生による「君が代」の独唱があった。球児達や球場参加者の中には、在日韓国・朝鮮人の人々もいたであろう。その人々には、「君が代」の独唱とその間の起立要請はどのようにその心に響いたであろうか。そもそも在日韓国・朝鮮人高校の球児達は、高校野球への参加をはじめから認められていないのではないか。高校野球という青春のスポーツの祭典が、妙なナショナリズム高揚の機会へとすり替えられていく危険に、日本のジャーナリズムはもっと敏感であるべきではないか。主催者として新聞社が関わっているのならなおさら……。

オリンピックもまた、各国でメダルの個数を競い、ナショナリズムの感情を刺激される場とされて久しい。そろそろそういうことは止めるべきではないか。どこの国の選手であれ、すばらしい記録を出した者には、国や民族を越えて祝すべきであろう。そもそも人間の肉体的限界というものがある以上、どこまでも記録の更新を期待し続けることは無理がある。その「無理」への挑戦が、選手達に過度の負担を強いることとなり、その心身のバランスのとれた健康を害する危険をもたらすことになるところまで来ているのではないだろうか。近年のドーピング問題の深刻化は、選手達が、その「無理」を超えて賞賛を得ようとするあがきが生み出している現象だと言える。近代オリンピックの父クーベルタンの、世界平和を求め、「参加することに意義がある」とした元来の精神に立ち帰るべく、オリンピックも根本的に考え直すべき時が来ていると思う。

シリアのアサド政権による国民への弾圧と殺害のニュースに心を痛めずにはおれない。犠牲者が少しでも少なくなるように祈らずにはおれない。

消費税増税が閣議決定された。しかしその前に私は野田首相に、「政治生命をかけて」

ぜひしていただきたいことがある。所得税の最高税率は一九八三年までは七五パーセントであったが、今は四〇パーセントにまで引き下げられ、消費税増税と共に四五パーセントに引き上げられる案が出されているという。しかし私は、庶民の多くが年収五〇〇万以下で暮らしている中で、年収が五千万を超える富裕層には八〇パーセント以上の所得税を、年収が一億を超える人々には九〇パーセント以上の所得税がかけられるべきだと考える。格差是正のためである。法人税も大企業を中心とした優遇税制のため、「ソニーの一二・九パーセントを筆頭に、実際の負担率が極めて低い状況である」とも言われているのを改めて名目どおり四〇パーセント取るべきではないか。また人口割で米国の三倍と言われる国会議員に、非課税で、使い道を明らかにしないでいいとされる月一〇〇万の文書通信交通滞在費なるものは廃止し、使い道がはっきりした分だけを支払うようにすべきである。こうしたことを棚に上げての消費税増税は、単に弱い者いじめの政策としか言いようがない。なお消費税増税をしても、景気が落ち込み、所得税、法人税が減れば、財政赤字を減らすことには全くならない。

（『教会と国家学会会報』第一二号、二〇一二年四月）

労働者派遣法改正案

これは二〇一四年十一月六日『教会と国家学会会報』第一六号の「あとがき」に記したものです。

日銀の追加の金融緩和を受けて株高と円安が進んだが、実体経済の裏づけがあるわけではないので、貿易収支の赤字は変わらず、むしろ円安により、原材料やエネルギーの輸入代金の値上がりで、多くの中小企業は困り、経済格差はいっそう拡大するであろう。

今年三月十一日に閣議決定された労働者派遣法改正案が今国会で成立すれば、これが来年四月から施行される。そうなれば三年ごとに人さえ入れ替えれば、企業は派遣労働者受け入れをずっと続けられることになり、企業側はより多くの仕事を派遣社員に任せることになり、正社員のポストはこれまで以上に減少し、派遣社員の身分の固定化につながる危険が危惧されている。

法人税減税の穴埋めとしての、赤字企業からも税を取る外形標準課税（会社の規模に税金をかける）の対象も、今は資本金一億円以上の企業に、となっているが、やがてそれ以下の企業にも適用されることになるであろう。

労働時間ではなく成果で給与を決める制度の導入も、今は年収一千万円以上の人々に、とされているが、それも段々に引き下げられていくこととなろう。今でも過重残業で過労死の若者が増えているのに、さらにひどい状態になっていくことが懸念される。

十月十六日の朝日新聞に、次のような記事が載った。

〈七五歳以上保険料特例廃止〉

七五歳以上が加入する後期高齢者医療制度について、厚生労働省は所得の低い人などを対象にした保険料軽減の特例措置を、段階的に廃止する方針を決めた。加入者の半数にあたる約八六五万人の保険料が上がる見込み。実施時期は今後詰める。

厚労省が示した影響額の試算によれば、年金収入が年八〇万円以下の一人暮らしのお年寄りの場合、現在の保険料は九割軽減の月額三七〇円。特例が廃止されると七割軽減になり月一一二〇円に上がる。さらに二人暮らしの夫婦（ともに年金収入が年八〇万円以下）の場合、現在は保険料負担は九割軽減され、二人で月七四〇円。特例がなくなり七割軽減になると、月二二四〇円に上がるという。

安倍首相は国民の生命、財産を守ることが政府の一番の使命だと言って、集団的自衛権の導入に踏み切ったのだが、月六万七千円に満たない年金のお年寄りから、さらに保険料の負担を課そうとし、他方では、カジノだ、リニアだ、オリンピックだと莫大な金を注ぎ込もうとしている。こんな政権が、本当に国民の生命、庶民の生命と生活を守ることなど考えていると言えるであろうか。

二〇〇九年時点での日本の相対的貧困率（国民の所得中央値の半分以下の所得しかない人の割合）がアメリカの一七・四パーセントに次いで高い（一六・一パーセント。ちなみにOECDの平均は一一パーセント）ことを挙げ、安倍首相が経済成長ばかりを言うが、大切なことは富の再分配であり、貧困、格差こそが一番の問題だと浜矩子氏が言っておられるのは、まことに的を射た指摘だと思う。この豊かな日本にあって、貧困家庭の児童が六人に一人の割合に上り、貧困の連鎖が社会問題化するということ自体、異様なことだと言わねばならない。

高橋力会長が「六十年前のビキニ環礁での米国水爆実験」の犠牲は、日本の第五福竜丸だけでなく、他にも約一千隻もの船が被爆していたのに、当時の日本政府は米国から慰謝料の名目で二〇〇万ドル（七億二千万円）で口を塞がれたという事実を述べておられる。

最近「知られざる最前線――神戸が担ってきた日米同盟」という番組をテレビで見た。それは朝鮮戦争時における神戸港の果たした役割の大きさについての内容であった。驚いたのは、貨物船で戦車を朝鮮の戦場まで運ばされたり、機雷の除去に駆り出された日本人で、戦争に巻き込まれて亡くなった人が、苦労して探し当てた人だけでも五九人もいるということであった。実際にはもっともっといたらしいということだが、GHQに口外を禁じられたため、分からなくなっているということである。私が不思議なのは、日本が独立を回復したサンフランシスコ講和条約締結以降も、犠牲者の遺族のほとんどが、その事実を明かさなかったことである。

特定秘密保護法案が施行されたら、こうした闇の部分が多くなっていき、憲法の中味は有名無実化していくのではないかと憂慮に耐えない。

九月二十四日の朝日新聞に投稿したものから。

〈日本の民主主義の岐路〉

吉田清治氏の証言の裏づけが取れなかったとして朝日新聞が誤報と認めたことをもって従軍慰安婦とされた被害女性がいなかったことにはならない。インドネシアのジャワ島で一九四四年、日本軍が慰安所を設置し、戦後、関与した軍人ら十三人がBC級戦犯として裁かれたことがわかっている（朝日新聞記者有論―上丸洋一氏）。韓国での軍の関与を示す文書がみつからなかったことは、軍の関与がなかったことの証拠にはならない。敗戦直後、軍は自分達に都合の悪いものの証拠隠滅を懸命にはかったからである。慰安婦報道を実名で手がけた元「朝日新聞」記者植村隆氏（北星学園非常勤講師）の解雇を要求する差出人なしの脅迫状が大学に届けられ、大学周辺ではビラもまかれ、電話は一日数十件、植村氏の家族にも脅しがかけられているという（「週刊金曜日」）。こんな卑劣なやり方で、人権を犯すことを許してはならない。日本の民主主義が問われている。

（『教会と国家学会会報』第一六号、二〇一四年十一月）

III

日本的自然主義に抗して

これは二〇〇一年七月一日、砧教会の主日礼拝で語り、また二〇一三年六月九日、渋谷集会の礼拝で語ったものです。

あなたの天を、あなたの指の業を
　わたしは仰ぎます。
月も、星も、あなたが配置なさったもの。
そのあなたが御心に留めてくださるとは
　人間は何ものなのでしょう。
人の子は何ものなのでしょう
　あなたが顧みてくださるとは。
（詩篇八・四—五）

主なる神は、土（アダマ）の塵で人（アダム）を形づくり、その鼻に命の息を吹き入れら

れた。人はこうして生きる者となった。（創世記二・七）

先週の火曜日に高校三年生の聖書科の授業で、安積力也先生が「逃れ場としての自然」と題して、次のような話をしてくださいました。先生は浪人時代、野沢温泉近くの学生村に行った時の経験から、大学に入ってからも、一人旅をして、自然の中に自らを投じられたとのことであります。そこで味わう何とも言えぬ解放感、それを先生は、自意識からの解放と言われました。自然の中に自己を投入させ、自然と一体になって、自我意識から解放されるやすらぎ。そして有名な芭蕉の「閑かさや岩にしみ入る蟬の声」を引用され、ここでは芭蕉は古い山寺の静けさの中に溶け入っているのであって、それとは別の芭蕉自身の姿などというものはどこにもないと言われました。

そして次に先生は、ゲーテがドイツの森を旅した時の詩を引用されました。

旅人の夜の歌　ゲーテ

峰々に
憩あり
梢を
わたる

かぜもなく
小鳥は森にしずもりぬ
待て　しばし
汝もまた憩わん
（小塩節『朝の光のさすときに』日本基督教団出版局、一二三頁）

陽が落ち、静かな森の闇の中で、ゲーテは最後に「待て　しばし　汝もまた憩わん」と記していることを紹介して日本人的感性との違いを説明されました。

この点について、小塩節氏は次のように述べておられます。

われわれの美的感覚からすると、自然の豊かさ大いさ、あるいは美しさ悲しさ、またときには無常さというものをうたったあとで、さらに人間に言及したりしたならば、これは詩のぶちこわしになってしまう。およそ詩というものは、純粋になればなるほど象徴性をます。日本の醇平とした詩は、たとえば、芭蕉においてきわめて格調の高い境地に立っており、自然の風景をして人間内面の心象風景をおのずと語らしめる象徴性の高いものなのである。人間存在は自然から出て、自然にかえっていく。自然のなかにとけこみ、とけ入り、ついには自然とひとつになってしまう。その境地こそ美的にも倫理的にも最高の境地なのだ。自然と区別された人間存在、そんなものは日本的精神にとっては存在しえない。(『ドイツの森』英友社、四六―四七頁)

自然との一体化、この日本的精神は実は聖書の訳にも影響を与えているのでありまして、詩篇一二一篇には「われ山にむかいて目をあぐ　わが助けはいずこよりきたるや、わが助けは天地をつくりたまえる主よりきたる」とありました。

これを別所梅之助は、

山べにむかいてわれ、目をあぐ
助けはいずかたより　来るか、
あめつちのみかみより
たすけぞ、われにきたる

と訳し、賛美歌の中に取り入れたのでありました。

しかし「われ山にむかいて目をあぐ」と言うのと「山べにむかいてわれ　目をあぐ」と言うのでは違います。「われ山にむかいて」とは、自分が山と向かい合い、顔を上げて対峙している姿であります。しかしこれを「山べにむかいてわれ」といたしますと、山辺のすそのはての所に自分がいるのであり、山と自分とはつながっているのであり、自分は山との一体感の中にいるのであります。

そして天地をつくりたもうた創造主なる神は、別所梅之助の訳では「あめつちのみかみ」となります。それは自然の中にいて、自然と一体化し、自然の諸物の中に宿る汎神論的な神のイメージであります。それはこの詩篇一二一篇を作った詩人の元来の思いとは全く違ったものであると言わねばなりません。

小塩節氏は、旧制松本高校時代、朝ごとに緑したたる信州の山々を見ながら、別所梅之助訳のこの賛美歌を口ずさんだと言われます。しかし後にイスラエルへ旅をされたとき、小塩氏は、この詩に対する自分の理解が全く違っていたことに気づかれるのであります。

小塩氏は次のように書いておられます。

緑の豊かな日本の自然とちがって、中近東の自然には緑がなく、イェルサレム近郊の自然も、ほんの僅かな緑が、やせこけた裸の荒地にしがみついているだけで、見るからに荒涼とした不毛の広野が起伏している。飛行機の窓から見下ろしただけでも、あの土地の自然の凄まじさは、わたしには想像もできない厳しい苛酷なものだった。

わたしは小さなまるい飛行機の窓から、荒涼と続く岩また岩の大地を見おろしながら考えた。「山にむかって目をあげる」詩人の目と心は、山によって慰められたであろう。そう思っていたが、こんなおそろしい山から慰めが与えられるのだろうか……

ヘブライの詩人は、「山々」を自分の生をおびやかす対象、敵対者として理解している。山々はこの小さい自分を圧倒しようとして迫ってくる。「わが助けは いずこよりきたるや」と悲鳴をあげずにはいられない。自然に負けていられるか、と力をこめ足をふん張るけなげな人間の自己主張。それもどう考えてみても危うい。自然の力は、むごく強烈である。しかし、よく考えてみると、わたしを圧倒しようとする山々も、実は神がつくったものではないか。自然と人間を含めすべてをつくった創造神ヤハウェからしか、助けはこない。いや、神からは助けがたしかに来る。ここに神による平安がある。自然は苛酷である。自然は人間を守りはしない。自然からは人間への助けは来ない。しかし、その自然をも越えて絶対の神がある。神は自然をも創造したのだ。そこに思いをいたして初めて安心がある。

（小塩『朝の光のさすときに』一二一頁）

これが「われ山にむかいて目をあぐ、わが助けはいずこよりきたるや、わが助けは天地をつくりたまえる主よりきたる」とうたった詩人の心だというのであります。

小塩氏は日本人にとっては、「自然と一つになる」その境地こそ美的にも倫理的にも最高の境地なのだと言われます。私もそうだと思います。例えばどんな素晴らしい芸術でも、立派な人格者であっても、「何か不自然な感じがするのよね」と一言いわれれば何か致命的な評価を受けたことになってしまうのであります。不自然ということは、日本では致命的な欠陥となります。

ではどうあることが自然なことかということになると、これが曖昧模糊としていて、それほど明瞭ではありません。いやそのように「自然なこと」なるものを、言葉ではっきり定義しようとすること自体が、日本では不自然ということになるでありましょう。自然に自然にとなりますと、勢い人の生き方は、自分だけ浮き上がって見えないように気を使いつつ、まわりに合わせて生きてゆくということになりがちであります。

そして自己を自然と一体化させ、自然の一部として見せようとする姿勢は、人間の生死も、社会の出来事も、自然現象の一部のごとく見ようとする姿を生み出します。そして美的なものに悲惨な現実も覆い吸収してしまうのです。

かつて戦争で戦死された人、それを「散華」という言葉で表現されたことを思い出します（散華とは元来は仏教の集まりである法会の際に、仏様の供養のために蓮華の花弁をまくことでありますが）。

あるいはまた、

万朶の桜か　襟の色
花は吉野に嵐吹く
大和男の子と生まれなば
散兵戦の花と散れ

こういう軍歌（「歩兵の本領」。作詞・加藤明勝）がありました。この軍歌にいみじくも表されていますように、戦争も一時の吹き荒れる嵐のごとく受け止められているということであります。「散兵戦の花と散れ」と戦死を美化し、促したのであります。

私たち日本人は、自らの手で戦争責任の追及も処罰も出来なかった民族でありまして、この点はドイツとはやはり違うのです（ドイツでは一九五八年にナチス犯罪解明センターが設立され、一九六〇年代にナチスの犯罪には時効をなくした追及がされることが決められました。統一ドイツはこれを継承しています）。決定的に違うのです。日本は未だに法的な意味での謝罪も補償もきちんとしないまま今日に至っている国であります（賠償は東南アジア数ヵ国に対してしただけ）。日本と韓国とのことで申しますなら、日韓条約というのはあれは植民地支配に対する賠償というものではなかった。あくまでも日本は経済援助という形にこだわった。経済援助です。朴政権はそれを受け入れたわけです。当然、韓国内では屈辱外交だと言って反対した。それは当然のことだと思います。その背景には、侵略戦争も一陣の嵐のごとくに受け止める感覚があるように思います。

以前、小林融弘兄から伺った話ですが、一人の中学生が、次のように言ったというのです。「人間にはいいところも悪いところもある。それなのに、キリスト教は悪いところを認めようとしないから伸びないのだ」と。いいところも悪いところもあるのが自然な人間の姿なのだ、と。それを罪とかと言って悪いところを認めようとしないから、日本でキリスト教は伸びないのだというのです。こういう考えからは決して悔い改めなどというものが出てくる余地はありません。

井上良雄先生の文芸評論「芥川龍之介と志賀直哉」に次のような文章があります。

志賀氏のクローディアスは倣然といふ、「自分が兄の死を心から悲しめなかったといふのはそれは寧ろ自然な事ではないか。自然だといふのが立派なジャスティフィケーションである。」自然、これが志賀氏にとって唯一不動のノルムなのだ。直接自然なわれわれの愛憎こそ、われわれが持ってゐる唯一の確固とした道徳律なのだ。われわれの愛するもの、それが善だ。われわれの憎むもの、それが悪だ。汝の敵を愛せよといふ言葉程、志賀氏にとって背徳の教はない。

(梶木剛編『井上良雄評論集』国文社、九八頁)

自民党の改憲草案の前文では、

……我が国は、先の大戦による荒廃や幾多の大災害を乗り越えて発展し、今や国際社会において重要な地位を占めており、と記されていますが、ここでは戦争による荒廃と自然災害が並んで出ていて、あたかも戦争も自然災害と同じようなものとして受け止められていて、戦争への反省も、ましてや加害責任の自覚など全くありません。現憲法ではここは、

政府の行為によつて再び戦争の惨禍が起ることのないやうにすることを決意し

となっています。自民党の改憲草案のように、戦争や社会的騒乱も、あたかも自然災害の一つのように受け止める感覚は実は私たち日本人の中に深く染み込んでいるものではないか。

精神科医の野田正彰氏が書いた『戦争と罪責』という書物があります。この本の紹介文を私はある雑誌に書いたことがあるのですが、その中で私は次のように記しました。

残虐行為に対する罪責感の著しい欠如にこそ、日本兵（日本文化）の特徴と問題があることを著者は指摘する。例えば精神科医である著者は、日本兵の中に他と比べて戦争神経症及び戦争後ストレス障害が極端に少ない事実に注目する。日本兵は行った残虐行為のすさまじさにもかかわらず、精神的に傷つくことがあまりにも少なかった

と著者はいう。

残虐行為は戦争だから仕方がなかった。上からの命令に自分は従っただけで自分こそ被害者だ。その自分がどうして戦争の罪を負わされねばならないのか。そもそもあの戦争は日本だけが悪かったのではない。他国の兵隊だって残虐なことをしているではないか。ああいう時代だったのだから仕方がない。そんなことにこだわっていたら、これからの時代、前へ進んで行けない云々。

このような理屈をつけて、残虐行為に対する罪の責任を忘却の彼方に押し流して平気でいる日本兵。それは本質において変わらず今の私たちにも受けつがれている日本人の姿ではないのか。

それは「個人としての思索のない、それ故に個人として責任を自覚することの決してない」（『戦争と罪責』二一六頁）姿であり、生き方である、と野田氏は述べています。

美空ひばりの唄（「川の流れのように」作詞・秋元康）にあるように、「ああ川の流れのように、おだやかにこの身をまかせていたい」というのが、多くの日本人の生き方ではないでしょうか。

今の右傾化の流れを容認している日本社会の奥には、このような日本的自然主義とでも呼ぶべきものがあると私は思うのです。

しかし聖書は、一面、人間も他の生物と同じように土から作られ、やがて土に帰る存在として、自然の一部として見る見方を有しつつ、他方、Ｊ（ヤハウェ）資料はその創造神話の記事において、人間だけは神から生命の息（霊）を吹き入れられ、霊において神と交わる人格的存在（自由意思を与えられた、それ故、罪を犯しうる対話的存在）として創られたことを示します。神は私たち一人一人を創造し、戒めを与え（良心を与え――ロマ二・一五）、神に対してどのように生きるか、応答する責任を負わされている個人として生きることを求めたもう。それは自然の一部として、ただ時の流れに身をゆだねて生きていく生き方とは厳しく対峙するものであります。

日本人キリスト者として、自然に対する日本的感性を豊かに持ちつつ、しかし、それに引きずられないで、キリスト者として、どこまでも神の御前に応答する個人としての自覚を持って生き抜こうとした人物として、私は内村鑑三を思うのです。

たとえば内村の短文に次のようなものがあります。

〈春と霊〉

春来るも霊臨まざれば我に於て何かあらん、我は花の美しきを歓ばず、我は花に於て我が主の美しきを観んと欲す、春の山野に臨むが如く、神の霊は我が心に降らざるべからず、然らざれば我は春に遭ふて徒に我が衷の悲痛を感ずるのみ、来れ聖き霊よ、来て我が衷なる歓喜をして外なる麗色に劣る所あらざらしめよ。

あるいはまた、こんなのもあります。

〈天然の愛〉
天然を愛すべし、然れども天然にあこがるべからず、天然を愛して神と義務とを忘るべからず、天然をして事ふる霊たらしむべし、彼をして誘ふ友たらしむべからず、天然は之を猶太人の如くに観ずべし、希臘人の如くに之を愛すべからず、天然は之を神に達するの足凳とすべし、神を祭るの聖殿となすべからず、恐くは彼れアシタロテの如くなりて偶像崇拝の罪に我等を導かん。（列王紀略上十一章三十三節参考）

これらの内村の文について亀井勝一郎が次のように述べています。

万物のうちに遍在する神的なものの中心として、つねに唯一なるキリストの姿が明確に刻印されてあらねばならなかった。自然を、ただ、しかるものとしてそこに惑溺したのではない。自然を、いわばキリストに至る道としたようである。「希臘人の如くに天然を愛すべからず」という言葉を注目すべきである。自然のみならず、美に対してもギリシア人のごとく惑溺することを倶れたのである。
「我は花の美しきを歓ばず、我は花において我が主の美しきを観んと欲す」これが彼の信条である。この言葉はきわめて微妙である。自然の美に溺れてキリストの姿を見失うことをいましめた彼は、キリスト自身を汎神論者風に仕立てて、自然の美につながろうとしたようなところがある。

（「三人のマリア」『亀井勝一郎宗教選集3』春秋社、八〇―八一頁）

自然の美に憧れ、自然と一体化する中で、神のみ前における自己を見失うまいとする内村の内面の戦いをここに見ることが出来るでありましょう。そしてこれは、天然は之を神に達するの足台とすべし、という言葉によく示されていると思います。この内村の戦いが見事な実を結び、一篇の短文というより詩として結実した例として、私は彼の「秋と河」という文章を思い出すのであります。

〈秋と河〉

秋到る毎に余は河を懐ふ、二箇の大なる河を懐ふ。其第一は石狩河なり、森深く、水静かに、蔦は弓形を為して深淵を覆ひ、赤葉其下に垂れて紅燈の幽暗を照すが如し、大魚流水に躍り、遠山其面に映る、余は幾回となく独り其無人の岸を逍徉し、或ひは清砂の上に立ち、或ひは葦の中に隠れて余の霊魂の父と語りぬ。

其第二はコンネチカツト河なり、之をホリヨーク山上より望んで銀河の天上より地下に移されしが如し、余は其岸に太古の鳥類の足跡を探り、或ひは楓樹の下に坐し、或ひは松林の中に入りて、異郷に余の天の父と交はりぬ。
静かなる秋と静かなる河！　余は其岸に建てられし余の母校を忘るゝ事もあらん、然れども秋到る毎に余に静かなる祈禱の座を供せし河を、余は死すとも忘る能はざる也。

これについて亀井勝一郎は、次のように書いています。

こういう文章に鑑三の面白が端的にあらわれているのだ。それは彼の青春の全内容だといっても過言ではあるまい。自然と天なる父と自己と、この三つを貫くもののうちに、彼は生命を感じたのである。雄大なる自然を背景として主の言葉を聞いたことは重大である。まことの洗礼を与えたのは宣教師ではあるまい。彼のヨハネたりしものは、むしろ北方の大自然ではなかったろうか。教会や学術の殿堂よりも、川のほとりをさまよい、葦のなかに隠れて、ただひとり神を想う若者。石狩川は彼にとってヨルダンの河のごときものであったかもしれない。キリスト信徒として独白の風格をしのぶ上に、見のがしえぬ点であると思う。（前掲書、七九頁）

内村の信仰と人格を考える上で未だ未開拓であった北海道の自然は確かに見逃しえぬ重要な点であると思います。

それはともあれ、雄大な自然の中で、自然を通して、自然をつくり給うた神を仰ぎ祈る姿、それはこの世俗の世界で神の国を目指して戦う力を彼に与えるものでありました。

彼は一九〇一年（明治三四年）理想団を結成し、足尾銅山鉱毒事件を調査し、鉱毒問題を世に訴え、一九〇三年（明治三六年）には、日露戦争で非戦論を唱え、万朝報社が開戦支持の立場を取ったため退社するに至ったのですが、これら内村が最も激しく社会問題と関わり、発言していたこの時期、一九〇二年（明治三五年）、彼は次のような短文を書いています。

〈山と祈禱〉

我れ弱き時は独り静かなる山に入り、其処に我の磐にして我の救主なるヱホバの神に我が祈禱を以て接す。而して見よ、入る時には弱かりし我は強き者となりて出で来るなり、偉大なるかな山の勢力、量るべからざるかな祈禱の効果、山と祈禱とありて、人世は苦痛の谷に非ず。

我れ山にむかひて目を挙ぐ、
我が扶助はいづこより来るや、
我が扶助は天地を造り給へるヱホバより来る
（詩篇第百二十一篇）

自然の中に入って行くことが決して単なる逃避に終わることなく、また自己を忘れ、自己を失うことになっていない姿をここに見ることができます。

いわゆる日本的自然主義に流されぬ、日本人キリスト者として立つべき姿の一つがここにあると私は思うと共に、日本人キリスト者として生きんとする私達に、内的戦いの課題の一つがここに示されていると思うのです。

一言祈ります。

（『柿の木坂通信』二〇一三年）

神の子イエス

これは二〇〇七年六月二十四日、稲城教会の聖日礼拝説教として語ったものです。

いまだかつて、神を見た者はいない。父のふところにいる独り子である神、この方が神を示されたのである。

（ヨハネによる福音書一・一八）

日本が年金問題で大騒ぎしているとき、世界では特に中東問題が大変な状況でありました。BSの「今日の世界」という番組を見ますと、中東問題がまず突端に出てくるという状況です。で、中東なんていうのはいつでも大変で、アラブとイスラエルの対立があり、イラクではスンニー派とシーア派の対立があり、とこういうことですけれども、しかし、特にここ二週間くらいは、中東は実に危機的な状況です。私が敢えてこれを申しますのは、NHKや民放の普通のニュースでは殆ど報道されていないように思うからです。まずイラクはご存知のように、シーア派のモスクをスンニー派が破壊した。それでシーア派が報復に出る。あるいは、それとは別に、米軍がスンニー派に武器を渡して（スンニー派は元々フセイン政権を支えていた派ですから、米軍からすれば元敵であった人々ですが）アルカイダの拠点の攻撃をするということをしています。ここ二、三日で、アメリカ軍とイギリス軍の死傷者も多数出ています。

パレスティナは今までは、イスラエルとパレスティナの自治政府との対立ということでした。ところが、今はパレスティナの自治政府自身が分裂してしまった。ファタハとハマスです。ファタハがヨルダン川西岸を支配して、ハマスがガザを支配した。このハマスは武装勢力ということで、これまでもイスラエルも米軍もハマスは認めないと言っていたのですが、このハマスが民衆の支持を得てガザを占拠したということであります。アメリカとしても、ハマスの支配を無視することができない状況です。

さらに、トルコですね。トルコは全人口の七分の一にあたる一千万人以上がクルド人で、クルド人は今、世界で一番たくさんいる、国土を持たない民族だと言われていて、イラン、イラク、トルコという国々に分かれて住んでいる民族です。トルコにいるクルド人たち、特に武装勢力ＰＫＫ（クルディスタン労働党）と言われる人々によるテロがトルコで頻繁に起き、多くの死傷者が出ています。特にトルコの首都アンカラでも大規模なテロがあり、そのＰＫＫがどこを拠点としているかといえば、イラクのクルド人自治区だというのです。イラクは今、スンニー派とシーア派の対立で大変でしょう。しかし、クルド人自治区だけは、「ここがイラク？」というくらい平穏なのです。石油もたくさん取れる地域です。ですから外国の企業がクルド人自治区にたくさん投資をしているわけです。最近はクルド人自治区でも時々テロが起きるようになりましたが、他と比べれば比べ物にならないくらい、イラクのクルド人自治区というのは平穏なのです。そこを拠点にして、PKKがイラクのクルド人自治区からトルコへ入って、自爆テロをやる。もう許せないということで、トルコの正規軍（戦車部隊）がイラクに向かっているわけです。自治区攻撃の構えというわけで、それを何とかNATOが止めようとしている。そういう状況であります。トルコというのはご存知のようにEUに入りたがっていたのですが、いろいろな条件があって、EUがなかなか許可しなかったため、トルコの国民のEU加入熱はすっかり冷めているのですが、しかし、イラクへの正規軍による武装攻撃は、そうなると大変なことになるわけで、EUやアメリカが必死で止めている、そういう状況です。

あるいは、レバノンでは、ご存知のようにレバノンの政府軍がパレスティナの難民キャンプ内にいる過激派と戦闘しているのでありまして、昨日もこのニュースがありました。

こういうふうに中東はあっちでもこっちでも大変な状況であります。争いの原因はそれぞれ色々な事情があって皆、違いますが、それぞれの政治勢力の権力闘争であるとか、あるいは民族問題であるとか、あるいは石油の利権をめぐってであるとか、色々なことが絡まって複雑でありますが、こういうニュースを見ながら、私の心に浮かんだのは、イスラムという宗教の問題です。イスラム国家でこういう問題が起こっている。そこには、権力闘争とか、民族問題とか、石油の利権をめぐってとかといったことと共に、イスラム教という宗教の問題、宗教がそもそも抱えている問題もあるのではないかという思いが去来します。

それでイスラムの神観の問題を今日は少し考えてみたいと思うのです。キリスト者医科連盟という団体があり、今年は京都で集会が開かれ、主題は「他宗教との対話」ということになっています。それで、機関誌『医学と福音』の最新号を見ますと、「一神教は何故中東ばかりに発生したのか」と日本の人によく聞かれます、という京都のイスラム教センターの方の言葉が記されていました。しかし、何も中東は一神教ばかりではありません。アラブはもともと多神教の世界でした。いろいろな部族の神々がいっぱいいました。部族の神々との戦いの中で、イスラムという唯一神教が成立してくるわけで、これはもちろん、言うまでもなくユダヤ教からキリスト教が生まれ、そこからさらにイスラム教が生まれる。根っ子は旧約聖書ですね。それが広まっただけのことであって、もともと中東は一神教であったのではありません。よく砂漠の宗教だから一神教になったと言いますが、そんなことはありません。古代エジプトが一神教になったのもイクナートンというファラオの時だけであって、その後、多神教の世界に戻っています。

それで、イスラムというのは、紀元六二二年にムハンマドがアラーの神から啓示を受けたところから出発するわけですが、それは彼が四〇歳くらいの時です。ムハンマド（マホメット）は、最初からイスラムという宗教をつくろうと考えたのではありません。彼の主張は「アブラハムの宗教に帰れ」ということでした。ですから、私の理解で申しますと、ムハンマドは宗教改革者です。宗教改革というのは原点復帰ですから。マルティン・ルターも「聖書に帰れ」というのが彼の宗教改革の出発点でした。何か、当時のカトリックが腐敗堕落していたから、その腐敗堕落を改めようとして改革を叫んだということではありません。そういうことであれば、カトリック内部の改革で済んだはずです。そうではなくて、聖書に帰れ、聖書の教えから見るとカトリックは違うということだったから、カトリックとプロテスタントは両立できなかったわけです。聖書に帰れ、というのがルターの主張でした。ムハンマドもそうです。聖書に帰れ、アブラハムの宗教に帰れ、です。

ではアブラハムの宗教とはいったい何か。ムハンマドの理解では、聖書の神、ヤハウェ宗教というものはアブラハムから始まったと考えるわけです。アブラハムが信じていた神は唯一神教の神であり、この世界を超越する超越神であり、そしてこの世界を創造した創造主である。こういう聖書の神観をもともと抱いていたのはアブラハムであって、アブラハムの宗教に帰ることが正しいというわけです。そこから彼はイスラムという宗教を築いていくわけです。それを当時のアラブ社会の多神教の世界との対決において築いていったわけです。当時のアラブ社会というのは血縁で結ばれた強固な部族社会でした。血縁的部族集団と対決し、それを唯一神信仰による集団の結束によって乗り越えることにおいて、イスラムという宗教が成立したわけです。別々の血縁集団に属していた者達が、アラーへの信仰において一つの集団に属する者となったのです。

イスラムは唯一神を「アラー」と言います。「アラー」というのはアラビア語で「神様」という意味です。ですから、イスラムの神は「アラー」であって、聖書の神は「ヤハウエ」なので別々の神だと思う人もいますが、それは全くの間違いです。アラブには、アラブ人のキリスト教徒もいっぱいいます。日本のキリスト教よりずっと歴史は古いのです。その人たちが「神様」とお祈りするとき、「ヤハウェ様」とは言いません。「アラー」と言ってお祈りするわけです。神様という意味ですから。日本のキリスト教徒も同じですね。「ヤハウェ様」とは言わず「神様」と言って日本語でお祈りします。

それで、その超越なる唯一なる神、アラー、ヤハウェ、その神を信じる。イスラムという宗教は、元来は他宗教に対して非常に寛容な宗教でありました。特に、ユダヤ教やキリスト教に対しては親近感を持っています。ムスリム（イスラム教徒）にとっては、ユダヤ教徒もキリスト教徒も、同じ神様から啓示を与えられた啓典の民である。イスラムは、基本的には他の宗教に対しては寛容な宗教であります。

しかし、他方でやはり過激派というものがあるわけです。過激派というのはどの宗教にもありますが、しかし、最近の様相を見ている時に、そういう過激派を生み出しやすい要素が、やはりイスラムにはあるのではないかと私は思うようになりました。

よく河合隼雄氏とか梅原猛氏とかが、一神教の危険とか一神教の恐ろしさとかを言い、今、争いを起こしているのは皆、一神教の世界ではないかと言うのです。それに対して日本のキリスト教徒などが反発します。むろん多神教の世界では争いが起きないかと言ったら全くそんなことはありませんで、日本など八百万の神々がいる国が、侵略戦争をしたわけですから。多神教の世界だから侵略しないなんて歴史を見るとそんなことはとても言えないのですが、それとは別に一神教の持つ問題性というものも謙虚に反省してみなければならない、と思います。

イスラムに関して言うならば、例えば、こういう問題があるように思います。私達は聖書を持っています。私達が聖書を聖書とするのと、イスラムの人たちがコーランに対する思いとは、少し違うのです。どういうことかと言いますと、コーランというのは神が直接アラビア語でムハンマドに語りかけたものをムハンマドが書いたという前提に立っているのです。だからムスリムの人達にとっては、アラビア語というのは特別な言葉なのです。神がアラビア語で語ったわけですから。例えば日本語のコーランの翻訳などというのは正式にはコーランではないのです。神は日本語で語ったわけではなく、アラビア語で語ったわけですから。イスラムの世界にはコーランの朗唱の大会というものがあります。テレビの番組でやっていたのを見たことがありますが、皆アラビア語でやるわけです。ムスリムというのはアジアではインドネシアに一番多いのですが、インドネシア人は日常はインドネシア語を話すはずですが、アラビア語でコーランの朗唱をやるわけです。アラビア語でないとダメなのです。翻訳など正式のコーランではないというのです。しかし、キリスト教では、非常に早い時期から旧約聖書のギリシャ語訳を使っていました。七十人訳聖書です。イエスの時代、多くの人々がそのギリシャ語訳の旧約聖書を使いました。それは聖書ではないというようなことは言いませんでした。あるいは、我々は日本語の聖書を持っていますが、原典でないと聖書ではないとは申しません。それに、これはエレミヤが書いたとか、イザヤが書いたとかと言いまして、神が直接語ったものを記したとは取りません。そういうふうに言う人もいますが、普通はそう取りません。この点、ムスリムのコーランへの思いはキリスト教徒の聖書に対する思いとは違うわけです。おそらくユダヤ教徒とも違うと思います。

唯一絶対の神への信仰、これが一番徹底しているのがイスラムと言っていいと思います。唯一絶対の神への信仰、これがどうなるかと言いますと、その神を信ずるという信仰を手がかりとして自分を絶対化する。人間は弱いですし、間違う存在である。それは聖書が基本的に立っている立場です。だからダビデ王なども理想化されないわけです。バトシェバ事件などもちゃんと聖書に書かれるわけです。普通なら隠しておきたいことも書くわけです。人間というのは間違いを犯す存在なのです。ところが、その間違いを犯す存在の人間が唯一絶対の神を信ずる、そしてその信仰だけは「絶対」であると、そう考える。間違いを犯す人間がもつ信仰ならその信仰だって、本当は間違うはずだということになりますが、そうは考えなくて、その間違うはずの人間が抱く「信仰」だけは絶対であると考える。「信仰による自己絶対化」ということが起こってくる。自己絶対化ですから、それは偶像礼拝の精神であると言わなければなりません。自分というのは神様ではないわけですから。自分というのは神ではないのに、信仰というものを手がかりにして自己を絶対化するならば、それは偶像礼拝以外の何ものでもない。そこに決定的に欠けているもの、それは自らの信仰も含めて、自分を裁かれる者として神を受け取るという姿勢です。自らの信仰を含めて、自分を裁かれる者として神を受け取る姿勢です。

唯一神というものがユダの民全体に定着したのはバビロン捕囚期を通してでありました。神は大国バビロニアを用いて、自分達を鞭打ったのだ。ヤハウェが、バビロニアの神マルドゥクに敗れたから、自分たちが負けたのではなくて、ヤハウェが大国バビロニアを用いて自分達を懲らしめたのだ、それがバビロン捕囚なのだとユダの民は受け止めたのです。ムハンマドにはこういう受け止め方はなかったのではないか。と言いますのは、アブラハムからヤハウェ宗教が始まったとムハンマドは考えたからです。アブラハムからヤハウェ宗教が始まった、唯一神信仰の宗教が始まった、というのがムハンマドの立場です。聖書というのはこんなに厚いですから、それに相矛盾する記事はあるわけで、例えば、アブラハムが出てくるずっと前の創世記の記事の中に、「この頃、人々はヤハウェの御名を呼び始めた」という記事が（創世記四・二六）聖書の始めの方に出てきます。アブラハムからヤハウェ宗教が始まったと本当に言えるのか、聖書自身が矛盾しているとも言えますが、ともあれ、アブラハムからヤハウェ宗教が始まったとムハンマドは考えた。しかし、現代の聖書学、旧約聖書学者はそういうふうに考えません。もちろん聖書学者にも色々な人がいますから全部とは言いませんが、普通の学問的批判的な立場に立つ人はそうは考えません。と言いますのは、例えば、聖書には「アブラハムの神、イサクの神、ヤコブの神」という言い方が繰り返し出てきます。「アブラハムの神」というのは、もともと「アブラハム族」という種族の神、アブラハム族の神であって、「イサクの神」というのは

「イサク族」の神であって、「ヤコブの神」というのは「ヤコブ族」の神であって、各々の族長の神が後にイスラエル民族というものが形成された時に、イスラエル民族の神ヤハウェと族長の神がドッキングされた、と考えます。私もそうだと思います。そうでなければ、「アブラハムの神、イサクの神、ヤコブの神」などという言い方をする必要がないわけです。

そうすると、イスラエル民族は、ヤハウェという神をどこから仕入れたのか。どこから持ってきたのか。それも色々な説があり、出エジプトの時にはヨセフ族が中心であったろうから、ヨセフ族が信じていたのがヤハウェだったろうとか、あるいは、有名な説で、出エジプト記を見ますと、モーセが同胞のヘブライ人が苛められているのを見て、エジプトの役人を殴り殺してしまい、これはまずいことになったと言って、逃げる。どこに逃げたかというと、ミディアンの地に逃げたとあります。そこでチッポラという女性と結婚して羊飼いをしていた。そのチッポラのお父さんがエテロという祭司であり、そのエテロが信じていた神がヤハウェだったのではないかという説です。だといたしますと、自分の妻の父からモーセが仕入れた神がヤハウェということになります。そのミディアン人は士師記ではケニ人とも出てきます。実はミディアン人とケニ人とはもともと違うのですが、一緒に住むようになって混ざるわけです。それでミディアン人と呼ばれたり、ケニ人と呼ばれたりするのです。それで、ヤハウェはもともとケニ人の神であって、そこからモーセはヤハウェという神を仕入れたという学説です。「ヤハウェ・ケニ人説」と申します。また、モーセはエジプトから民を率いて、シナイ山で神から十戒を与えられました。その第一戒、「神はこれらすべての言葉を告げられた。わたしは主、あなたの神、あなたをエジプトの国、奴隷の家から導き出した神である。あなたには、わたしをおいてほかに神があってはならない」。ここでは他の民族のことは言っていないのです。他の民族が他の神を礼拝することは自由ですが、イスラエルの民においてはヤハウェ以外に神はないのだ、「あなたには、わたしをおいてほかに神があってはならない」のです。これは唯一神教ではありません。「唯一神教」というのは、神は一つであって他は一切偶像で、他の民族が信じている神は神ではないという主張ですから。ここは、そうではない。「あなたには、わたし（ヤハウェ）をおいてほかに神があってはならない」、あなた、イスラエルにおいてはヤハウェだけが神であるという主張です。これを「拝一神教」と申します。一神だけを拝するというものです。

では、ユダヤの民に、「唯一神信仰」というのがいつ定着していくのか。それはバビロン捕囚期なのです。バビロン捕囚の中で、ユダの民は自分達を裁く神として、ヤハウェを唯一の神として受け止めたのです。哀歌を見ますと、エルサレムが崩壊して随分ひどい目に遭った。エルサレムは見るも無惨な状態であるということが切々と語られていまして、「しかし、神様、あなたの裁きは正しい」という言葉が繰り返し出てまいります。ヤハウェがバビロニアを用いて自分たちを裁かれたのだ。すなわち、ユダの民は自分達を裁く神を唯一の神としたのです。

「アブラハムに帰れ」とするイスラムにおいて、この自分達を裁く神を唯一の神とするという視点はないのではないか。自分達を裁く神を唯一の神として認識する、それが欠けているのではないか、というのが私の見方です。

超越神とか、唯一神の信仰というのは、それは極めてそれなりに非常に大事なことでありまして、これがもっとも徹底しているのがイスラムであります。ですからイスラムのキリスト教批判というのは、ここから出てくるわけです。すなわち唯一なる神だけが神で、この世界の何物も神ではない。それなのに、キリスト教はイエスという人を、神の子、神と同質だと言う。それはおかしいと言うわけです。日本のイスラム学の碩学、世界的な学者であった井筒俊彦という方がおられます。もう亡くなられましたが、この人の若き日の名著に『マホメット』というのがありまして、その中にこういう文章があります。

「キリストの神性を否定して人性だけを残すなら、キリストは旧約の預言者たちと全く同じく迷えるイスラエル民族に遣わされた一人の預言者ということになる。マホメットの主張するところも正にそうなのである。モーセも預言者ならキリストも預言者だ、そして今や自分もまたその長い預言者系列の最後を飾るべく同じ唯一の神の命を受けて現れた預言者だ、と。しかし、これではキリスト教徒の立つ瀬がない。とんでもないことだ！　キリストは預言者でもなければ神の使徒でもないのだ。キリストは神の御子、神の独り子におわします、と。これを聞いてマホメットは憤然とする。

彼は烈々と燃え上がる怒りの焔を抑えることができない。「神の息子だと?」何たる愚昧《ぐまい》、何たる愚劣、そしてまた何たる神聖冒瀆。天地の創造主、唯一無二なる絶対者、その存在に始めもなければ終わりもない永遠の神に子供が生まれるというのか。否、否、神には「子もなければ父もない」のだ、と。従ってキリスト教の教義の中枢をなす三位一体のごときも仮借ない誹毀《ひき》糾弾の的となる」

(井筒俊彦『マホメット』講談社学術文庫、一五頁)

ですから、イエスを神の子に祭り上げることは偶像礼拝に他ならないと言うのです。私は、これは一面当たっていると思うのです。と言いますのは、確かに「神の子キリスト」だけが強調されるとき、「神の子キリスト」を十字架に付けた下手人として、その下手人の子孫として、ユダヤ教徒に対するキリスト教徒による迫害というものが、一九〇〇年近くにわたって連綿として続けられてきた歴史があるからです。「神の子キリスト」ということだけが強調されると、そこではイエスもユダヤ人の一人であったということがすっぽり抜ける。

では、イエスが神の子だというのは、どういうことなのか。本日は、「神の子イエス」という説教題を掲げましたが、それは、三位一体の教義で言われているような、イエスは被造物ではなくて、神と本質を等しくする方、ということなのであろうか、という問題です。そういう議論は、実は、あの当時のローマ世界を覆っていたヘレニズムの影響下にあっての「神の子」理解であって、すなわち「神の子」というのは人間ではない、神と本質を等しくする方で、ですから奇跡を行う能力を有するわけで、奇跡を行える神の子であるという理解であります。神の子とは普通の人間ではないという理解です。しかしそれは旧約聖書的な「神の子」観とは違う。旧約では、イスラエルの民や、イスラエルの王が「神の子」と呼ばれています。それはむろん、人間ではない者という意味ではありません。イスラエル民族も、イスラエルの王も一〇〇パーセント人間ですから。ここで、イスラエルの民や王が「神の子」と呼ばれているのは、神が選ばれ、神に愛され、神の御旨に従う、あるいはそれが期待されている、神の心をわが心として生きるべく求められている者、それが旧約で言う「神の子」というものでありました。イエスが「神の子」、「神の独り子」と言われているのは、まさにこの点において見るべきではないかと私は思うのです。新約聖書の場合は、ヘレニズム的な「神の子」観と、旧約聖書的な「神の子」観が混ざっていて、それを明確に分けるのは難しいという問題がありますが、そこは鋭く見ていかなければならないのではないかと私は思うのです。

イエス御自身、自らを神と本質を等しくする「神の子」などという自覚をお持ちであられたかというと、私はそうではなかったろうと思います。あの富める青年がイエスに「よき師よ」と言ったとき、イエスは「なぜわたしをよき者と言うのか。神ひとりのほかによい者はいない」（マルコ一〇・一七―一八）と答えておられます。

私達が自らの信仰をもって、神の心を全くわが心として生きられた方として、イエスという方を見るということではないか、イエスが「神の子」というのは、そういう意味ではないのか。だから、私達、自己中心の人間にとってイエスは「躓きの石」とならざるをえなかったのではないか。苦難の僕として生きられた方を「神の子」と告白するのですから。しかし、このイエスにおいて示された神だけを、わが神とする。それがヨハネ福音書の一章一八節が示していることではないかと私は思うのです。

神を見た者はまだひとりもいない。ただ父のふところにいるひとり子なる神だけが、神をあらわしたのである。（口語訳）

ここをよく、お釈迦様も立派な方、孔子もマホメットも立派な人で、そういう偉人はいっぱいいますけれども、イエス様はそういう偉人ではありません、イエス様は神の独り子ですから、とキリスト教徒はよく言ってきたのですが、それと同じような主張をここでヨハネもしているということではないと思うのです。「イエス様は神の子ですから」という主張は、何か「神の子」とか「神」とかいうものについて私達が事前に知っているということが前提になっていますが、ヨハネはそんな者はいないと言うのです。「神を見た者はまだひとりもいない」と。イエスを除いて、「神の子」とか「神」について人々が知っているということを否定しているわけです。あるいは、フィリポが「父を示してください」と言うと、それに対して「わたしを見た者が父を見たのだ」とイエスは答えられます。要するにイエスを見る以外に神を見るということはない、それはイエスにおいて現された神だけを神とするということです。イエスを除いて、私達は神なるものは知らないし、知ろうとしない。そして、この一章一八節は、具体的には当時のローマの皇帝礼拝拒否の覚悟を内に秘めている言葉であります。ドミティアヌスは自らを神として礼拝することを要求した皇帝ですが、そうではない、「父のふところにいるひとり子なる神だけが、神をあらわしたのである」とヨハネは言っているのです。

自らを裁く神、自らの信仰をも裁く神だけを神とする。そしてイエスという方は、自らの信仰を絶対化した人々によって殺されたわけです。自分では神に仕えているつもりで、自分の信仰というものを絶対化した人々によって殺された。そのイエスにおいて現された神のみをわが神とする。自らの信仰を絶対化した人々によって殺されたイエスにおいて現された神だけをわが神とする。その神は取りも直さず、復活のイエスにおいて現された神であり、その神のみをわが神として受け入れることによって、ヨハネ福音書の時代の人々が、迫害の嵐に抗して生き抜いたように、私達もまた私達の時代の嵐に抗して生きていくことができる。死の川波すら越え行くことができる。復活のイエスにおいて現された神をわが神として受け入れるわけですから。復活のイエスにおいて現された神とはいかなる神か。復活のイエスはむろん十字架への道を歩み抜かれたイエスに他なりません。そのイエスとは御自身に敵対する世を愛し、弱き人々に仕え、神の御旨に反する者達と戦い、世の人々の罪によって、ついに十字架の上で果てた方です。このようなイエスの歩み全体が罪のあがないの歩みであって、私は十字架だけが贖罪のわざだとは思わないのです。そして、このイエスを神はよみがえらせ給うた。ということはこの世での敗北も死も、もはや絶対ではないということであり、十字架への道を歩まれたイエスの御跡に従うべく私達も招かれているということであります。そしてその歩みは、決して虚しくはならず、神の御前に意味あるものとして用いられる、そのことをイエスの復活は私達に告げています。そのことを信じ、今週も顔を上げて、しかも謙虚な思いをもって世に出て行く者でありたい。そう願います。

一言祈ります。

（『教会と国家学会会報』第七号、二〇〇八年四月）

私の信仰——贖罪信仰をめぐって

これは二〇〇九年七月二十日、関西合同聖書集会で語ったものです。

わたしにむかって「主よ、主よ」と言う者が、みな天国にはいるのではなく、ただ、天にいますわが父の御旨を行う者だけが、はいるのである。

（マタイ七・二一）

二〇〇七年秋、日本基督教団は、オープン聖餐（未受洗者にも聖餐に与らせること）を行っているとの理由で、紅葉坂教会の北村慈郎牧師に対し、教師退任勧告を議決しました。今、教団はこの問題で大きく揺れていますが、昨年二〇〇八年秋に、オープン聖餐を実施している牧師達やその教会の信徒達の思いや考えを綴った『聖餐——イエスのいのちを生きる』という本が出版され、私も要請され、一文を寄稿しました。その一部を読みます。

もう四〇年近くも前になりますが、わが家を会場にして毎月一回読書会が持たれていました。出席者の中には、プロテスタントの教会に通う者、無教会の集会に属する者、未信者の人々など様々な人が毎回一五名位集まって活発な議論がなされていました。

やがてこの読者会を母体として小さな伝道所が生まれて、私が初代の主任担任教師となりました（一九八一年、聖天伝道所）。私が正教師となって聖餐式を執り行うことになった時、それまで無教会の集会に属していて受洗していない会員に対して、それを理由に聖餐式の時、配餐から除外するなどということは、とても考えられないことでした。

……（中略）……

聖餐は信仰を持って受けるべきもので、そうでなければ無意味なものだと思います。しかし信仰の有無は、受洗したかどうかで機械的に決められるようなものではないでしょう。世の中にはクリスマスにしか教会に来ないという信者もいます。ましてや「自分は受洗しているから、当然聖餐にあずかる資格がある」などと考える信徒がいれば、それこそ「ふさわしくない」と言わねばなりません。神の恵みは、それを受け取る者に、どこまでも謙った心を要求するものだからです。

従って私は、聖餐式の時には、聖餐式の意義を語った後、「それ故にこれは信仰により、厳粛に、かつ感謝と喜びとをもって受けるべきものです。そのような思いを持って、この恵みに今、共にあずかることを願う人はどなたでもおあずかり下さい」と述べることにしています。信仰は、かつて受洗したかどうかではなく「今」どうなのかが問題であり、大切なのだと思います。むろん受洗は軽んずべきものではありませんが、絶対化すべきものでもありません。パウロ自身が、バプテスマを受けた者の滅びを、第一コリント一〇章一節―五節で述べています。

……（中略）……

そもそもこのオープン聖餐の問題が大きく取り上げられるようになって以来、私はずっと「こんなことが、教会が今取りくまねばならない重要課題なのか。そのように考えること自体、重さの測り方が狂っている」との思いを禁じえませんでした。地球規模での環境破壊の問題、経済格差の問題、右傾化の問題、憲法改正の問題等々、私達は多くの深刻な問題に直面させられています。これらの問題の渦中にあって、教会は信仰において、どのような戦いと望みの言葉を語り、取りくみをすることが出来るのか、これこそ教会が今問われていることではないかと思うのです。

（「重さの測り方」『聖餐――イエスのいのちを生きる』三二頁）

ところで、日本基督教団の教会は伝道所も含めて全部で現在、一七三一ありますが、――ちなみに毎週の礼拝出席者数は、平均五八、五〇〇人――その全てに配られる『教団新報』という機関紙があり、その二月二十八日号に、「創造の初め」と題する次のようなコラムが載せられました。

創造、それは分離。分けることで存在が鮮やかになる。混沌からの分離、それが創造である。混沌から分離してこそ、ことは明確になる。何でも一緒、それは、混沌に帰ることに過ぎない。私共は、創造の神を神として仰ぐ。であれば、混沌からの分離、それこそが神を信じること、神に従うことである。……

主イエス・キリストの十字架による罪の赦しにこそ私共の救いがある。……聖餐の不一致、それでは主の十字架の恵み、罪の赦しの確信は生まれない。あれもこれも一緒では何も伝わらない。信仰がはっきりしてこそ、神の恵みが伝わる。あれもこれも一緒、それは混沌、存在を失う。伝わるものも、伝わらない。聖餐を分け、信仰を明確にする、そのことで伝道力が生まれる。信仰を明確にする、それが日本伝道一五〇年を祝う今年の教団のなすべきことと思う。

私はこれを読んだとき、聖書の信仰に対する私の理解とははっきり違うことを意識せざるをえませんでした。まず天地創造の記事の理解から申しますなら、あれはバビロン捕囚下にあった祭司資料の記者が、バビロニアの秩序（人間の支配者の作り出した人為的秩序）を混沌と受け止め、それを打ち破って、神は神の秩序を創造していかれる、それへの信頼を表白した言葉だと思います。バビロニアは大帝国でしたから、そこに異民族を支配下に置いて統治するための法秩序がありました。大帝国はどこでもそうですが、たとえばローマ帝国でも法律が発達するわけです。しかし、それは捕囚下の民にとっては混沌そのものとしか受け止められない。しかもそれは時に永遠に続くようにさえ思われる。しかし、神はそれを覆される。神は神の秩序を創造していかれる。そこに自分達の生きる根拠、生きる力を得ようとした、それが天地創造の記事が示していることだと思います。

すなわち、「創造」の記事が示しているのは、どこまでも神が創造なさる秩序であって、人間が造り出すものではありません。人間の造り出した宗教的秩序や掟を、神の名のもとに絶対化し、それを神の創造の秩序と同一視する時に人は越えてはならぬ一線を越えたのであります。それは、イエスを十字架につけた者と同じ罪を犯す者となる。イエスは宗教裁判で死刑判決を受けたのです。そのことの重みを私達はしっかりと受け止めねばなりません。普通の犯罪者として殺されたのではないのです。宗教の掟によって、神の名の下で断罪されたのです。人間の作り出した宗教的秩序を神の名の下に絶対化するということが、いかに恐るべきことかをイエスの十字架は示していると言わねばなりません。神の掟とされた律法すら、それが絶対化され、神に取って代わられるとき、いかに恐るべき倒錯をもたらすか、新約聖書が縷々語っていることであります。

このコラムを書いた人は、「聖餐を分け、信仰を明確にする」と言われる。そこで明確にされた「信仰」とは、条文化された信仰箇条の受容です。ですから日本基督教団の信仰告白が基本になると、繰り返し、オープン聖餐を否定する人々は主張するのです。条文化された信仰箇条を承認することが同じ信仰に達することだと言うのです。私は今の聖書学の発達から言いまして、そのようなことはとても成り立ちえないと思います。たとえば「イエスはキリストである」という同じ言葉であっても、その解釈はかなり違います。現実にAという信仰箇条は心より承認できても、Bという信仰箇条は未だ承認できない、よく分からないといったことは普通によく起こりえることで、そういう信仰箇条の承認をもって、信仰だとする考えに私は賛成できません。

以前、戒能信生牧師が『時の徴』という同人誌で次のように書かれました。戦争末期、一九四五年五月、富田満氏と、村田四郎氏が、時の文部官僚との決死のやり取りの中で、信仰箇条を守り抜くためには殉教を覚悟したが、「そのような信仰箇条以外のこと、倫理とか、平和とか、社会的責任の問題という事柄については、いくらでも妥協のしようがあったし、譲歩することができたのである。『教育勅語』のみならず『皇国史観』でも、『大東亜共栄圏に在る基督者に送る使徒的書簡』でも、『戦闘機献金』でも、『伊勢神宮参拝』でも、『国民儀礼』でも、そのほか数々のことについて彼らは譲歩できたし妥協できたのだ」(『時の徴』六三号、九頁)。

信仰とは何かが改めて問われる思いがしますし、かつて日露戦争の時に内村鑑三が「今や戦争に反対を唱える者が信者である。戦争に賛成する者が非信者である」と言った言葉の真理性を思うのです。

コラム氏は「主イエス・キリストの十字架による罪の赦しにこそ私共の救いがある」と述べています。しかし、そうしたいわゆる贖罪信仰だけからでは、あの戦争への批判的観点と姿勢は生み出されなかった。贖罪信仰は戦前の教会もきちんと持っていたし、キリスト教の中心的内容として繰り返し説かれていたのです。これは戦時中だけではありません。戦後でもです。しかし、戦争協力への反省と悔い改めの姿勢もそこからは出てこなかった。いや、「戦責告白」を出すかどうかでもめていた一九六〇年代後半の時期に、贖罪信仰を盾に「すでにイエス様の十字架により罪を赦されているのに、何を今さら戦責告白などを出さねばならないのか」と言った熱心な信徒の方がいたことを思い出します。いったい何が問題なのでしょうか。こういう点の吟味と探求と反省を抜きにして、信仰箇条として贖罪信仰を掲げて、このコラム氏の言葉によると「信仰を明確にして」、いわゆる伝道に励んでみても、それは虚しいのではないか。仮にそれが実を結んでたくさんの人を教会に連れて来ることができても、本質的に虚しいのではないかと私は思うのです。いかがでしょうか。

私自身は、贖罪信仰は魔術的にではなく人格的に、教理的にではなく歴史的にとらえる必要があると思っています。「魔術的にではなく」とは、キリストの十字架をまるで罪を消し去る魔法の水のごとく考える（「十字架の血、我を清めり」）とらえ方を言っています。十字架の血が魔法の水のように罪を消し去る。罪というのは極めて人格的なものです。もっと言えば、非常に個性的なものでもある。あの人の罪と私の罪は違う。そういうものがいっさい人格的なものを無視して、魔法のように罪を消し去る、それはまさに魔術的理解だと思います。「すでにイエス様の血で私共の罪が赦されているのに何を今さら戦責告白などを出さねばならないのか」と言った方の贖罪理解は、魔術的理解だったと思います。

では贖罪信仰の人格的理解とはどういうものか。たとえば私がAさんに非常に申し訳ないことをしたならば、それが赦されるというのはそこにAさんの痛みと苦しみがどれほど伴っているのかという認識と理解が生じるし、もう二度と同じ罪を犯すまじという決意を生みます。あるいはできる限りの償いをなしていこうとする姿勢を生みます。韓国の人々、あるいは朝鮮の人々は、日本の植民地支配下での出来事に対して、本当に申し訳ないという思いがあれば赦そうと思っても、日本人は本当に申し訳ないという姿勢を示さない、ましてや全然知らないし、知ろうとしないとなると、赦せないとなる。赦せないということ自体が辛いこと、しんどいことなのです。神様に対してもそれを本当に申し訳ないと思えば、二度と同じ過ちを犯すまじと当然そうなるはずです。さらに贖罪信仰が、自らもまた十字架を負う者へと変えさせられることにつながっていくのでなければ、それはおかしいのだと思います。本当に罪赦されたのだとすれば、この世の様々な罪を担う者へと自らもまたさせられる、そういう生き方へと向かっていく、そうならないのはやはりおかしいのだと思います。救われて、「ああ、よかった、よかった」で済んでいるなら、それはどこかおかしいのです。十字架上のイエスの罪の赦しの言葉を、他ならぬこの自分に向けられたものとして聴く者は自らもまた、他者の罪の重荷を担う者へとさせられていくのだと思います。

「贖罪信仰を、教理的にではなく歴史的にとらえる」とは一体どういうことでしょうか。聖なる神が罪人を罰する代わりに、神の独り子イエス・キリストを十字架にかけて罰し、その犠牲によって私達の罪が贖われた、これが教理的な意味での贖罪信仰です。神が我々を罰する代わりに、神が独り子を十字架にかけて罰し、それによって私達の罪が贖われたと信じる。ここでは神様が人間を罰する代わりに神の独り子イエスを罰したわけです。しかし、歴史的にとらえるならば、イエスを十字架につけたのは神ではなく、ユダヤ教のサンヘドリンであり、ユダヤの群衆であり、ローマ帝国の兵隊達でありました。そして、十字架上のイエスが自らを苦しめる者のために「父よ、彼らをお赦しください。自分が何をしているのか知らないのです」と祈られたとされています。この部分（ルカ二三・三四）は〔　〕に入れられており、聖書学者が後代の加筆と考えている箇所ですが、たとえそうだとしても、イエスという方は、このような加筆が似つかわしい方として見られていたということであります。それは他のイエスの言葉「汝の敵を愛せよ」、「右の頬を打たれたら、左の頬を向けよ」、「七度を七十倍にして赦せ」等々と相呼応するものとして、「父よ、彼らをお赦しください」という言葉は、初代教会において、イエスの真の言葉として受け止められたものだと思われます。「父よ、彼らをお赦しください」という「彼ら」というのは、歴史的にはローマの兵隊であり、ユダヤの群衆でありますが、私ではありません。ここに止まっているならば、すなわち歴史的という地点に止まっているならば、私の贖罪信仰には結びつきません。歴史というのは一回限りのことですから。イエスのとりなしの祈りは、直接イエスを苦しめた者達に対してのものであり、歴史的というところに止まる限り、私とは直接結びつきません。それが自分達に対してのものとして受け止められ、贖罪信仰が成立していくためには、復活という出来事と信仰が必要でありました。復活がなければ贖罪信仰は成立しなかったと言えると思います。すなわち、歴史的には贖罪信仰が成立して復活信仰が生まれてきたのではなく、復活という出来事に直面した弟子達のイエスの死の意味の探究が、贖罪信仰の成立へとつながったのです。復活のイエスに出会った弟子達が、ではあのイエスの死の意味は何かと考えた時に、「あれは私達の罪の贖いのためであった」ということに繋がった。そう考えなければ、初代教会の爆発的な成立と拡大を解しえないと私は思います。

イザヤ書五三章の苦難の僕は、もともとメシア信仰と結びついていたものではありません。ユダヤ人達はメシアの出現を期待していました。それは確かにそうですが、そのメシアとはあのダビデ王のような時代（イスラエルの歴史で言えば、ダビデ・ソロモンの時代は最盛期でした。その最盛期）を再び取り戻してくれる方としてメシアの出現を期待したわけです。しかし、イザヤ書五三章に出てくるのは民の罪を担う苦難の僕です。あの苦難の僕とメシア＝キリストとを結びつけたのは初代教会でして、彼らがイエスこそキリストだけど、それはあの苦難の僕のようなキリストだと理解したわけです。

贖罪信仰などというのは、後の教会が「イエスの死」の意味に対して付けた解釈であって、イエス御自身は「わが神、わが神、どうして私をお見捨てになったのですか」との叫びが示しているように、自分の死の意味など分からずに死なれたのだと言う人がいます。聖書を読みますと、もとからイエスが自分の死を予告しているような記事がありますが、それは後の教会がやった作業でして、歴史的にはイエス御自身が自分の死の意味など分かっておられなかったと私も思います。自分が三日後に復活することを知っていた上で、十字架上で「わが神、わが神」と仰せられたとしたら、それは茶番劇です。歴史的には、イエスは御自身の死の意味など分からずに死なれたと思います。

しかし、復活のイエスに出会った人々が、イエスの死の意味を贖罪の死として理解し、私達の罪の贖いの死だと理解し、贖罪信仰が成立していったのは、イエスの死の意味の理解として誤ったものであったのかと言えば、私はそうではないと思います。それは後の教会が解釈したものだから意味がない、とは思いません。すなわち、生前のイエスの生き方から考えてイエスの死を、贖罪の死と解したのは、そう成るべくして成った理解であったと思います。生前のイエスの生き方があって、イエスのあの死は贖罪の死だったのだと弟子達は理解し、受け止めた。それは正当な理解であったと私は思います。

そこにユダヤ教の罪祭における傷のない犠牲の子羊の観念やイザヤ書五三章の苦難の僕の連想が働いていたとしても、であります。イエスの死を、そのような観念や連想と結びつけて解した理解を、多くの人々が受け入れたということは、それを促すだけの生前のイエスの生き方があってのことだと言わねばなりません。生前のイエスの生き方があり、その帰結として十字架での刑死があり、復活という出来事があり、信仰が生まれたのであって、これらを切り離して解してはならないと思うのです。従来は、イエスの生前の歩みを記した福音書というものと、贖罪、十字架と復活を切り離して理解する傾向があったように思いますが、それらは切り離してはならないと思うのです。イエスの贖罪の死の理解は、それまでの生前のイエスの生き方の帰結として出てきたものであって、そこを切り離してはならない。例えばこの私が十字架上で死んでも絶対にそのような贖罪の信仰は生まれないのですから。

「わが神、わが神、どうして私をお見捨てになったのですか」とのイエスの叫び、これに対して福音書は神様からこういう応答があったとは何も書いていないのです。神の沈黙です。いいかげんな祈りに対して神が答えて下さらないのはある意味、当たり前と言ってもよいのですが、なけなしの信頼をかけて「神様」と叫ぶ、祈る、それに対しても何の応答もない、イエスのような方が死を目前にして「神様、どうして私をお見捨てになったのですか」と祈られる。それに対して何の応答もない。ということは、神なんかはいないという何よりの証拠ではないか。私はそう思います。ですから、復活は、このイエスに対する神の応答であったのだと私は解します。ですから復活は、神いまし給うという何よりの証拠でありまして、復活を否定した上での神信仰というのは、少なくとも福音信仰ではありえない。私はそう思います。復活こそは、このイエスの叫びに対する神の応答であった。ですから聖書をよくご覧になれば分かると思いますが、復活は、「復活した」と書かれておらず、すべて受身形で「復活させられた」と書かれています。イエスは復活させられた、のです。人間イエスは殺されたのですが、そのイエスが復活したということは、イエスを殺した人間の罪に対する神の勝利を意味しており、この世での絶望、敗北を覆すものがあることを示しています。ですから復活を信じるというのは単に死が最後のものでないというだけではなく、人間の罪が最後のものではなく、それに対する神の勝利があるということを信じること、この世の敗北を覆すものがあることを信じることであり、絶望が最後のものでないことを信じる、信じるとはそういうふうに生きるということです。

ペンテコステにおけるペトロの説教が示しているように、復活のメッセージは、悔い改めへの呼びかけとセットなのです。悔い改めと切り離して、イエスは復活された、死は最後のものではない、などということではないのです。それは私達の悔い改めといつも一つである。それ抜きの復活のメッセージなど聖書の伝えるものではない。そしてそれは、私達にもまた、贖罪的な生き方、つまり私達にかなう小さな十字架を負うてイエスの御跡に従う歩み、愛をもって罪と戦う生き方へと招くものである。正義の主張を非暴力で（あるいは愛をもって不正と）戦おうと思うなら、それは贖罪的な生き方にならざるをえません。相手の罪をわが身に担うという生き方です。

そして、このような生き方はキリスト者に限られたものではない。石牟礼道子さんが、チッソの会社の人たちの救いのためにも祈られる水俣病の患者さん達のことについて述べておられます。そこに私は神の創造の御業を見ます。チッソの会社の方達のために祈られる水俣病の患者さん達の姿の中に神の創造の御業がある。

それはイエスを復活させられた神の御業につながっているものだと思うのです。それらは共に肉の人間の罪に対する神の創造による勝利を示しているという点で。

律法の行いによる救いではなく、イエス・キリストを信じる信仰によって救われると言われます。私達はこれを律法の行いという手段によってではなく、イエス・キリストを信じる信仰という手段によって天国行きの切符を手にすることができるなどと解してはならない。そういうふうに解するところから、キリスト教徒の変な特権意識が生ずるのだと思います。律法の行いも信仰も共に神の恵みの受容の姿としてあるものであり、それはそれ自体が救いと称すべきものであります。問題の中心は元来、恵みの受容としてあるべきものを私有化し、己の業とするところにあります。信仰もまたそれを己の業とするとき、諸々の律法の行いの一つと化する。信仰もまた、私が信じると考えるとき、己の業とする時に、諸々の律法の行いの一つになってしまいます。先に私は贖罪信仰は私達を贖罪的生き方へ招くものであると述べました。聖書の言葉で言えば「十字架を負うて我に従え」ということです。

それが神の国建設（これは神の業）に参加する道である。神の国は神が来たらせ給う神の業でありますけれども、それは神様が私共を除いてなさるのではなくて、私共を使って神様は御業をなされるのです。イエスの歩みがまさにそういう贖罪的なものでありました。贖罪的生き方が贖罪の死へと帰結したのです。だとすれば、贖罪信仰は、私達を、自己や国家や社会の罪との戦いへと押し出すものである。そうならなかったとすれば、贖罪信仰理解自体の再検射をしなければならないのではないか。戦前の教会で贖罪信仰があったにもかかわらず、時局に迎合することになった。戦後も贖罪信仰が説かれていたにもかかわらず戦責告白に結びつかなかった。そういう贖罪信仰理解自体の再検討が必要だと私は思います。

イエスは「わたしにむかって『主よ、主よ』と言う者が、みな天国にはいるのではなく、ただ、天にいますわが父の御旨を行う者だけが、はいるのである」（マタイ七・二一）と言われました。イエスに向かって「主よ、主よ」と言う者とは、キリスト教徒でしょう。しかし、キリスト教信者が「みな天国にはいるのではない」のです。洗礼も聖餐も救いを保障するものではない。「天にいますわが父の御旨を行う」のは、キリスト教信者とは限らない。私達が〝伝道〟と言うとき、このことをまず、踏まえなければならないと思います。

すなわち伝道とは、いわゆる〝信者〟を作ることではない。端的に神の御心が行われるように努めることである。イエスの伝道の御業とは、まさにそういうものでありました。神の御国、神の御心がなるように努める。それが悪霊の支配と戦うという姿をとったわけです。自分と世の罪と戦うことである。そして、悔い改めこそは伝道の成果そのものである。人が頑張って相手を悔い改めさせるなどということはできないのです。相手が悔い改めたならば、まさにそこに神の創造の御業があったと言わなければならない。私達は、それに参与せしめられるにすぎない。そして、その道は先に述べた贖罪的生き方であり、それは、この世での失敗や敗北を恐れない姿である。それは、この世での直接的な成功や勢力の拡大を目指す生き方と鋭く対立するのです。

それはこの世においては、一粒の辛子種のような存在でしかない。私が二回読んだ本というのはあまりありませんが、その内の一つに、中学三年生の時に非常な感激をもって読んだ本ですが、『次郎物語』というのがあります。そこに今も忘れえない言葉があります。「白鳥葦にいる」。「葦、よしがしげる葦」です。葦が白いなんて本当にそうなのかなと思い、調べてもらいましたが、確かに白ぽいです。白鳥が舞い降りて、その葦の中に紛れたら分からないわけです。ところが、その白鳥の影響で葦の葉が揺れる。自分は目立たなくてもよいのです。しかしその影響はさざ波のように周りを潤していく。また、『次郎物語』を書いた下村湖人は「煙仲間」という運動を始めました。匂いはするけれどもはっきり摑めるものではない。

イエスの贖罪的生き方というのは、そういう歩みを私達に促しているものだと思います。ささやかでいい、しかしそれは神様によってやがて大海となる。賛美歌四六三番の「ささやかなるしずくすら」です。小さいことを恐れない。あるいは一人ひとりの人生は未完成でいい。その未完成で不十分な人生を集めて、神が神の創造の御業をなしてくださる。小さい、大きいは問題ではないので、人生の姿勢が神様の方に向けられているかどうか、あるいは、神の御心がなる方に向けられているかどうか。それが大事であって、大きい、小さい、この世での失敗、成功、そんなことは問題ではない。そのことを信じて私共の小さな歩みを、勇気を持って歩み出したいと思います。

一言祈ります。

（『関西合同聖書集会・会報』第一一二号、二〇〇九年九月）

早天礼拝奨励

これは二〇一〇年九月五日、関西合同聖書集会の一泊研修会の早天礼拝で語ったものです。

レニ・リーフェンシュタールという、二十世紀の初期、一九〇二年にベルリンで生まれ、舞踏家、女優、映画監督、写真家、世思最年長のスキューバダイバー（七一歳でライセンスを取得）など、実に多彩な活躍をして、二〇〇三年、一〇一歳で亡くなった女性がいました。彼女にとって不幸だったのは、彼女が映画監督として活躍した時が、ナチス時代と重なっていたことでした。彼女がパリ国際博覧会で金メダルを獲得した映画は、一九三五年のナチスのニュルンベルク党大会の記録映画「意志の勝利」であり、ヴェネツィア映画祭最高賞を受賞したのが、一九三六年のベルリン・オリンピックの記録映画でした。そのため、戦後もずっとナチス協力者としての烙印がつきまといました。そのリーフェンシュタールが一二歳の時、彼女は目の前で、一人の女の子が車の下敷きになる事故を目撃するのです。彼女は恐怖に捕らわれ、その夜、一晩中眠れずに、しかし一生懸命考えるのです。そして驚くべき一つの結論に到達します。

私が青ざめた顔をしているのを見て、両親は訝《いぶか》った。もう何週間も食事がほとんど喉を通らず、思い悩んで眠れぬ夜々を過ごした。そして子供ながらに到達した結論は、この世界で悪が善よりも強いものならば、とっくに善を呑み込んでしまっているだろう。そうだとしたら、緑の草も、花も、木々もとっくに姿を消してしまっているにちがいない。絶滅を予定されているとしたら、この何億年という月日の間に、悪はたっぷり時間をかけて、すべてを破壊し、人間から生命を奪い尽くしてしまっただろう。……しかしついにある確信が私の中に生まれて、突然自分が解き放たれたのを感じた。私は人生に向かって「はい《ヤー》」と言うだろう、何が起ころうとも、つねに。

　このときから私は毎晩床につく前に、神に祈るようになった。神様、私に何でも耐え忍ぶ力をお与えください。たとえ運命が私にどんな鞭を与えようと、人生を呪うことなく、神に感謝するような力を。この哲学は私ののちの人生にとって尽きることのない力の源泉となった。（椛島則子訳『回想 上』文藝春秋、一九―二〇頁）

　ここで彼女が述べている「悪」というのは、必ずしも倫理的な悪に限られたものではないでしょう。彼女が目撃したのは、交通事故であったことが、それを示しています。もっと広く人間存在を脅かすもののことを、それは指しているように思います。

　リーフェンシュタールとは全く別に、新泉教会のある信徒の方が、こんなことを書いておられたことを覚えています。この世の中がまだ滅びないのは、五一対四九ぐらいで、善が悪に勝っているからだと思ってきた、しかし、ある人が「そうではない、世の現実は八対二か九対一ぐらいで、悪の勢力の方が、ずっと大きいのだ。（人間の数ではなく、世の力関係ということだけで見るならば、そうかもしれません。巨額の金が一番動く産業は、断トツで軍需産業ということですし、二番目は石油産業、三番目は麻薬ということをだいぶ前になりますが、聞いたことがあります。）それをただ神の憐れみによって滅びから免れているだけだ」と言われた。自分は近頃そのほうが本当のように思うようになった、と。いかがでしょうか。小林融弘さんも「生命の発生と進化も、無数の天文学的な量子的偶然の繰り返しによって実現した。宇宙の年齢が無限であったなら、宇宙はありとあらゆる可能性を試してみる時間的ゆとりを十分持ったでしょうが、生命が誕生してまだ三八億年しか経っていないにもかかわらず、こんなにも多様な生命にあふれた地球となるためには、信じられないほどまれな、都合の良い量子的偶然が繰り返し起きたと考える以外ありません」と述べています。ありえないような偶然が重なって、今この世界が成り立っている。融弘さんは、そこに創造者の意志を見られるわけです。そして聖書は、その創造者は「父なる神」でいましたまうことを私達に告げます。殊に主イエスは、神を「アバ父よ」と呼ばれました。「アバ父よ」と私達が呼びかけうる神がおられるということ、その神が私たち一人ひとりの名を呼んで下さる神であるということ、この信仰を抜きにして、親から虐待されて亡くなった子供達への救いはないと思わざるをえません。（花咲き鳥歌う結構づくめの天国や極楽の存在だけでは救いにはならない。)

先ほどの新泉教会の信徒の方の話を聞いたとき、すぐ私の脳裏に浮かんだのは、創世記一八章のソドム滅亡に際しての、神様とアブラハムの押し問答の箇所です。あのソドムの町に、一〇人の正しい者がいれば、神様はソドムを滅ぼさないと言われるのです。この問答がさらに続いて、正しい者がただ一人になったとしても、神は同じように言われたのではないか。なぜそう思うかと言うと、イエスがその一人になってくださったのだと新約聖書が私達に告げていると思うからです。だからソドムのようなこの世界が滅びに渡されないで、今も辛うじて保っているのだと、そう言えるのではないか。

では聖書が告げる「正しい者、義人」とは、どのような人のことでしょうか。それが律法を厳格に守る人というのでないことは、アブラハムやイエス御自身のお姿から明らかです。それは神との交わりに深く生き、神との関係において真実を尽くして従い抜かれた方であることを主イエスのお姿を通して、新約聖書は私達に示します。「死に到るまで、しかも十字架の死に到るまで従順であられた」と。しかしそれは機械的な主体性を失った服従ではなく、ゲツセマネでの「アバ父よ、この杯を取りのけて下さい」との祈りも、十字架上での「エロイ・エロイ・ラマ・サバクタニ。わが神、わが神、どうして私をお見捨てになったのですか」との叫びも含まれての「従順」でありました。この正しい人、義人の故に、ソドムのようなこの世を、神は今も滅ぼしたまわない。それはどういうことか。それは義人が、この世を愛しているから。イエスのこの世の人々への愛の故ではないか。それはイエスにおいて示されている神ご自身の、この世への愛だと言ってよいでしょう。それを福音書記者ヨハネは、「神はその一人子を給うほどに、この世を愛して下さった。それは御子を信じる者が一人も滅びないで、永遠の命を得るためである」と述べたのでした。しかし、では御子を信じない者は、滅びに渡されるということなのか。聖書も宗教の枠組みを超えられず、限界を持っているということなのか。

この点についてパウロのロマ書三章の二一―二二節が、大きな示唆を私達に与えているように私は思います。

[21]ところが今や、律法とは関係なく、しかも律法と預言者によって立証されて、神の義が示されました。[22]すなわち、イエス・キリストを信じることにより、信じる者すべてに与えられる神の義です。そこには何の差別もありません。

二二節の「イエス・キリストを信じることにより」ですが、ここは直訳すると「イエス・キリストの信仰によって」であります。しかし多数意見は、所有格を目的格に解して、「イエス・キリストを信じる信仰」、「イエス・キリストに対する信仰」としています。しかし私は、ここは直訳どおりに「イエス・キリストの信仰によって」与えられる神の義と解したいのです。信仰（ピスティス）は、また「真実」とも訳せます。「神に対するイエス・キリストの真実によって、全ての人に神の義が与えられる。そこに何らの差別もありません」。こう解すれば、神の義が与えられる、すなわち救いに入れられるのは、イエス・キリストへの信仰を告白した者に限られないということになります。これは一人の義人の真実によって、他の全てのものが滅びから免れるということで、先のソドムの滅亡をめぐる、神とアブラハムの問答の記事と、ピタリと対応すると言えると思います。そして主イエスは、「私についてきたいと思う者は、自分の十字架を負うて我に従え」と言われます。それは神の御前においてははなはだ不真実な者であるけれども、繰り返し悔い改めて、真実な者（義人）たらんとせよ、との勧めと受け取れます。そうした存在が、「残れる者」として、「からし種」のごとくあちらでも、こちらでも存在していることが、この滅びへと向かう世界を、神の御前にあって支えているのだと思うのです。

高橋三郎先生が召されてから、幾人もの方々が、先生が一九四七年八月十四日、敗戦からわずか二年目に、東大の聖書研究会の雑誌『エクレシア』に投稿された「三谷隆正先生」という一文を取り上げ、特にその終わりの方の「私は一つの大望を胸に抱いた。それは私の生活を視、私の存在に接する人々の前に、私が生きている事自体が、神の存在の証明でありたいという願いである。神を疑う者は私を視よ、と高唱しうる人になりたいとの願いである」（『真理の人――三谷隆正先生』待晨新書、四五頁）という箇所に言及されました。先生のこの大望は多くの人々に対して、まさしく実現したと言ってよいでありましょう。先生の人間的な欠点を超えてであります。

しかし私は、本日はこの一文の一番最後の所を取り上げたいのです。弱冠二六歳の青年高橋三郎先生は、このような言葉で、この「三谷隆正先生」という文を締めくくっておられます。

「キリストと共に在る先生の霊と、地に在る私の魂との間に、今や無言の激励と、祈りと、感謝が交錯しつつある。私はかく叫ぶ『私をして十字架の道を歩ましめよ。しかしてキリストにおいてのみ私の生を肯定せしめよ』と。先生。私の召される日まで待っていて下さい」(前掲書、四六頁)

高橋先生のキリストへの信仰が、既に天に召された三谷隆正先生への真実の誓いの言葉として具体化しているのを、ここに鮮やかに見ることが出来ます。そしてこの事実は私達もまた、天に召された高橋三郎先生に対し、このように叫ぶことが出来るかとの問いを私達に突きつけます。「先生。私の召される日まで待っていて下さい」と。この問いを心に深く抱いて、共に祈りの時を持ちたいと思います。

祈禱。

(『関西合同聖書集会・会報』第一一八号、二〇一〇年九月)

追記

長年、英語とギリシャ語の聖書を教えてこられた武藤陽一先生が、パウロの手紙の訳として、「イエス・キリストへの信仰によって義とされる」と訳されてきたものを「イエスの信仰（信実）によって義とされる」と訳すべきだとしてこの私訳を紹介してくださりました。これはずいぶん以前からの先生の御主張でありました。

ローマ三・二二

すなわち、イエス・キリストの信実により、信じる者すべてに与えられた神の義です。そこに何の差別もありません。

ローマ三・二六

このように神は忍耐してこられたが、今この時に義を示されたのは、御自分が正しい方であることを明らかにし、イエスの信実による者を義となさるためです。

ガラテヤ二・一六

けれども、人は律法の実行ではなく、ただイエス・キリストの信実によって義としていただくためでした。

ガラテヤ二・二〇

生きているのは、もはやわたしではありません。キリストがわたしの内に生きておられるのです。わたしが今、肉において生きているのは、わたしを愛し、わたしのために身を献げられた神の子（キリスト）の信実によるものです。

ガラテヤ三・二二

しかし、聖書（律法）はすべてのものを罪の支配に閉じ込めたのです。それは、神の約束が、イエス・キリストの信実によって、信じる人々に与えられるようになるためでした。

フィリピ三・九

わたしには、律法から生じる自分の義ではなく、キリストの信実による義、その信実に基づいて神から与えられる義があります。

「人は律法の行いによって義とされるのではなく、イエス・キリストへの信仰によって義とされる」、これがパウロの教えであり、福音の内容であると言われてきたのですが、「律法の行いによって義とされ」ようとするのは律法主義と呼ぶべきものであり、それに代わって「自分の信仰によって義とされ」ようとするのは信仰主義とでも呼ぶべきもので、双方とも「律法の行い」や「信仰」なるものを自分の内に私有化し、それをもって神の御前に自己の義を主張する姿です。しかし聖なる神の御前で、いったい誰が、自分の所有しているもので自己の義を主張しうるでしょうか。人が出来ることとは、赤子のごとく神にすがり、神の恵みを感謝をもって受けることだけであります。その姿をパウロは信仰と呼んだのでありました。神の恵みは、むろん教会が独占的に所有できるものではなく、したがって洗礼が神の救いを保証するものではありません。パウロも受洗した者達の滅びについて述べています（第一コリント一〇・一―五＊）。

最後にロマ書九章五節の二つの訳を見ておきたいと思います。最初は一九五五年改訳の口語訳のもので、次は新共同訳です。

また父祖たちも彼らのものであり、肉によればキリストもまた彼らから出られたのである。万物の上にいます神は、永遠にほむべきかな、アァメン。（口語訳）

先祖たちも彼らのものであり、肉によればキリストも彼らから出られたのです。キリストは、万物の上におられる、永遠にほめたたえられる神、アーメン。（新共同訳）

口語訳の方は「神は、永遠にほむべきかな」となっていますが、新共同訳では「キリストは、永遠にほめたたえられる神」となっています。これは句読点の採り方でどちらにも訳すことが出来るとのことですが、もし新共同訳の方を採るとすれば、キリストは神と同列に並ぶ存在となり、そのような言い方は、パウロの文書ではここしかないということで、ここは口語訳を採るべきだとの考えを、何人もの学者が述べています。五節bそのものには、原文には「キリスト」という語はないところからも私は口語訳の方が妥当だと考えます。すなわち訳や解釈は、その人の考えや立場によって変わるのです。このように聖書の訳や解釈も多様性があることを考えると、特定の教義体系を絶対化することはおかしいことがお分かりいただけると存じます。聖書もまた歴史の流れの中で、誤り多き人間が記した信仰告白の書であり、そのことをしかと踏まえた上で私達もまた、自らが置かれた個人的社会的状況の中で、聖書記者の信仰告白に心の耳を澄まして聴きつつ、その同じ神に、自らの信仰を告白していく者でありたい、そう願います。

（二〇一四年九月）

＊兄弟たち、次のことはぜひ知っておいてほしい。わたしたちの先祖は皆、雲の下におり、皆、海を通り抜け、皆、雲の中、海の中で、モーセに属するものとなる洗礼を授けられ、皆、同じ霊的な食物を食べ、皆が同じ霊的な飲み物を飲みました。彼らが飲んだのは、自分たちに離れずについて来た霊的な岩からでしたが、この岩こそキリストだったのです。しかし、彼らの大部分は神の御心に適わず、荒れ野で滅ぼされてしまいました。

正義と公平

これは二〇一一年六月十九日、聖天伝道所の修養会での主日礼拝説教として語ったものです。

イザヤ書五章七―一二節
アモス書五章二一―二四節

早天礼拝で高本さんが日露戦争のことを取り上げ、内村鑑三の非戦論のことに言及されたのですが、日露戦争ということで、私の心には、それとは少し別の次のようなことが去来していました。

ポーツマス講和条約が締結されたのが一九〇五年八月、その年の十一月に日本は大韓帝国の外交権を奪う第二次日韓協約を結び、十二月には統監府を設置、伊藤博文が初代統監となっています。日清日露の戦勝が、日本人を傲慢にし、アジアへの侵略の歩みへとつながっていったということです。そして一九一〇年八月には、日本は韓国を併合しました。

石川啄木は「地図の上　朝鮮国に黒々と墨をぬりつつ　秋風を聞く」と詠んでいます。そして日韓併合の三ヵ月前、五月、大逆事件が起き、幸徳秋水をはじめ、大石誠之助（社会主義者、キリスト者、医師）ら数百人が検挙され、二六人が起訴され、翌年、一二名が処刑されました。そしてこの後、約五年間にわたって、社会主義者への弾圧が続く「冬の時代」へと向かっていったのでした。日清日露の戦勝は、国内においては言論弾圧の方向を生み出したということです。

この膨張していくかつての日本の姿と、格差や公害や汚職など、内に様々な問題を抱えつつ経済成長を続ける今の中国の姿が私にはいささかダブって見えるところがあります。国内の諸矛盾を外に向けさせる意図もあってか、中国は今、上からのナショナリズムをあおり、軍事力（特に海軍）の増加を図り、対外的には膨張政策を取って諸外国と摩擦を起こしています。他方、国内の民主化の動きには、オリンピックと万博以後、弾圧の傾向を強めています。しかしそれは、決して中国のためになる道ではないことを、日本は自らの歴史を振り返りつつ、率直に友人として言っていかねばならないのではないでしょうか。

先ほど「十戒」の所をみな様と共に交読したのですが、それは聖書が語るヤハウェという神はいかなる神であるかがそこによく示されていると思うからです。ご存知のように、シナイ山で、出エジプトしたイスラエルの民と神ヤハウェとの間に契約が結ばれた（ヤハウェはイスラエルを「わが民」とし、イスラエルはヤハウェを「わが神」とするという契約)、その時に、イスラエルの守るべき掟として、ヤハウェから与えられたものが、十戒であります。

わたしは主、あなたの神、あなたをエジプトの国、奴隷の家から導き出した神である。(出エジプト二〇・二)

これによって、ヤハウェは歴史の中に働かれる神、出エジプトという歴史的事件を引き起こされる神であることが示されます。またヤハウェは、大国エジプトをも御手の内に支配していたもう神であり、抑圧された奴隷の民にも目を留め、解放される神である。抑圧された民を解放すべく、歴史に働きたもう神ヤハウェ。この神への信仰が、現代でも抑圧された民をどれほど力づけてきたか(「解放の神学」「民衆の神学」)。そして裏返せば、これは「イスラエルは奴隷の民であった」ということの表明でもあります。これは祭りのたびにイスラエルが自らに言い聞かせ、表明してきたことでありました(申命記二六・五―一一)。

私は本日の説教題を「正義と公平」としたのですが、正義と公平が大事なのだ、神は正義と公平を望まれる神なのだ、というこういうメッセージを生み出す信仰の根に、自分達は元々奴隷の民であったのだ、という古代イスラエルの人々の自覚があったのだと思います。多くの民族が、「自分達は神々の子孫であって……」などという民族発祥の神話を持ち、それを民族の誇りとするのですが、そうした中で、古代イスラエル人は、祭りのたびに、自らが奴隷の民であり、ただ神の憐れみによって救い出されたものに過ぎないことを表明したのは著しいことだと言わねばなりません。(人が他の人に憐れみを乞うとき、人は卑屈になりますし、憐れむ側にいたずらな優越の情を抱かせます。しかし神の御前にありましては、人は神の憐れみを乞うしかないのでありまして、それを拒否したり、無視することは、人を無律法者にし、傲慢にします。神の憐れみに支えられて生きようとするとき、人は真に謙虚さを備えた独立人となるのであります。)自分達が元々は奴隷の民であり、抑圧された者の子孫であるなら、自分達の作る社会は、抑圧された者の少ない社会でなければならない。ここから「孤児や寡婦」など、厳しい境遇に置かれた者に対しては配慮しなければならない、との戒めが生まれたのだと思うのです。十戒は、出エジプトした元奴隷の民の守るべき戒めの具体的な内容を示した掟であると言えるでしょう。安息日律法の本来の趣旨も、「奴隷を休ませせよ」(申命記五・一四)ということであったのですから。

あなたには、わたしをおいてほかに神があってはならない。(出エジプト二〇・三)

これは唯一神信仰への戒めではありません。二節の「わたしは……あなたを……奴隷の家から導き出した神である」を受けて、だから「あなたには、わたしをおいてほかに神があってはならない」と言うのです。他の国々や民がどんな神々を拝しているかなどは、ここでは問題になっていません。二節でまず神の恵みの先行が語られ、それを受けて、だから「あなたには、わたしをおいてほかに神があってはならない」と言うのです。ですからここでの中心は、神への感謝と誠実なる応答だということです。外面的な宗教行事は盛んに行われても、ユダの民はこれ（神への感謝と誠実）を失った、これがエレミヤの批判の要点でありました。

あなたはいかなる像も造ってはならない。上は天にあり、下は地にあり、また地の下の水の中にある、いかなるものの形も造ってはならない。（出エジプト二〇・四）

これは彫刻芸術の禁止ではありません。それは「あなたはそれらに向かってひれ伏したり、それらに仕えたりしてはならない」（出エジプト二〇・五）とあるところからも明らかなように、これは聖なるものの像を刻んではならないと言っているのです。ではなぜ神像を刻んではならないのでしょうか。それは像は、自分の手でつかみ、所有し、自分の懐に入れることが出来るからです。神を自分のために私有化することが出来るからです。この掟の中心は、神像を刻むか否かにあるのではなく、神の私有化を禁じていることにあります。神像を刻まなくても、神の私有化は、広く宗教集団に見られる現象です。今も昔も、宗教戦争とは、例外なくこういうものでした。また聖なる像（例えば仏像）を刻んだからといって、それがいつも私有化につながっているとは限りません。以前、私は敬虔な仏師が、斎戒沐浴して、一鑿しては拝し、一鑿しては拝して、一体の仏像を作り上げていく話を、感銘深く読んだことがあります。

人間は誤りを犯す者です。だとすれば、その人間の抱く「信仰」も、誤りを含んでいるのは当然であり、人は自分の信仰についても謙虚でなければいけないはずですが、現実は、自分の信仰を絶対化し、それを神の座に据え（偶像化し）、信仰の名においてどれほど多くの惨事を生み出してきたことでしょうか。この現実を前にするとき、神像を刻んだかどうかなどは、決して中心的な問題でないことは明白です。この点、宗教としての、ユダヤ教もキリスト教もイスラム教も、大きな思い違いの歴史を刻んできたと言わねばなりません。

真の神は、決して私有化されない神、聖なる神でいまし給う。そのことが聖書では、南北両王国の滅亡という形で示されます。唯一神観のユダヤ人への定着は、バビロン捕囚期だと言われています。選民イスラエルは、自分達を裁いた神を唯一の神と告白したのでした。それは民族や宗教の枠を超えた神の発見であったと申さねばなりません。唯一なる神は、人が私有化することを厳然と拒否したもう神、聖なる神、超越なる神です。唯一神への信仰は、それが超越なる神でいまし給うことへの認識と一つでなければなりません。それが切り離されるとき、唯一絶対なる神を私有化できていると思い込み、唯一神の名において自己絶対化をする、この種の偶像礼拝ほど危険なものはありません。理性的な対話や思考が、そこではストップされてしまいます。宗教というものが持つ危険とは、こういうものです。

バビロン捕囚下で成立したと言われる創世記一章一節から二章四節aまでの祭司資料の天地創造の記事、一章一節a「初めに、神は天地を創造された」は、読者に、だから被造世界の一切のものは神ではないこと、神化（偶像化）してはならないことを示していま す。神は超越神でいまし給うことを端的に告げています。神が超越なる神でいまし給うということは、人は神を知りえない、知ったとしても、それはおぼろ気に知るだけだということであります（第一コリント一三・一二）。キリスト教は、これまで、自分達は真の神を知っていて、他の人々は知らないのだという前提で伝道ということを考えてきたのですが、それは何と傲慢な姿勢であったことでしょうか。むしろ神の御心を知り、それに従う、という点において、キリスト教は、実に惨澹たる歴史を刻んできたと言えるのではないでしょうか。キリスト者とはイエス・キリストにおいて神を知り、神を信じる者でありま す。しかしイエス・キリストは、キリスト者の占有物ではありません。

わたしを愛し、わたしの戒めを守る者には、幾千代にも及ぶ慈しみを与える。

（出エジプト二〇・六）

ここに、神は私達に戒めを与えたもう神であり、慈しみを与えたもう神であることが示されています。なぜ神は戒めを与えたもうのでしょうか。それは私達が、共に人間らしく生きるためであると言っていいでしょう。無律法は人間らしい生とはならない。そして人が共に人間らしい生を生きるためには、何らかの地上的権威の下で、それを奉り尊重して人々が仲良くすればいい（日本的和、天皇制）というのではなく、超越なる神を愛し、その慈しみを受けることを、生の基盤としなければならないことが示されています。なぜならそこにおいてこそ、人は真に独立した個人となることが出来るからです。キリストの福音が、日本社会において、最も根本的な寄与をなしうるものは、このような独立人の育成にあると私は固く信じています。

あなたの神、主の名をみだりに唱えてはならない。みだりにその名を唱える者を主は罰せずにはおかれない。（出エジプト二〇・七）

「主の名をみだりに唱え」るのは何のためか。それは自分のために主を利用しようとする思いがあるからでしょう。自分の願いをかなえてもらいたいため、自分の言葉への権威づけのため。そこに欠落しているものは、畏れの姿であります。神を畏れる、それは聖書においては、信仰の基本であります。

このたび内橋克人著の『悪夢のサイクル』を読んで、私の心にすぐ浮かんだ聖書の箇所は、イザヤ書五章七―一二節とアモス書五章二一―二四節でした。

イザヤ書の方から見ていきます。イザヤは紀元前八世紀に活躍した預言者で、紀元前七四二年ウジヤ王逝去の年に召命を受けました。彼の召命経験は、神の聖性の認識であり、それは自己の罪認識（自己を唇の汚れた者と意識させられること）と表裏一体でありました（六・一―七）。彼は預言者として召されるに当たって、唇を火で焼かれたという経験をしています（六・六―七）。それは、おそらく雄弁であった彼が、自らの人間的能力によって立つのではなく、まずそれを「火で焼かれ」て神のものとされる経験を経なければならなかった、ということを示しています。イザヤは王に直接進言することの出来た身分の高い人であったようです。しかしイザヤは、支配階級のぜいたくな暮らしを厳しく批判し、不義を告発し、正義と公平が行われることを求めた人でありました。

イスラエルの家は万軍の主のぶどう畑
主が楽しんで植えられたのはユダの人々
（イザヤ五・七a）

ここではヤハウェとイスラエルの関係が、農夫とぶどう畑の関係になぞらえられています。農夫は、畑がよき実を結ぶように一生懸命世話をし、楽しみにし、大いに期待もします。そのようにヤハウェはイスラエルがよき実を結ぶように期待し、世話された。出エジプトした民に向かってヤハウェはこのように言われます。

主はあなたを苦しめ、飢えさせ、あなたも先祖も味わったことのないマナを食べさせられた。人はパンだけで生きるのではなく、人は主の口から出るすべての言葉によって生きることをあなたに知らせるためであった（申命記八・三）

主は裁き（ミシュパト）を待っておられたのに
見よ、流血（ミスパハ）

（イザヤ五・七b）

ミシュパトを新共同訳は「裁き」と訳しているのですが、これは「公平、公義、公道」とでも訳すべきところで、関根訳を見ていただきますと、「ヤハウェはこれに公平を待ち望まれたのに」（『イザヤ書 上』岩波文庫、一二五頁）となっています。強者が弱者を虐げ、それに対して弱者が声を上げると弾圧し、流血の惨事を引き起こす。今日も世界の各地で見られる現象です。それは主の期待を裏切ること、主の御旨に反することだと言うのです。同じ趣旨で、

正義（ツェダカ）を待っておられたのに
見よ、叫喚（ツェアカ）

（イザヤ五・七c）

これはツェダカとツェアカを語呂合わせにして並べてあるのですが、こういう語呂合わせは、聖書には結構出てまいります。正義とは何かという定義は難しいですが、矢内原忠雄先生は強者に対して弱者の権利が守られること、弱者の人権が守られること、というふうに言っておられました（『矢内原忠雄全集』第一八巻、六二六頁）。正義の具体的な内容を考える一つの目安かと存じます。

災いだ、家に家を連ね、畑に畑を加える者は。
お前たちは余地を残さぬまでに
この地を独り占めにしている。

（イザヤ五・八）

富める者が、貧しい者から土地をどんどん買い上げている。これは今、少し形を変えてアフリカで実際に起こっている現実です。インドや中国や韓国のお金持ちが、アフリカの農地を借り上げている。

佐藤全弘先生が『夕陽丘随想録』に「第二のアフリカ分割」と題して次のように記しておられます。

「2010年1月に短く報じられたところでは、エチオピア政府はインド企業に大阪府の1・6倍の30万haの農地を1ha50年で僅か900円（年18円）で貸す契約を結び、現地人1500人が米やトウモロコシを作らされている」

「労働者は父祖の農地を安く召し上げられ、約束の3分の1の日給60円で働かされ、嫌なら立退けと言われ、収入減・生活苦でもめ事が続いている」

「タンザニアでは、中国と中東諸国が政府と契約して土地を取得し、州政府は住民を無視し、小学校の建設も中止し、09年8月以降は耕作禁止とし、立退き人はすでに一万人を超える」

「今アフリカは、中国、インド、韓国、サウジアラビア、アラブ首長国連邦の金力に雌伏している。これらの国はかつて西洋や日本の植民地として長い苦難の歴史をなめた国である。それらの国が金を貯えると、世界の最貧国の苦境につけこんで、法外な条件で国土を奪い取り、その地の民を苦しめるとは何たることだろう！」

（二〇五―二〇六頁）

かつての日本も地主制のもとに、食いつめた小作農民が、満州へと移住していったのでした。貧農の窮状を理由に、日本の満州侵出を止むをえなかったように言う人々がいますが、他方で一九三三―一九三四年当時、日本は国家予算の四〇パーセントも軍事費に使い、地主制のあり方はそのままにした上でのことですから、そんな考えは、はなはだ自己中心的だと言わざるをえません。しかし農地改革は敗戦という代償を払うことなしには実現できませんでした。世界では今も地主制のもとで苦しんでいる農民を抱えている国がいくつもあります。

万軍の主はわたしの耳に言われた。
この多くの家、大きな美しい家は
必ず荒れ果てて住む者がなくなる。
（イザヤ五・九）

日本は敗戦を通して、この御言葉を実証したのでした。アフリカの分割に狂奔している国々は、どのような形で、この御言葉を実証することになるのでしょうか。中東の民主化のうねりが、これからアフリカの国々に、よき影響を及ぼし、民主化の進展を促すことを期待するのは空しいことでしょうか。ルワンダが、かつてのツチ族・フツ族の対立を乗り越え、良き国づくりの模範を示してくれていることは一つの希望であります。一九九四年、虐殺を逃れて西欧先進国に行ったツチの人々が、キリスト教に触れ、民主主義を学び、ルワンダに帰還して、フツの人々と共に新しい国づくりに励んでいる姿は感動的であります。

十ツェメドのぶどう畑に一バトの収穫
一ホメルの種に一エファの実りしかない。
(イザヤ五・一〇)

ここは関根訳ではこうなっています。「十段の葡萄畠が僅かに一パテの実りを出し一ホメルの種が一エパの収穫を齎す」(前掲書、二六頁)。十段は二〇頭の牛が耕す面積で、一パテは四〇リットル、一ホメルは一エパの一〇倍ということで、極端に僅かの実りしかないことを言っています。

災いだ、朝早くから濃い酒をあおり
夜更けまで酒に身を焼かれる者は。
酒宴には琴と竪琴、太鼓と笛をそろえている。
だが、主の働きに目を留めず
御手の業を見ようともしない。
(イザヤ五・一一―一二)

一方で正義と公平が踏みにじられ、多くの人々が苦しんでいるのに、他方で享楽にふけっている人々がいる。ここで、「享楽」というのではないのですが、東日本大震災の被災者の苦しみをよそに、というよりそれをも利用して、「菅おろし」の嵐をつくり出すことに懸命になっている政治家たちの顔を思い浮かべるのは見当違いというものでしょうか。

彼らは「主の働きに目を留めず、御手の業を見ようともしない」とは、どういうことでしょうか。それは次の一三節以下に、神の裁きが具体的に述べられているところからも、神の歴史支配ということだと思われます。

イザヤ書のこの箇所を引いて、関東軍が満州事変を引き起こす五年前、一九二六年に藤井武が「聖書より見たる日本」の中で、次のように記しているのを思い出します。

「日本も亦イスラエル若くはドイツのやうに、土肥えたる山に保たれし神の葡萄園である。過去二千数百年のあひだ、神はこの園をすきかへし、石をのぞきて嘉き葡萄を植ゑ、望楼（ものみ）をたて酒槽をほりて、嘉き葡萄の結ぶを望み待った」

「キリストの福音を受くるまへ既に千数百年の久しきあひだ、仏教並に儒教といふ優れたる二大教門の修養があつて、愛と義との観念を基礎づけられ、以て生命の言を受くるに備へせられしが如きは、欧米の如何なる文明国も経験せざりし異常なる特典であつて、敢てこれを選民特有の律法および預言に擬ふるとも、容しがたき過誤とは見られぬであらう。

斯のごとくして神はわが日本に嘉き葡萄の結ぶを望み待つた。然るに時きたりて我らの結んだものは何であるか。貪婪と肉慾とは亦我らの間にも最も顕著なる罪悪ではないか。『禍ひなるかな、彼らは家に家を建てつらね、田圃に田圃を増し加へて余地をあまさず、己ひとり国のうちに住まんとす』。その都会の資本家を見よ、その田園の地主を見よ、坐ながらにして一日七万円の純所得を挙ぐる富豪の傍に、絶えず額に汗しながらなほ一日の生活費十五銭九厘を超えざる千万の小作人がある（杉山元治郎氏調査による）。『禍ひなるかな、彼らは朝つとに起きて濃き酒を追ひ求め、夜の更くるまで止まりて飲み、酒にその身を焼かるるなり』。われらの宰相は日夜待合に入り浸り、彼処に議員を招じて国事を議る。その手には常に酒杯がある。新聞は近頃斯人を評していうた、『△△首相は政策を行ふに怯、何するに怯、ただ酒を飲むに勇なり』と。我らは和していふ、『禍ひなるかな』と。この国の酒税は優に多大なる軍事費を支ふるに足る。享楽の精神は青年男女を涵して居る。彼らが好んで播くところの小説を見よ、雑誌を見よ。数多の家庭の退廃を見よ、貞潔観念の堕落を見よ。

日本に対する神の審判なくして可ならう乎」

そして藤井は、続けて、

「来るべき第二の審判は何である乎。私は知らない。或は恐れる、ユダの場合と同じやうに、神一たび旗をたてて遠き国を招きたまふとき、飛行機と軍艦とは地の極より空をおぼひ水を蔽うて来り、以て天佑を誇る我らの国の光輝ある歴史に最初の汚点を印するのでもあるまい乎」（『藤井武全集』第二巻、六〇〇―六〇一頁）

と、まるで太平洋戦争を預言するかのような言葉を残して、一九三〇年七月にこの世を去ったのでした。

イザヤ書のこの箇所と共に、私の心に思い浮かんだのは、アモス書の次の箇所です。

わたしはあなたがたの祭を憎み、かつ卑しめる。
わたしはまた、あなたがたの聖会を喜ばない。
たといあなたがたは燔祭や素祭をささげても、
わたしはこれを受けいれない。
あなたがたの肥えた獣の酬恩祭は
わたしはこれを顧みない。
あなたがたの歌の騒がしい音を
わたしの前から断て。
あなたがたの琴の音は、わたしはこれを聞かない。
公道を水のように、
正義をつきない川のように流れさせよ。

（アモス五・二一―二四）

ここに神ヤハウェは、宗教的祭儀よりも、公平と正義が行われることを求めていたまうことが明白に記されています。このような聖書の信仰思想の根底にあるものは何でしょうか。私はそれは神の聖という信仰ではないかと思います。「神は聖である」ということは、神は神であり、人間はどこまでも人間であって神ではないし、神にはなれないということです。人間はアダム（土くれの意味に通じる）であり、エノシュ（弱さの意味に通じる）である。ここから神の御前における人間の本質的平等の思想が根拠づけられるし、「人は神に似せて造られた」という記述から、人間の尊厳性が基礎づけられることになります。このような人間観を基礎として、人の社会的立場の、強い、弱いにかかわらず、公平と正義の実行によって、人間としての尊厳を守ることが、神の命じたまうところとして要請されるということであります。もっとも、「人が神に似せて造られた」とあるのは祭司資料であり、アモスやイザヤは、それ以前の紀元前八世紀の預言者ですから、アモスやイザヤの言葉を、祭司資料の言葉で根拠づけることは出来ません。では、アモスやイザヤの公平と正義を神の意志とする主張の根底にあるものは何か。すでに申し上げましたように私はそれをイスラエルの出エジプトの経験にさかのぼらせることが出来るのではないかと思います。あの厳しい荒野の四〇年の歩み、そこでは公平が実現されていなければ、お互いやっていけませんでした。そして自分達は元は奴隷であり、ただ神の憐れみによってのみ救い出された者にすぎないのだとの自覚、シナイ山で十戒を受け取ったヤハウェの民としての一体感、連帯感、これらが、自分達の社会には、公平と正義が実現されていなければならないのだとの思いを育み、それを神の御旨として受け止める信仰を育んだのではないか。

二十一世紀の世界は、急激な人口爆発、それに伴う水と食料の不足、エネルギー資源の不足が予想されており、経済格差の一層の拡がりも予測されている。そうした中で、単なる愛というのではなく、正義と公平の実現を目指すこと、それを御旨として受け止める信仰の継承、その戦い、これこそは、二十一世紀の社会と世界を、破滅から救うための最も根本的で重要な道ではないか。そう思うのです。一言祈ります。

（『聖天』第二号、二〇一一年八月）

キリストの艱難の欠けたるを補う

これは二〇一二年七月十六日、関西合同聖書集会で語ったものです。

コロサイ人への手紙一章二四節

朝のNHKのラジオでは毎朝六時半から「ラジオ体操」があり、「ビジネス展望」があり、その後、「今日は何の日」という番組があります。その同じ日に起こった歴史的な出来事、記憶すべき大きな出来事の項目を紹介するものです。三月一日、いつものようにそれを聞いていて、私はハッとしました。それは私の知らなかった出来事が紹介されたからではなく、日本人が知っていなければならない歴史的事件が全く紹介されなかったからです。それは、もう多くの方々が御推察なさっておられるように、一九一九年に韓国で起きた三・一独立運動、万歳事件と呼ばれる事件であります。大日本帝国（天皇制国家）からの独立を求めて、独立万歳を叫んで、韓国の民衆がデモ行進をし、パコダ公園で独立を求める宣言文を読んだのに対して、日本の官憲が武力で鎮圧したのでした。……

三月一日は北朝鮮においても韓国においても最も重要な記念日として今も記憶されている日ですが、私は日本も、というより、日本こそが心に刻む日としてこの日を覚えなければならないと思います。しかし、キリスト教会においても、この日を覚えて主の御前に罪責を告白し、心に刻む日として受け止められている様子はほとんど見えません。日本の宣教の姿勢が問われることではないかと思うのです。

この三・一事件を、日本人でありながら、朝鮮の人の側に立って見、強い共感をもって受け止めた、当時一六歳の女性がいました。金子文子です。彼女はそれまでの彼女自身へのすさまじい抑圧と差別と苦しみの経験から、「帝国主義的生活意識を血肉化している」(もろさわようこ。『日本人の自伝6』平凡社、四八九頁）日本人への反発と批判の確かな眼を持っていたのでした。金子文子について、まとまった話をすることは、ここでは出来ませんが、インターネットで引き出したプロフィールだけ少し見ておくことにします。

〈金子文子（一九〇三年～一九二六年）紹介〉

一九〇三年横浜に生まれる。出生届がだされず就学できなかった。父が家を出て母の妹と同棲、母も男との同居をくり返す。「家財道具を売り、床板をはずして薪にかえた」ほどの貧困な暮しであった。一九一二年九歳から一六歳まで、養女として父方の祖母に迎えられ、朝鮮で生活する。だが、「無籍者」として虐待をうけ食事さえ満足に与えられなかった。朝鮮人のおかみさんから「麦ごはんでよければ」と声をかけられ、「人間の愛」に感動し、日本人が権力を振るい朝鮮人を搾取するさまを目の当たりにする。一九一九年日本にかえされる直前、三・一独立運動に遭遇する。

一九二〇年一七歳で上京。新聞売りや「女給」などで自活しながら苦学する。キリスト教、仏教、社会主義、無政府主義の思想に出会う。二二年朴烈と知り合い、雑誌『太い鮮人』を創刊。

二三年九月三日、関東大震災の混乱の中逮捕、「治安警察法違反」で予審請求される。二六年三月二五日、「大逆罪」で死刑判決。のち恩赦により無期懲役に減刑されるが、七月二三日獄中にて縊死。「すべての人間は人間であるという、ただ一つの資格によって」「平等」であると確信した文子は、「権力の前に膝を折って生きるよりは、死してあくまで自分の裡に終始」した。二三歳であった。

(鈴木裕子編/亀田博・年譜『[増補新版] 金子文子 わたしはわたし自身を生きる——手記・調書・歌・年譜』を紹介する梨の木舎のホームページより)

少し説明を加えます。「出生届がだされずに就学できなかった」とあるのは、父親が結婚の意志など持たないまま(「いい相手が見つかり次第母を捨てるつもりで」)母親と関係し、非嫡出子として生まれた文子を自分の家の籍に入れなかったのでした。家制度の時代に無籍者として生きなければならなかった文子の人生がどれほど厳しいものであったか、戦後生まれの私達には想像を絶するものがあったろうと思われます。それでも文子はお情けで小学校に入れてもらい、あからさまな差別を受けながら（修業書も他の子供達と違って、文子だけが半紙を二つ折にしただけの粗末なものであった）、屈辱に耐えて勉強したのでした。

文子の父は家に寄りつかず、女郎屋に入り浸り、家にお金を入れなかったので、文子は母や弟と共に極貧の生活を味わわねばなりませんでした。その頃の貧困生活のことを、例えば文子は、こんなふうに記しています。

「私たちは一日に三度の飯を食べたことはめったになかった。まるっきり食べない方が却って多かった。私はいつも空腹であった。今でも私は空腹の時には思い出す。私がからっぽの胃をひきずってひょろひょろ街を歩いているうちに、ある家の芥溜めの中に焦げついて真黒な飯が捨ててあるのを見て、そっとそれを口に入れたことを。そしてそれをどんなに美味しいと思ったかを」

ついに父は、文子母子を捨てて、家を出て、叔母と同棲するようになり、母も、女性がまともな職を得ることが難しかった時代のせいもあると思いますが、他の男を家に引き入れ、その間、まだ子供であった文子に、買物を命じて夜中の町に追い出したり、小学校を出たばかりの文子を女郎屋に売ろうとしたりしたのでした。それから文子は、母の実家に行き、叔父の家に引き取られ、母は他家へ再婚、等々のことがあり、一九一二年、九歳の時、「父方の祖母に迎えられ、朝鮮で生活する」ことになります。文子は朝鮮で一六歳まで過ごすのですが、そこでも文子の生活は「虐待をうけ食事さえ満足に与えられなかった」と記されているように悲惨なものでした。それがどれほどのものであったかを詳しく述べる時間はありませんが、文子はあまりの苦しさから逃れるために、自殺しようとしたことがあります。しかし彼女は自殺を思い止まります。なぜか。祖母や叔母が、文子の自殺の理由を自分達に都合のいいように言い繕うに違いない。それに対して死んでしまったら、その嘘に対して何一つ自分は言い開きが出来ない。それに死んでしまっては、祖母や叔母に復讐できないと考えたからでした。文子は書いています。

年端も行かぬ哀れな少女が死を決して死に損ねた。若草のように伸び上がるべきそうした年齢の頃に救いを死に求めると云うことさえ恐ろしい不自然なのに、復讐をただ一つの希望として生き永らえたとは何と云う恐ろしい、又、悲しいことであろう。私は死の国の閾《しきい》に片足踏み込んで急に踵を返した。そしてこの世の地獄である私の叔母の家へと帰った。

こうした極めて個人的な苦難の経験が、「帝国主義的生活意識を血肉化している」日本人によって屈辱的な思いを味わわされている朝鮮の人々が立ち上ったとき、彼女をして朝鮮の人々に強い共感の思いを抱かせたのでありました。

「私は大正八年中朝鮮にいて朝鮮の独立騒擾《そうじょう》の光景を目撃して、私すら権力への反逆気分が起こり、朝鮮の方のなさる独立運動を思う時、他人のこととは思えぬほどの感激が胸に湧きます」（金子文子・第四回被告人尋問調書）

これは苦難と屈辱の日々を強いられてきた文子のような日本人にとっては「当然のこと」なのではありません。屈辱の日々を強いられてきたからこそ、「日本人」として、さらに弱い立場に置かれていた朝鮮の人々に尊大に振る舞ってうっぷん晴らしをしたり、祖母や叔母達のような日本人にすり寄ることも出来たはずだからです。しかし文子はそうはしなかった。彼女は自らの個人的な苦難と屈辱の経験を、彼女の個人的なものに止めず、社会の底辺で同じような目に遭わされている人々のそれと重ね合わせて共感することができたのでした。私はここに、文子の独立した個人の意識の芽生えを見ることができると思います。これは本質的に天皇制と相容れぬ者の芽生えであったと言わねばなりません。

文子は一四歳の春、ともかくも高等小学校だけは出してもらえましたが、その後は女中部屋をあてがわれてこき使われる日々が続きました。そして一六歳になったとき、年頃になった文子を嫁入りさせるために無駄な金は使いたくない、「帰すなら今のうちだ」という理由で、甲州の母の実家に戻されます。その後、父のいた浜松に行きますが、父は財産目当てで文子を自分の弟と結婚させようとしたり、いろいろのことがあり、文子は「一九二〇年一七歳で上京」するのです。そこで苦学をし、様々な思想に触れ、そうした中で無政府主義者の朝鮮人朴烈と知り合い、一九二二年十一月、雑誌『太い鮮人』(これはむろん当時の差別語「不逞鮮人」をもじったものです)を出版。しかし、翌年の一九二三年九月三日、保護検束との名目で逮捕されます。

もろさわようこ氏は、文子・朴烈の逮捕について、次のように記しています。

ふみ子・朴烈の「大逆罪」は、「震災時の流言によって大量の朝鮮人が虐殺されたことに対する逆政策として、朝鮮人には大逆の企図があったのだというでっちあげ」(『日本残酷物語』現代篇2)であると指摘されている。そのため、死刑の判決が行われた一九二六年(大正一五年)三月二七日から九日目の四月五日には、権力側の常套手段である「天皇陛下の御仁慈による特赦」によって、死一等が減じられた。無期懲役とするその特赦状を渡そうとしたとき、「二人の態度はまことに不遜なものでした」(秋山要「金子文子の秘話」=『法曹』一九五八年三月号)と、当時の市ヶ谷刑務所長は語る。「朴烈の方は、これをとにかく受取ったのですよ。ところが文子の方は、これを渡すや否やいきなりビリビリと破ってすててしまったのです」(同前)。

ふみ子はその訊問調書の中で「人間ノ命ナンテ権力ノ前ニハ手毬ノ様ニ他愛ナク扱ワレテ居ル」と言い「権力ノ前ニ膝折ツテ生キルヨリハ寧ロ死ンデ飽ク迄自分ノ裡ニ終始シマス」と言い放っている。ふみ子は「恩赦」が行われてから三カ月半余り過ぎた七月二十六日、受刑中の宇都宮刑務所栃木支所において縊死した。

ふみ子の訊問調書を見ると、死への決意かたいことが明らかであるが、「共に生きて共に死にましょう」と、心に誓った朴烈が生きて敗戦の年の十月出獄しているのに、孤りくびれて死んだふみ子。自殺を図った小学生のとき、虐待に負けて死んでしまっては、専制権力を体現している祖母たちによって、その死もまた辱しめられることを悟り、権力性を持つ者への復讐を拠り所に生きることへ立ち戻ったふみ子である。訊問調書においても、手記においても、自己をきっぱりと主張して譲らない彼女が、一言の書き置きもなく沈黙のまま縊死してしまったことはなぜなのだろうか。残されているふみ子の獄中歌数百余首の中には、詠んだ時期は明らかではないが、次のような歌がある。

指に絡む名もなき小草つと引けばかすかに泣きぬ『われ生きたし』と

（『日本人の自伝6』四九一頁）

私が金子文子の存在と思想に着目するのは彼女が自らの悲惨な体験を踏まえて、天皇制の本質と問題というものを、あの時代に実に明確に把握していたことにあります。彼女は訊問調書の中で次のように申します。

「私はかねて人間の平等ということを深く考えております。人間は人間として平等であらねばなりません。そこには馬鹿もなければ、利口もない。強者もなければ、弱者もない。地上における自然的存在たる人間の価値からいえば、すべての人間は完全に平等であり、したがってすべての人間は、人間であるという、ただ一つの資格によって人間としての生活の権利を完全に、かつ平等に享受すべき筈のものであると信じております」（金子文子・第一二回尋問調書）

天皇との距離の遠近で、人間の価値が決められていった大日本帝国憲法下の日本の国体のあり方と対極にある思想であります。そして彼女は「私は私自身であらねばならない」と言うのです。明確な独立した個人の自覚と主張です。そして彼女は天皇や皇族は、「政治の実権者が民衆を欺くためにやっている傀儡である」と見抜いています。このような彼女の見識と思想は、家制度を核とした天皇制国家が、富国強兵を目指して歩んだ日本近代の姿ときっぱりと対峙するものでありました。そしてこのような見識と思想は、民族や国家を超越した神のみを神とし、罪人、取税人を友とされたイエスを「わが主」と仰ぐキリスト者も持ちえた見識と思想であったはずですが、残念ながら少数の例外を除いてはそうはなりませんでした。キリスト教は天皇制となすべからざる妥協をしました。なぜそうなったか、それは信仰に誠実たろうとするより、キリスト教という宗教として、天皇制国家の枠組みの中で生き延びることを優先したからであると私は思います。世界一の赤字国債を減らすため、消費税の増税が最重要課題として話し合われ、生活保護受給者が二〇〇八万人を超え、非正規労働者が三〇数パーセント、特に女性の半分以上が非正規労働者であるというこのような時に、そんな現状とはまるで無関係のごとく、女性皇族、女性宮家を増やす話が当然のように話し合われる不思議、多くの在日韓国・朝鮮人の子弟もいるのに、そういうことへの配慮などまるでなく、「天皇の御代がいついつまでも続くように」という歌を、学校教育の場で強制する（国旗国歌法が国会で決められたとき、小渕首相は教育への押しつけはしないと明言していたはずなのに）。この歴史感覚と人権感覚の欠如！このような動きの背景には、金子文子が見抜いたように、政治や経済の実権を握る者達による天皇制の利用の策謀があることでしょう。誰の言葉であったでしょうか。ナショナリズムは、しばしば卑怯な弱者が、最後に逃げ込む隠れ場であるという言葉があったように思います。様々な所で力を持ち始めてきた右翼的な動きを見て、これは今も真実を突いた言葉であると感じています。日々のニュースや教育までもが何が真実かではなく、国益の追求などというものを最優先にする傾向が強くなってきつつある危険を感じています。

二月二十六日はＮＨＫのＥＴＶ特集で「花を奉る・石牟礼道子の世界」という番組を見て様々なことを考えさせられました。石牟礼さんはむろんクリスチャンではありません。彼女の内にあるものは、日本の土着の自然と民衆の中に深く根ざした土俗信仰的なものであるように思われます。そしてそれは何かまとまった何々教という宗教の形を取るものではない。

日本の宗教は、伝統的なものも新興宗教もそのほとんどが私の見るところでは、皇室を尊び、天皇制を支持する姿勢を取り、そうすることで、富国強兵という近代の歩みを支える保守の役割を社会の中で果たしてきたように思います。信仰共同体が「宗教」となり、教義や教団を形成するようになりますと、それらの維持と拡大のために世俗の権力と癒着しやすくなります。ここに宗教が保守的になりやすい基本的な理由があると言えるでしょう。日本の場合は天皇制と結びついてきたわけです。しかし石牟礼さんの信仰の世界は、そうした日本近代の歩みと明確に相対峙するものであり、その意味では金子文子と同じ戦列に立つものであり、また田中正造の戦いと重なるものであると言えるでありましょう。

石牟礼さんの「苦海浄土」という言葉を見て、私の脳裏に浮かんだ言葉は、田中正造の「辛酸佳境に入る」という言葉です。日本近代の富国強兵政策を担うエネルギー供給源として、足尾銅山は二十世紀初頭には日本の銅産出量の四分の一を担うに至りました。他方、熊本水俣病は、チッソ水俣工場が日本の高度経済成長を支えた有機化学工業の原料であるアセトアルデヒドの生産のために触媒として用いた硫酸水銀（無機水銀）から発生したメチル水銀（有機水銀）を含んだ廃液のたれ流しによって起こった公害病であり、一九五九年には熊本大学水俣病研究班が、原因物質を有機水銀だとする発表を行ったにもかかわらず、水俣工場でのアセトアルデヒド生産が停止されたのは一九六八年でありました。そこには弱者の生命や人権よりも経済成長優先の姿勢が根底にあったことは、はっきりしているのであり、それは今の原発の問題ともつながっていることでありましょう。下請企業のもとで、被爆の危険に晒されながら働く原発労働者や、海外のウラン鉱山で働く鉱山労働者の現実は、そのことを明確に告げています。今も続く水俣病の悲惨、患者さんたちの苦悩、それらに深く関わりながら、石牟礼さんは「苦海浄土」と言われる。あるいはまた渡良瀬川流域の鉱毒被害の惨状、鉱毒沈殿用の渡良瀬遊水地建設のために強制廃村された谷中村。その廃村前の谷中村に入って戦った田中正造は「辛酸佳境に入る」と言う。これはどういうことでしょうか。田中正造は一九〇四年（明治三七年）六四歳で谷中村に入り、彼はそこで彼の「谷中の苦学」と呼んだ自己変革の戦いをしていくのでした。それは谷中のただ人（高田仙次郎など）の中にキリストの姿を見、彼らに支えられている己の発見でありました。一九七三年十二月のクリスマス講演会で「辛酸佳境に入る」という演題で、犬養光博牧師が田中正造の話をされました。その中で次のように述べておられます。

「田中正造が自己改革を成しとげ得た一つの背景は、この谷中のただ人との出会いであったことはまちがいない。
　谷中の人を救わなければならないと考えていた田中正造が、実は谷中の人々によって支えられている自分を発見するのである。これが田中正造の谷中の苦学の意味であった」

しかし後に犬養牧師は、これに付け加えてこんなことを言っておられます。

クリスマス講演をした当時の僕の心にあったのは、谷中のただ人の中にさえ〝神様〟を見出し得た田中正造の人間の低さに対する感動であった。高ぶる心にはただ人から学ぶことは出来ない。正造は谷中の苦学を通して低くされていったと考えていた。しかし最近になって長清子さんの「民芸美の発見と柳宗悦—無銘の李朝陶磁器に触発されて……」を読んで、正造の低さだけではないことをしらされた。

柳宗悦は無銘の凡夫が作った陶器の美に感動して次のような認識へと導かれる。「凡夫が心を無にして働く時、そこに絶対を受けとめる。凡夫が『義』を去って、即ち、無心で自己を空しゅうして、謙虚な奉仕の心をもって手をうごかす時、他力道によってすぐれて美しいもの、健康なものが生み出される」

高田氏を始めとする谷中で田中正造が出会った数人は、正造が心を低くされて価値を見出したというより、正造をして価値を見出さざるをえない者としてそこに在ったのではなかろうか。

この高田氏のような人々との出会い、それを通しての自己変革、それが田中正造が「辛酸佳境に入る」という言葉に込めた消息の一つではないかと思うのです。

石牟礼さんの「苦海浄土」について考察する時間は、もう残されていません。ただ一点、石牟礼さんの次のような言葉だけ紹介させていただきたいと存じます。

水俣の患者さん、『毎日祈らずには生きていけない。今日を生きていけない。自分たちの魂が生きていけない』って、声をつまらせておっしゃって。「何に対して祈られますか」ってお尋ねしてみると、「人間の罪に対して祈る」とおっしゃるんですよ。「わが身の罪に対して、人間の罪に対して祈ります、毎日」。あの方々ともも苦しいわけですので、一切、心身共に苦悩の中におられますから。壮絶な苦闘をしておられるわけですから。チッソの罪とか政府の罪とか、市民たちがいじわるするから市民たちの罪とかおっしゃらない。人間の罪、わが身の罪に対して祈るということをおっしゃるのは、人間たちの罪を、今自分たちが引き受けていると、お思いになるんでしょう。祈るしかないんですよ。水俣の患者たち。それで治るわけじゃないんですけど、人の分までも祈って。チッソの人たちも助かりますようにと言って祈ってますからね。そうしないと、自分たちも助からないって、チッソの人たちも助からない、と。やっぱり精神の位がちがうという、あの人たちの精神の位が高いというか深いというか、純粋ですね。(「海霊の宮――石牟礼道子の世界」のパンフレットより)

私はここに、キリストの贖罪につながるものがあると思います。キリストの艱難を負うべく召されている人々は、いわゆるキリスト教徒の枠を越えて世界に広がっている。私達は主イエスの十字架の御受難に思いを馳せると共に、今日、人々の罪のあがないの業を担わされ、「キリストの艱難の欠けたるを補う」（コロサイ一・二四）戦いに召されている人々のことに思いを馳せ、祈りを熱くする者でありたい。

そして私達もまた小さな小さな自分の十字架を負ってその戦いの後に続く者であらせたまえと祈る者でありたいと思います。

一言祈ります。

御在天の父なる神様、「キリストの艱難の欠けたるを補う」ということで、少しくお話をさせていただきました。どうか格差がますます開き、様々な矛盾が世界的規模において大きくなっていくようなこの時代にありまして、どうか「荒野を視る眼」を私共に与え、あなたの御心がどこにあるかに思いを馳せて私共が各々の小さな歩みをなしていくことが出来るように、あなたの導きをお与えください。小さな一言の祈り、主の御名によって祈ります。アーメン。

（『関西合同聖書集会・会報』第一二七号、二〇一二年九月）

闇の勢力を見据えて

これは二〇一三年十月十三日、渋谷集会で話したものに加筆したものです。

シロのわたしの聖所に行ってみよ。かつてわたしはそこにわたしの名を置いたが、わが民イスラエルの悪のゆえに、わたしがそれをどのようにしたかを見るがよい。今や、お前たちがこれらのことをしたから――と主は言われる――そしてわたしが先に繰り返し語ったのに、その言葉に従わず、呼びかけたのに答えなかったから、わたしの名によって呼ばれ、お前たちが依り頼んでいるこの神殿に、そしてお前たちと先祖に与えたこの所に対して、わたしはシロにしたようにする。わたしは、お前たちの兄弟である、エフライムの子孫をすべて投げ捨てたように、お前たちをわたしの前から投げ捨てる」（エレミヤ書七・一二―一五）

お早うございます。

本日は一二節からです。早速見ていくことにします。

シロのわたしの聖所に行ってみよ。かつてわたしはそこにわたしの名を置いたが、わが民イスラエルの悪のゆえに、わたしがそれをどのようにしたかを見るがよい。
（七・一二）

シロは、北イスラエルの中心部族であったエフライムの山地の町で、かつてここにヤハウェの神殿があり、「神の箱」（契約の箱、十戒を記した石板が納められていた）が置かれていた所でしたが、ペリシテ人の襲撃で、町は火で焼かれ、神の箱も奪われました（サムエル記上四章）。しかしそのようにしたのはペリシテ人の神ではなく、イスラエルの神ヤハウェ御自身だというのです。では、なぜヤハウェはそんなことをされたのか、それは実際の行いにおいて、彼らが律法を踏みにじっていたからだ、というのです。神殿ですから、様々な宗教儀式は盛んになされていたでしょうけれど、ヤハウェとイスラエルとの契約への真実は、踏みにじられていた。そしてヤハウェは、ユダの人々に、次のように述べます。

今や、お前たちがこれらのことをしたから――と主は言われる――そしてわたしが先に繰り返し語ったのに、その言葉に従わず、呼びかけたのに答えなかったから、
（七・一三）

「これらのこと……」とは、むろん律法（人道的律法）をその行動において踏みにじっているということです。他方では「主の神殿、主の神殿、主の神殿」と呪文のように唱える宗教祭儀には、きわめて熱心であるのに。間違ってはならないのはこれは宗教祭儀そのものが否定されているのではなく、それが律法の行いと結びついていない、バラバラであることが問題にされているのです。それも立派な行いをしていないと言っているのではなく、悪事を働いている、それでいながら宗教熱心である、神へのその不真実を、エレミヤは厳しく問題にしているのです。

盗み、殺し、姦淫し、偽って誓い、バアルに香をたき、知ることのなかった異教の神々に従いながら、わたしの名によって呼ばれるこの神殿に来てわたしの前に立ち、『救われた』と言うのか。お前たちはあらゆる忌むべきことをしているではないか。

（七・九―一〇）

民のこの不真実に対して次のように言われる。

わたしの名によって呼ばれ、お前たちが依り頼んでいるこの神殿に、そしてお前たちと先祖に与えたこの所に対して、わたしはシロにしたようにする。（七・一四）

エルサレムはシロのようになる。それは他ならぬ神ヤハウェの審きである。

わたしは、お前たちの兄弟である、エフライムの子孫をすべて投げ捨てたように、お前たちをわたしの前から投げ捨てる。（七・一五）

「エフライムの子孫をすべて投げ捨てた」とは、北イスラエル王国の滅亡を指しているのでしょう。北イスラエルは、しばしば、その代表部族であるエフライムの名で呼ばれていますから。神ヤハウェはユダの民に対して、「お前たちをわたしの前から投げ捨てる」と言われる。しかしその前に、神と民との契約である律法を踏みにじるという仕方で、ユダの民が神ヤハウェを捨てていたという事実があることを、私達は見逃すわけにはいきません。しかし「主の神殿、主の神殿、主の神殿」と熱心に唱えていたユダの民には「神ヤハウェ」を捨てているなどという意識はまるでなかったでありましょう。だからこのような預言をしたエレミヤを、ユダの民はつかまえて処刑にしようとしたのでした。このエレミヤの預言を、ユダの民が「彼が言っていたのはまことのヤハウェの言葉であった」と悟るのは、シロのように、いやそれ以上の崩壊をエルサレムが経験して、バビロン捕囚が行われた後でありました。

ではユダの民の眼を曇らせていたものは、いったい何であったか。何が彼らの眼を見えなくさせていたのでしょうか。私は、それは肉のナショナリズムと、神ヤハウェの自己手中化すなわち神ヤハウェの偶像化だと思います。エルサレム神殿の崩壊とバビロン捕囚は、神ヤハウェの、ユダの民による偶像化への峻厳なる拒否である、そう言えると思います。肉（生まれながらの自己中心的な自己の在り方）のナショナリズムに捕らわれていたユダの民は、自国の利害と安全保障に捕らわれて、客観的に物を見る眼を失っていたと言えるでしょう。これは後に出てくる、当時の地中海世界の国際情勢についての、エレミヤと、ユダの王や民との意見の相違からも、容易に窺い知ることが出来ます。肉のナショナリズムと真の愛国とは違うのです。真の愛国は、エレミヤのように、神にあって国を愛することであって、そこから、肉の利害感情に捕らわれない、より広やかで客観的な眼で、祖国を見る視点が与えられるのであります。

先の日本がした戦争について、「侵略戦争についての学問的定義は、まだ定まっていない」（お金に釣られ、権力にしっぽを振る御用学者は、いつの時代にもごまんといます）などと述べて、あれが侵略戦争であったことを認めるのを避けようとした安倍首相は、アジア諸国やアメリカからも批判をされるや、そんなことは国際的に通用しない言い分であることに気づき、今度は「私は侵略戦争でなかったとは言っていない」などと言い訳めいたことを述べてごまかそうとしている姿は見苦しい限りです。しかし安倍政権の背後にいる右派勢力は、同じようなことをいくつも重ねていることは、みな様ご存知の通りです。

例えば朝日新聞（二〇一三年六月七日）の上丸洋一氏は、「従軍慰安婦――強制連行はなかったのか」との見出しのもとに次のように記しています。

九三年八月の河野洋平官房長官談話は、甘言、強圧による慰安婦集めに官憲が直接加担したこともあったと認め、「お詫びと反省」を述べた。

ところが、官房副長官としてこの談話にかかわった石原信雄氏がのちに「政府の調査では、政府や軍が直接女性たちを強制的に集めたと裏付ける直接的な証拠はなかった」と語る。これを取り上げて、「強制連行の証拠はない（だから問題ない）」との主張が一部で繰り返されてきた。

ただし、朝日新聞のインタビューでは、石原氏の発言はこう続く。

「しかし、証言を直接聞くと、明らかに意に反して慰安婦になった人たちがいると認めざるを得なくなった」（二〇〇七年三月二五日付本紙）

そもそも文書の不在は、そのまま事実の不在を意味しない。韓国、中国などの元慰安婦が起こした一〇件の訴訟で、日本の裁判所はこれまで三一人について、本人の証言にもとづき、日本兵らによって拉致、強制連行された事実を認めた（坪川宏子・大森典子『司法が認定した日本軍『慰安婦』』）。現実の被害者ははるかに多かっただろう。

石原発言の一部分だけを取り上げ、自分達の都合のよいように言い立てる。この虚偽の姿勢は、右翼勢力の人々には一貫して見られるように思います。「文書の不在」などと言いますが、敗戦時、皇軍は自分たちに都合の悪い文書を焼き捨てたこと、しかも何日もかけて焼き捨てたことは、それに狩り出された元兵士の数多くの証言で明らかであり、右翼勢力の人々も知らないはずはないのに、それらを意図的に無視して、『強制連行はなかった」などと言う。そんな言い分が国際的に通用しないことは言うまでもないことです。ですから、国外に向けてではなく、国内に向けて、権力を用いて、自分達の思いを通そうとする。

朝日新聞（二〇一三年六月十一日）の「声」の欄に、次のような投書もありました。

教科書会社に圧力とは驚く

主婦　小林恵子（東京都東村山市　五七）

「自民、教科書会社を聴取」（五月三〇日教育面）の見出しを見てびっくりした。内容を読み、さらに驚くというより恐ろしさを感じた。

教科書を出版する三つの出版社の社長や編集責任者らに対して、自民党国会議員は約四五人もいた。自民側は「圧力をかける考えはない」と言うが、こういう場そのものもそうだし、人数だけを考えてもこれは立派に「圧力」ではないか。

議員から出た質問のほとんどが社会科での、戦争や領土に関する記述についてだったという。「自虐史観」を問題視しているが、大切なのは、良いことも良くないことも、過去にあったことをできるだけ客観的に多角的に学ぶことだ。教科書は、国や民間の多くの人が関わり、内容が偏らないように作られている。そこに一政党の歴史観を押しつけるのは間違っている。これでは教育の中立性が保てない。

彼らが憲法を変えたいという理由のひとつに、やはり言論を規制したいという思いがあるのだと感じた。出版社側には、こうした政権側の「圧力」に屈することなく、ぜひ言論の自由を守ってほしい。

さらにはこんなこともあります。六月二十八日の朝日の記事ですが、

中部地方の男性は昨年一〇月、投書が紙面に掲載された。安倍晋三・自民党総裁の改憲姿勢に疑問を呈する内容だった。数日後の午前三時すぎに自宅に電話があり、無言がしばらく続いた後、男の声で「売国奴」とののしられたという。住所と電話番号がブログに掲載されたことをあとで知った。

憲法九条を守りたいという趣旨の投書が掲載された男性の自宅には、まもなく、男の声で投書をとがめる内容の電話があった。「お前の家はわかっているぞ」とも言われた。ブログや掲示板に載せられた住所や電話番号は、ネットの電話帳などを使って調べたとみられる。

また七月四日の朝日には次のような投書も載せられていました。

言論封殺　卑劣な行為を憂う

無職　中原昇一郎（京都府城陽市　七七）

声欄に以前から投稿を続けてきたが、嫌がらせの電話を受けたことがある。一九九五年一一月の私の投稿「教職課程では歴史を必修に」。朝鮮半島での過去の植民地支配について、日本の閣僚が偏った発言をしたことに対する疑念を述べ、歴史教育の大切さを訴えた。その日の深夜から、自宅に無言電話が繰り返しかかってきた。

高齢の母ら家族に迷惑が及ぶのを恐れ、夜は受信音が漏れないよう電話機に布団をかぶせ、私は子機を持って別室で寝た。相手が意見を言うなら応じるつもりだったが、無言を通されれば対処のしようがない。無言電話は毎夜、三〇分ほどの間隔で数回繰り返され、二週間続いた。以後、電話帳に電話番号や住所の掲載をしないようにしたら無言電話はなくなった。

私達は安倍政権の背後に、こうした卑劣な闇の勢力の暗躍のあることも、見据えておかなければならないと存じます。

エレミヤが戦わねばならなかったのは、肉のナショナリズムであり、その戦いの継承は、私達にも課せられていることだと言わねばなりません。

ヤハウェの偶像化に対する戦いについては前回、十戒の第一戒に立つことによってエレミヤは戦ったのであり、それはバルトがナチスと戦ったのと同じであると申しました。これはまた、信仰を個人の内面の事柄に限定してとらえ、社会や政治のこととは切り離して考える二元論的福音理解との戦いにもなることを、ここでしかと踏まえておきたいと思います。神の御前においては、個人であれ、国家であれ、罪は罪なのであって、悔い改めを求められることに変わりはありません。他国の悪事をあげつらって、何も日本だけが悪かったわけではないなどと開き直るのは、およそ神の御前に立つことの厳粛さを、まるで知らない者の言い草であります。

エレミヤが、固く律法（殊に人道的律法）に立って、同胞を批判したのは、未だ旧約的であって、信仰義認の立場とは、相容れないとお考えになられるでしょうか。もしそうお考えになられるとしたら、パウロの信仰義認ということを、誤解しておられるのだと思います。なぜなら信仰に基づく愛こそは「律法を全うする」（ロマ一三・一〇）というのが、パウロの主張であったからです。パウロが戦った律法主義とは、神の律法を己が手中に取り込み、それを偶像化することによって、自己義認を図ろうとする姿勢であり、それは、「主の神殿、主の神殿、主の神殿」という言葉を呪術化することで、己が手中に取り込み、自己の安全保障を確保しようとした姿勢と共通するものであると言ってよいでしょう。この点においても、パウロとエレミヤは、同質の信仰の戦いをしていたと言えると思います。

自民党の改憲草案は、天皇を元首とすることで、実質的に天皇の偶像化を図るものであると言ってよいでしょう。

かって神格化された天皇の権威をかさに着て、権力を持つ者が好き勝手な横暴を振る舞ったことのアレコレを思い出さずにおれません。改憲されれば、同じようなことがきっと起こってくるだろうと思います。そして今でさえ、「声」の欄への投書者に、夜中に無言電話をかけたり、「売国奴」とどなったりする人々が、自民党草案への改憲後には、公権力の後ろ盾を得る中で、どのような卑劣な振る舞いを、密かに、あるいは大っぴらにするようになるのか、私達は、この闇の勢力の動きをしかと見据えていかねばなりません。権力を握った者は、こうした自分達の動きを隠すべく、国民の目を他にそらす工夫を大々的にしていくことでしょう。スポーツでの勝ち負けは、そのための格好の材料であり、こうした仕掛けは、もうすでに現在進行中であるように私は感じています。

権力が利用するのは、スポーツだけではありません。かつて天皇制権力が大いに利用したのは音楽、歌でありました。歌を通して、「お国のために」身も心も捧げる国民を養成したのでありました。例えばみな様よく御存知の歌ですが、そこにその四番の歌詞を掲げておきます。

千島の奥も　沖縄も
八洲の内の　護りなり
至らん國に　勲（いさお）しく

努めよ我が背　恙（つつが）なく

歌詞を見るとお分かりのように、これは国防の歌です。これを卒業式のたびに生徒達に歌わせて国防意識を育んだわけです。これは曲も一番の歌詞もみな様全員がご存知のこの歌です。（ハーモニカで「蛍の光」を演奏）

南原繁先生は一九四六年三月、まだ敗戦後半年あまりの時期に、「戦没学徒を弔う」と題する切々たる一文を発表されましたが、その中で、先生は次のように書かれました。

諸君は武人たると同時に学徒であった。諸君はいたずらに独断狂信的な「必勝の信念」をもって闘ったのではない。戦いと決したる以上「勝たざるべからず」との決意をこそすれ、諸君は何よりも正義と真理の勝利を乞い願ったはずである。しかるに不幸にして真理と正義はわれらの上にはなく、米英の上にとどまった。それはただに「戦いに勝った者が正義」というのではなく、世界歴史における厳然たる「理性の審判」であり、われらともに敗残の悲痛のなかから厳かにその宣告を受け取らなければならない。……

憶えば、諸君のうちには、いよいよ戦地に出発するといって、倉皇の時の間をわれわれの許を訪ねてくれたのも永遠の別離であった。また諸君が陣中より切々の純情を綴って送ってくれた書簡に、われら幾たび涙したか知れない。まことに諸君はおよそ学園とはかけ離れた厳しき軍律の世界に身を置き、ことに遠く故国を離れた戦地に在って、一しお大学を恋い、学問を思い、かかる師をさえ師として懐かしんでくれた。われらはしばしばその一人々々の名を呼んで天地に訴えたい衝動をどうすることもできぬ。ましてや、諸君を生み、これまで育て、家庭相団欒した諸君の父母兄妹の心を思えば、今次の戦争が無名の師であっただけに、人間として同胞として、うたた痛嘆と同情に堪えぬものがある。

しかし、かくのごときはこの戦争において、わが民族の献げねばならなかった犠牲――国民的罪過に対する贖罪の犠牲にほかならない。

（南原繁『文化と国家』東京大学出版会、一八―二一頁）


矢内原忠雄先生も、戦後、講演の中で、繰り返し、敗戦を神の審きとして受け止め、神の御前に悔い改めるところから出発せよ、と言われました。そうでなければ敗戦も、勝ち戦も真の希望にはつながらない、と。私はここにエレミヤの信仰の戦いの継承を見ます。

今年はあの学徒出陣七〇周年であります。一九四三年十月二十一日、降りしきる雨の中、神宮外苑で出陣学徒壮行会が行われたのでした。そのとき歌われた「海行かば」について、新保祐司氏が次のように記しています。


「数年前、NHKの教育テレビで、昭和十八年十月二十一日、雨中の神宮外苑陸上競技場で行われた出陣学徒壮行会の記録映像を見たことがある。最後の方で、会場を埋めた六万五千人の会衆の映像とともにその人々が歌う『海ゆかば』が流れた。その沈痛さは、比類のないもので、歴史の奥にある或る生命といったものに触れたような気がした」（新保祐司『信時潔』構想社、一二一―一二三頁）

「海行かば」は「昭和十二年に日本放送協会が信時潔に委嘱して作曲したもの」（戸ノ下達也、CD「海行かば」の解説、二六頁参照）で、「遺骨の送迎や壮行会その他の集会、儀式、玉砕の放送時などに歌われて、強い印象を残している」（戸ノ下、前掲解説、三一頁参照）とのことで、これは軍歌というより、鎮魂歌として、当時の日本人の心に染み渡ったものでした。出陣学徒壮行会の六万五千人の会衆が歌う「海行かば」です。（その時の「海行かば」のテープを流す）

もう一曲、本日どうしてもみな様に聴いていただきたいと思うのは、一九五三年（昭和二八年）当時の寿屋（今のサントリー）が呼びかけて作られた新国民歌で、みごと一等に当選し、当時はラジオでも流され、レコードも作られた「われら愛す」です。私は姉がよく歌っていたので覚えていたのですが、時を経るにつれ何人もの人に聞いても「知らない」という答えが返ってくるので淋しく思っていました。しかし「君が代」強制の風潮が強まる中、この歌が復活しつつあります。そのきっかけになったのは、朝日歌壇（二〇〇二年三月四日）に載ったこんな短歌からでした。

離任式は最後の授業幻の国歌「われら愛す」説きて歌いつ

この短歌を詠んだのは大阪府堺市の高橋貞雄さんである。高橋さんは大阪府立高校の国語の先生で、二〇〇一（平成一三）年三月に定年退職した。全校生徒の前で離任の挨拶をした際、これが最後の授業になると心に決めた高橋さんは、二年前に覚えた新国民歌「われら愛す」を生徒に解説し、歌って聞かせた（生井弘明『われら愛す』かもがわ出版、一六頁）。

これに対する反響は大きく、その内の一つだけご紹介します。

突然見ず知らずの者からお便り申し上げる失礼をお許し下さい。

昨日調べ物がありまして県立図書館で新聞を閲覧しておりました処、偶然、貴殿の「われら愛したあの新国民歌」のご投稿が目に入り、驚きと喜びで一杯でした。あの歌をご存知の方がおられる、あの歌に愛着をもっていらっしゃる方がおられることを大変嬉しく思い、ご無礼を顧みずペンを取った次第です。

……私はあの歌が作られた頃、中学校に勤務しておりまして、全校生徒に頂いた楽譜で一生懸命歌いました。

貴殿が仰せの様に、〈……この国をわれら愛す　しらぬ火筑紫のうみべみ　すずかる信濃のやまべ……〉に民主化された新生日本の将来に大きな希望を抱いたものでした。今思えば国中が貧しかったあの頃、理想をもって企画を立て公募された作品の審査に一流の先生方をあてられ、あの素晴らしい歌を誕生させた企業に今も敬意を払っております。……本当に、詞、曲共々長く歌い継ぎたい名曲だと思います。（中略）私も時々あの曲の伴奏を弾き乍ら、国全体が若く理想に燃え、ひたむきに頑張ったあの頃をなつかしく思い出しております。

貴殿が文中にお示しになった「離任式は最後の授業……」を感動して拝見しました。本当に有難うございました。（生井、前掲書、二一一頁）

この歌は都立五日市高校では、式歌として一九五八年から一九九五年まで歌われていました。岐阜大学付属中学校では一九五四年から現在まで、様々な折に校歌のようにして歌われてきたとのことです。（テープで聴く）

私達は闇の勢力の動きを見据えつつ、しかし他方こうした動きのあることをも覚えたいと思うのです。そして何よりも私達は「幸いなるかな柔和なる者、汝らが地を嗣ぐ。幸いなるかな義に飢え渇く者、汝らは飽くことを得ん」と言われた主イエスの御言葉に、心の耳を澄まして聴く者でありたい。世がいかになりゆこうとも、神の支配は揺るがない。それを主キリストの生涯が証している。この信仰による望みを胸深く刻んで、この後、賛美歌一六八番を共に唱和したいと思います。

一言祈ります。

（『柿の木坂通信』二〇一三年十月）

キリストが「最後の者」である

これは二〇一三年一月六日の聖天伝道所での主日礼拝で語ったものです。

わたしは、その方を見ると、その足もとに倒れて、死んだようになった。すると、その方は右手をわたしの上に置いて言われた。「恐れるな。私は最初の者にして最後の者、また生きている者である。一度は死んだが、見よ、世々限りなく生きて、死と陰府の鍵を持っている。

（黙示録一・一七―一八）

明けましておめでとうございます。「明けましておめでとうございます」と今、私は申し上げましたが、私は今年ほど危機感をもって迎えた正月はなかったように思います。言うまでもなく、衆院選後に自民党の中でも右寄りの、安倍政権が誕生したからです。当面の最重要課題として、デフレ脱却、経済の活性化を挙げて、二パーセントの物価上昇目標を設定し、金融緩和政策を強める方針を打ち出したことはみな様ご存じの通りです。その結果、今年はどのような年になるか。円安になるわけですから石油やＬＮＧ（液化天然ガス）の値段は上がり、その結果、電気代、ガソリン代は値上がりし、それは諸物価の値上がりを招くことになるでしょう。その分、正規、非正規の労働者の賃金は上がるかと言えば、このグローバル競争の時代に、そんなことにはとてもならないでしょう。「国富めども、民貧し」という言葉がありますが、安倍政権によって確実に経済格差はいっそう広がることになるでしょう。

経済学者の森永卓郎氏が、ＮＨＫの「ビジネス展望」でこんなふうに言っていました。

〈森永卓郎氏発言要旨〉

労働者の賃金は上がらない。経団連は二〇一三年の春闘に関して、ベースアップについては論外だと言い、定期昇給に関しても厳しく切り込んでいくと言っている。株価は期待で上がっているけれども、実体経済はここ七カ月間ずっと落ちていて、現状の景気は厳しい。そういう状況の中で、給料が上がる可能性は全くないと言っていい。年金についても制度設計上の問題で、現在は本来よりも一割ぐらい高い年金が支払われている。だから物価が上がっても今の制度設計上の問題が解消するまでは、物価スライドしない。企業経営で言うと、物価が上がるということは、仕入れが高くなるということで、その分を製品価格に転化することが難しい中小企業は経営が苦しくなる。ということは景気がよくなっても経営が苦しくなる企業というのがずいぶん出てくるということになる。実際こういうことが起こったのが、小泉構造改革の時代であった。小泉構造改革の時代、株価はほぼ倍になった。景気はよくなった。それもきっかけは金融緩和政策であった。そうした中でその五年間で大企業の役員報酬は二倍になっている。配当金も三倍になっている。経済強者が潤った。しかしサラリーマンに支払われた人件費は下がっていった。この時と全く同じことが起こるのではないか。小泉さんも安倍さんも同じ経済政策のグループに属していて、経済についての考え方は基本的に同じ。経済強者をより強くすることで日本を伸ばすという考え方。では格差が広がっていく中で、それを財政で所得再分配をする方向に行くのかと言えば、そうではないらしい。たとえば生活保護費の削減にどんどん切り込んでいく。高校授業料の無償化にも所得制限を設けていくと言っている。これからインフレ転換していく中で、格差はもっと大きくなって超格差社会へと突入する。

グローバル化の時代を迎え、経済格差の問題は、アメリカでも中国でもインドでも韓国でも大きな問題となっていて、これからの課題は、いかにして公平公正な社会を実現していくかにあると言わなければなりません。そういう時代の要請に安倍政権は真逆の政策を取ろうとしているように思われてなりません。のみならず参院選の結果いかんでは、憲法「改正」が現実のものとなり、今年が歴史の分岐点となる可能性が出てきていると思われます。すでに六年前の安倍政権によって教育基本法がたいした議論になることもなく、教育への国家権力の介入を容易にできるものへと変えられました。そして「日本の伝統の尊重」との名目で、柔道や剣道などの武道が、はなはだ準備不足のまま（特に指導者の）、体育の授業に取り入れられました。現場は大いに混乱しています。特に柔道の練習で幾人もの児童が死んだり、一生の障害を負ったりという例が報告されているにもかかわらず、です。

昨年十二月二十五日、東大の国際政治学者藤原帰一氏が「憲法改正」と題する一文を朝日の夕刊に載せていました。彼はその中で次のように述べています。

6年前に首相を務めた際に、安倍氏は「戦後レジームからの脱却」を唱えていた。……そこでは日本の伝統に基づく憲法の制定が呼びかけられるとともに日中戦争と第2次世界大戦を日本の侵略として捉える見方が自虐史観として厳しく批判されていた。……日本国憲法はもちろん連合国による占領の下で定められた憲法であるが、そこには侵略戦争を行った日本が軍国主義と異なる政治体制を作り上げるという、一種の国際公約としての意味があった。……戦後レジームからの脱却が歴史の見直しを含むのであれば、右傾化と評されても仕方がない。従軍慰安婦に関する河野談話を撤回し、南京大虐殺はなかったと主張し、歴史見直しの流れの中で憲法を改正するならば、中国・韓国ばかりでなく、欧米諸国から日本が厳しく批判されることは避けられないだろう。そのような日本軍国主義の事実上の名誉復活は、第二次世界大戦後の世界の基礎をなしてきた国際社会の基本的合意に背を向ける行動にほかならないからである。

私は日本国民が歴史の見直しを求めて自民党に、あるいは石原慎太郎氏を代表とする維新の会に投票したとは思わない。だが、有権者の意思から離れ、新政権の下で歴史の見直しの一環として新憲法が制定される可能性は現実のものである。……

これほど財政が厳しい中にあって、尖閣諸島や竹島などの領土問題や北朝鮮のミサイル発射をエサにあちらからもこちらからも軍備増強の声が公然と上げられています。尖閣諸島問題では、オーストラリアのABCニュースが、「日中で領有権が争われている地域」と言っていましたが、周恩来や鄧小平の棚上げ発言に言及するまでもなく、そこに領有権問題があることは明らかであって、「歴史的にも法的にも、そもそも領有権問題など存在しない」という日本政府の立場は、はなはだ一方的だと言わざるをえません。しかるにマスコミがこぞって政府の立場をそのまま代弁するように「日本の領空、領海、領土」という言い方を使用しているのは、はなはだ大政翼賛的だと言わねばなりません。マスコミや教育までもが政府の立場に迎合的になることは自らの使命をないがしろにするものと言わねばなりません。

（元日のNHKテレビ「2013年・激変する世界・日本はどう向き合うか」という番

組で、尖閣問題で「棚上げ論」に言及した孫崎亨氏に対し、岡本行夫氏が、「日本はそれに正式に同意した事実はない」と反論していました。しかし同意の意志がないなら、そう言われたとき、どうしてすぐに「日本としてはそのつもりはない」と言わずに黙っていたのでしょうか。それに、棚上げ論を鄧小平が述べたとき、それは今の日本の実行支配を黙認すると言っているに等しいことでしたから、当時の園田外相は「人が見ていなければ鄧さんに〝有り難う〟と言いたいところでした」との感想を述べています。［孫崎亨『日本の国境問題』ちくま新書、一七八頁］）

日本政府は竹島問題については、国際司法裁判所に提訴し、韓国が自分の立場に自信があるなら裁判に応じるべきではないかと言っています。それなら尖閣問題も、「そもそも領有権問題など存在しない」などと言わずに、堂々と国際司法裁判所に提訴したらいいではないですか。（自分の都合でこのように態度を変えるのは御都合主義もいいところだと言わねばならないでしょう。）それにこの番組の出席者に共通していたものとして、日本の戦争による加害責任の意識の低さを私は感じざるをえませんでした。

尖閣問題について、私がまだ砧にいたころ、共にイザヤ書（第三イザヤ・五六―六六章、紀元前四四五―四〇〇年）の学びをしていた畏友千葉真さんが、信濃毎日（二〇一二年十一月二十八日朝刊）に、次のような提案を書いていたので、ご紹介させていただきたいと存じます。

〈三つのシナリオ〉

今、日本の政府と市民社会には①対立と緊張を抱え込んだ状態にとどまる。②1972年以降の「棚上げ」路線に戻る。③日中、日台の対話や、可能なら日中台合同の対話による紛争解決・平和構築を推進する――の三つの選択肢がありえる。ここまで紛糾した事態を放置する①のシナリオは危険であるし、「棚上げ」路線に戻る②は実際には不可能だろう。

それではどうすべきか。残るは③しかない。つまり、現在起きている紛糾の収拾に外交を通じて地道に取り組み、より深く踏み込んで和解と平和構築に邁進すべきである。今日の内政や国際関係では、紛争解決と平和構築を一緒に行う大局的アプローチがとられてきている。南アフリカや東ティモールなどでは、有識者らによる「真実和解委員会」が設立され、人種隔離政策廃絶、民族紛争の解決、和解、人権回復などを実現している。

日本政府は、竹島と尖閣諸島に関して「領土問題は存在しない」という路線を廃棄すべきだ。そして、日清戦争、日韓併合、満州事変、日中戦争と続いた半世紀にわたる植民地主義の負の系譜を自覚しつつ、不十分なものにとどまった戦争責任の再履行という前提のもとに、自己抑制の効いた外交的平和構築に着手すべきである。

具体的には東アジア非核・非武装地帯の宣言と制度化、尖閣諸島の日中台による共同管理（漁業権の相互承認）、共同開発（天然ガスと石油）、排他的経済水域の共同規制水域化を模索すべきであろう。

私はこの千葉さんの考えに全面的に賛成です。

安倍政権の成立を見て、私は戦後民主主義の原点を心に刻んでおきたいとの思いをもって、今、南原繁の戦後講演を収録した『文化と国家』を読んでいるのですが、敗戦後わずかに一年半の一九四七年二月十一日に「民族の再生――紀元節における演述」と題する講演で、先生は次のように述べておられます。

日本の史家は歴史的事実の取扱いに際して、何よりも必要な批判的客観性を持たなかった。過去の歴史的経験のなかから強いても理想をひき出すことが企てられ、ここに歴史的現実を理想化することがあえて行われたのであった。それがために、過去の事実に対する人為的な改作が加えられ、歴史的事実を歪曲し、あるいは時に捏造することが起こったのである。その際もっとも悪いことは、神話と民族的宗教が絶対に支持せられ、古い出来事は宗教的神聖にまで高められたことである。ここに誇張し作為せられた歴史が国定版として出現し、国民はさように教え込まれ、盲信し来ったのである。……

自己を永遠の神的生命に連なるものと解する人が、真に自己の自由を信ずるとともに、他人の自由を尊重する。それが人間共同生活の永遠の基礎をなすものである。歴史はかような人間自由の精神の創造である。だが、それは闘争なくして行われるものではない。なぜならば、人間は同時に精神と理性を束縛する外的必然の世界に生きる者であり、これにくわうるに、自己自らのうちに真理に抗する虚偽を、善に逆らう悪の衝動と本能を曳きずっているから。それはわれわれ自身の裡なる戦いであるとともに、人類歴史における闘争である。そこに歴史的非合理性の根拠があり、人類歴史の悲劇的性格があるのである。

しかし、歴史はかような悲劇の単なる繰り返しと、そしてついに隠れた不思議な暗黒の力の勝利に終るものではない。それを通して人間自由の精神による新しいものの創造——もって時間を貫き永遠的なものを形成してゆく作用である。かかる精神の自由を信じ、この自由によって不断の努力を続ける時に、言葉の正しい意味において歴史の「進歩」は可能となるであろう。かような人間の自由と無限の進歩を信ずるか、少くともそれを予想し、拒否することのない者によって、初めて歴史を創造し、自己の運命を切り開くことができるであろう。(南原繁『文化と国家』七四—七七頁)

南原先生は、歴史は「悲劇の単なる繰り返しと……暗黒の力の勝利に終るものではない」と言われ、「人間自由の精神による……永遠的なものを形成してゆく作用である」と言われます。歴史に対してそのように言いうる根拠は何であるか。そのような理想を保障するものは何かと問われるならば、一キリスト者として先生は自らの信仰を表白されるでありましょう。先生の理想主義は信仰の裏づけを伴ったものでありました。

聖書は人間の罪という問題を鋭く見詰めますから、ただ人間の努力の延長線上にユートピアの到来を夢想することはしません。むしろ歴史の終末を説きます。にもかかわらずその人間の歴史に光を見出しうるのは天来の力の介入を信ずる信仰においてのみ可能となることだと存じます。

ところで本日はテキストとして、私はヨハネ黙示録の一章一七―一八節を選びました。黙示録は九〇年代半ば、ドミティアヌス帝の迫害下に成立した代表的な黙示文学の一つです。ほぼ同時期に成立したと考えられているものに、ヨハネ福音書があります。その最初に「初めに言があった。言は神と共にあった。言は神であった」（一・一）、「万物は言によって成った」（一・三）とあり、そしてこの「言」が受肉したものが神の了キリストであったという所から、先在のキリストという教理が基礎づけられます。しかし私は、先在していたのは「言」（神の意志）であって、イエス・キリストは、その神の意志を、わが意志として生きられた方だという信仰が「言は肉となって私たちに宿られた」（一・一四）という御言葉によって示されているのだと思います。しかし本日の黙示録のテキストでは、「私は最初の者」とあり、先在のキリストへの信仰が表明されていると見ることが出来ます。しかし、ここでキリストの言葉として言われている中心は、「最初の者」という点よりも「最後の者」という点に重点があることは、次の一八節の言葉を見ても明らかであると思います。

一度は死んだが、見よ、世々限りなく生きて、死と陰府の鍵を持っている。

（一・一八）

ローマ帝国の迫害下に置かれた信徒達にとって十字架刑の死からよみがえられたイエス・キリストが「死と陰府の鍵を持って」私の最後の者となって下さるというのは、なんと慰めに満ちたことでしょうか。

私達が失敗し、挫折し、人々から見離されたと感じざるをえないような時にも、私達に「最後の言葉」を語られるのは人々ではなく、また私達自身でもなく、私達の罪の贖い主なるキリスト・イエスである。それを見失わないでいたいと思うのです。また反対に自分が成功し、人々から褒めそやされたりしても、最後の言葉は、キリスト・イエスが語られるのだということを忘れまいと思うのです。

さらにまた、私達が死の床につく時にも、私達はこの世的な成功不成功や、自らの業績や人とのつながりが、私達の最後の拠り所ではなく、主キリストの憐れみと慰めこそが最後のものである、そのことを覚えたいと思うのです。

ヒトラー暗殺計画に関与したとのかどで、フロッセンビュルクの強制収容所に入れられ、ドイツ降伏のわずか一カ月前に三九歳という若さで処刑されたディートリッヒ・ボンヘッファーが、獄中書簡の中で次のように記しています。

昨日ここで誰かが、過ぎ去った歳月は自分にとってはすべて失われた歳月であったと話しているのを耳にした。僕はそんな気持を片時も抱いたことがないのを、非常に嬉しく思っている。……たとえ僕の現在の状況が僕の生涯の終りになっても、そこには一つの意味があるし、それは僕がよく理解できるものだと信じている。別な面から見れば、すべては、平和と一つの新しい課題とが待っている新しい出発のための根本的な準備だからだ。……（『抵抗と信従』新教出版社、一八二頁）

神が成就し給うのは、僕たちのあらゆる希望ではなくて、神御自身のあらゆる約束である。（前掲書、二七八頁）

「神が成就し給うのは、僕たちのあらゆる希望ではなくて、神御自身のあらゆる約束である」とボンヘッファーは申します。例えば主イエスは「幸いなるかな柔和なるもの、その人が地を嗣ぐ」と言われました。この世の権力や富を握っている者ではなく、「踏みつけられてじっと我慢している人たち」（塚本虎二訳『福音書』岩波文庫、七七頁）が地を嗣ぐ、と。ナチスの暴虐が支配している現実にあって、ボンヘッファーを絶望から救っていたものは、この信仰による希望でありました。だとすれば、私達もこの地上の現実に対して根拠なき楽観論に与することなく、またいたずらな悲観論に振り回されることなく、冷静に世の現実と時代と自己とを見詰めつつ、より良き世界を目指す小さな努力を放棄しない者でありたい。そう促されているということでありましょう。

ルターでしたでしょうか、「もし明日全世界が滅ぶとしても、私は今日リンゴの木を植える」という言葉がありました。

キリストが最後の者でいて下さる。その光のもとで、すなわち永遠の光のもとで全てを見る目を持ち続ける者でありたい。そして今年、どんなことが起こってきたとしても、私達も小さい者なりに「リンゴの木を一つ植える」者でありたいと願います。

一言祈ります。

（『教会と国家学会会報』第一四号、二〇一三年六月）

偶像化との戦い

これは二〇一三年五月十二日、渋谷集会で話したものに加筆したものです。

第一コリント書一五章三—八節

お早うございます。

本日は三月三十一日に聖天伝道所のイースター礼拝で話したものを中心にお話させていただきたいと思っております。

ところでレント（受難節）ですが、クリスマスやイースターを祝わない教会はないと思いますが、レントを意識的に守っている教会というのは、プロテスタント教会では少なくなってきているのではないかと思います。教会暦に関心の薄い無教会では、なおさらではないかと推測します。高橋三郎先生は「受難節の黙想」と題する深い霊感に満ちた文章を書かれ、受難節より内村鑑三記念の方に、圧倒的に関心の重点が置かれている無教会のあり方を批判されたことを私は覚えております。レントを抜きにしては、聖書が告げるイースターのメッセージを正しく受け止めることは出来ないのだと思います。
私がレントのお話をした三月十日は三・一一の前日ということもあり、私は最初に次のように述べました。

レントにおいて私達は、主イエスの御受難を偲ぶと共に、明日で東日本大震災二周年の記念日を迎えるわけで、亡くなられた方々、行方不明者、関連死された方々など二万一千名近くの犠牲者の人々のことも覚えての礼拝としたく存じます。私達はこれらの方々を、キリストにおいて、キリストの受難と復活においてこそ覚える者でありたい、そのように思っております。そこにおいてこそ、犠牲となられた方々の死が、キリストの死に重ねられ無駄死ににならないものとなると信ずるからです。そして東日本大震災の被害というだけではなくて、その約一年前の二〇一〇年一月には、ハイチでマグニチュード七の大地震が起き、こちらでは実に二〇〇万人以上の人々が亡くなられ三〇〇万人以上の人々が被災されました。全人口が九九〇万人足らずの国でのこの人数の被害ですから、その深刻さは大変なものであろうと想像されます。このハイチの人々のことも心に覚えたいと思うのです。そしてハイチへの献金を続けたいと思います。

さてレントは、言うまでもなく主イエスの御受難を偲び、自らも克己、悔い改めに励む時とされていますが、しかしそれは決して、苦難そのものの栄光化というもののであってはならないのであって、どこまでも、人々の罪の集約が十字架刑という形へと行き着かせたのであり、神がそれを望まれたとか、計画されておられたということではないと存じます。たとえイエスが、十字架刑をも覚悟されて、御顔を固くエルサレムに向けて進み行かれたのだとしてもです。レントは主イエスの御受難を偲ぶといっても、主イエスをそこへと向かわせた人々の罪、それは私達自身も負っているものであり、今も人々に負わせているもので、そのことに目を向け、悔い改めを促される時ということであります。イスラムのシーア派の祭りで、ムハンマドの死（紀元六三二年）から五〇年後、イマーム・フサインがウマイヤ朝カリフのヤズィード一世によって殺されたことを哀悼するタアズィーヤと呼ばれる殉教追悼行事がありますが、その時「人々が鎖で自分の体に鞭を打って哀悼の」気持ちを表現するといったことが行われます。形こそ違え、レントが同じような精神で行われるものであってはならないのだと思います。そもそもレントにおいて、信徒は主イエスの十字架刑の苦しみに思いを馳せることはあっても、左右に同じように十字架刑につけられた「強盗」とされている人々の苦しみに思いを馳せることなど全くなかったのではないでしょうか。しかしそれは主イエスのお心にかなったことでしょうか。強盗とされていますが、十字架刑はローマ帝国では「奴隷の重罪者ないしは属州の反逆者に対してのみ行われた」（『岩波 キリスト教辞典』五二〇頁）もので、彼らも恐らくは、イエスと同じように、ローマへの反逆者とみなされた人々であったことでしょう。レントは、十字架刑という処刑方法の残虐さに心を寄せるということでもなければ、ましてや神の子の苦難ということで、それだけを特別視し、苦難そのものを栄光化するものであってはならないのだと思います。それは悪しき意味での神秘主義で、イエスの偶像化に直結するもので、どこまでも主の僕として生きられたイエスのお心とはまるで違うものだと言わねばなりません。

ではレントを通して、イースターのメッセージを受け止めるとはどういうことでしょうか。

復活はむろん死からのよみがえりですが、主イエスの死は単なる自然死であったのではなく、裁判を経ての拷問と処刑、しかもそれは十字架刑による処刑（「木にかけられた死体は、神に呪われたもの」［申命記二一・二三］）によって殺された死でありました。したがってそのイエスが復活されたとのメッセージは、サンヘドリン（ユダヤ教の最高法院）での裁判の判決は間違っていたのであり、イエスを復活させられた神に対して、ユダヤの宗教指導者も群衆もメシア殺しというとんでもない罪を犯したのであり、ローマ帝国も義人を処刑にしたということを意味することになります。ですからサンヘドリンもローマ帝国側も、そんな報道やうわさは断じて容認できなかったに違いありません。しかし彼らは岩穴に置かれていたはずのイエスの死体を引っ張り出してきて、復活報道を打ち消してしまうことは出来ませんでした。それで彼らは、弟子達がイエスの死体を盗み出したのだと言いふらしました。マタイは次のように記しています。

そこで祭司長たちは長老たちと集まって相談し、兵士たちに多額の金を与えて、言った。「『弟子たちが夜中にやって来て、我々の寝ている間に死体を盗んで行った』と言いなさい。もしこのことが総督の耳に入っても、うまく総督を説得して、あなたがたには心配をかけないようにしよう」。兵士たちは金を受け取って、教えられたとおりにした。この話は、今日に至るまでユダヤ人の間に広まっている。

（マタイ二八・一二―一五）

もし本当に弟子達が盗み出して、それでイエスは復活されたのだと言ったのだとしたら、キリスト教二千年の歴史は、虚偽の上に築かれてきたということになりますが、それではパウロの回心は説明がつかなくなりますし、短期間で弟子たち以外の多くの人々が、イエスへの信仰を告白するようになったという事実（イエスの処刑以後、二〇年を経ないで、イエスへの「神の子告白」が広まった［マルティン・ヘンゲル『神の子』］）を説明できなくなります。イエスへの最初の信仰告白は、ユダヤ人の王メシア告白（「新約と同時代のユダヤ教においては、元来『神の子』は称号としてメシアに用いられない」［前掲書、七五頁］）であったと思われますが、「メシアの屈辱的な死は、前代未聞の躓きであ」（前掲書、七四頁）ったにもかかわらず、それを可能ならしめたものこそが復活という出来事であったと言えるでしょう。紀元五五年にエフェソから書き送ったパウロの「コリントの信徒への第一の手紙」には、有名な次のような言葉が記されています。

最も大切なこととしてわたしがあなたがたに伝えたのは、わたしも受けたものです。すなわち、キリストが、聖書に書いてあるとおりわたしたちの罪のために死んだこと、葬られたこと、また、聖書に書いてあるとおり三日目に復活したこと、ケファに現れ、その後十二人に現れたことです。次いで、五百人以上もの兄弟たちに同時に現れました。そのうちの何人かは既に眠りについたにしろ、大部分は今なお生き残っています。次いで、ヤコブに現れ、その後すべての使徒に現れ、そして最後に、月足らずで生まれたようなわたしにも現れました。(第一コリント一五・三―八)

ここで言われていることとは、多くの人々に復活のキリストが「現れた」という証言です。しかしそれが、具体的にはどういうものであったかは、聖書の記述はいろいろであり、復活のイエスに最初に出会った場面の記述も多様であって、歴史的に確定することなど出来ません。それは、復活は歴史的な出来事であるより信仰の出来事であるということを示していると言えるでありましょう。単なる歴史的事実であるなら、事実の確認が大事なのであって、信じる必要などありません。しかしまた、それは歴史的事実とは無関係の信仰的出来事というものでもないのです。イエスの復活が歴史的に完全に否定されたなら、キリスト教信仰は成り立たないと私は思います。復活は、どこまでも生前の主イエスの生き様と一体のものとして受け取らねばなりません。仮に私が、死んでから後よみがえったとしても、せいぜい医学的考察の対象とはなっても誰ひとり私に向かって「主よ」などとは言わないわけです。この意味で、主イエスの復活は、生前のイエスの言行を、神が良しとされたということの証であり、主イエスの言葉の真理性を保証するものでありまず。例えば山上の垂訓の「幸いなるかな悲しむ者、あなた方は慰められる」、「柔和なる者（踏みつけられてじっと耐えている人達）、あなた方が地を継ぐ」、これらの言葉が、決して空証文ではなく、神にあって実現するものであることを保証するものだということです。

イエスは御自分の力で復活なさったのではありません。イエスは「わが神、わが神、どうして私をお見捨てになったのですか」と叫んで亡くなられたのでした。御自分の死の意味など分からず、神に向かって訴えつつ亡くなっていかれたのだと思います。新約聖書には、生前から御自分の死の意味や復活のことまで知っておられたような記述がありますが、それらは全て後の信徒達の信仰を、生前のイエスの言葉のようにして記したものでありましょう。主イエスは、どこまでも神によってよみがえらされたのであり、このことは、イエスを偶像化しないために、きわめて重要なことだと思います。

神が神であり、人は人である。これが聖書の、神と人とに関する基本的立場であり、根本的認識であると思います。ですから人間の、様々な手段（富、権力、律法、信仰）を用いての自己神化を聖書は偶像礼拝の罪として厳しく戒めてきたのです。この点で、真の神にして真の人、神の独り子、三位一体などのキリスト教教義によるイエスの位置づけは、イエスの偶像化という点できわめて危ういものを持っていると言わねばなりません。イエスに対する「神の子キリスト」告白が、イエスへの偶像化と化するとき、そのようには告白しえないユダヤ教徒への差別を生み出しました。ヨーロッパのいくつかの教会で見られる二人の女性像、一方は冠をかぶり、誇らしげに立っていて、それがキリスト教徒（エクレシア――教会）であり、他方は目隠しをされていて、未だにイエスが神の子、キリストであることが分からないユダヤ教徒（シナゴーグ――会堂）を指しているとされています。しかしそのようなキリスト告白はおかしいのではないか。愛をもって僕となって人々に仕えられたイエスを主と仰ぐ姿とは矛盾するからです。（歴史的にはイエスへの神の子告白は、ローマ皇帝を神の子として崇め賛美したことへの批判と抵抗であったと思います。真の神の子はローマ皇帝ではなく、十字架刑によって処刑されたナザレのイエスなのだ、と。）

自分達こそは、唯一絶対の神を知っていると思うとき、自分達の内に神を取り込むとき、その神の名において自己の信仰の絶対化という偶像化がなされることは、今や私達は、イスラム原理主義の横行という形で、日々目にしているところです。同じことは自分達こそは、真の神の子キリストを知り、信じる者として、自己の信仰の絶対化という偶像化を行ってきたキリスト教原理主義にも言えることであります。キリスト者とは、ナザレのイエスにおいて神を知ろうとする者のことである。私はそう思っています。そしてそのナザレのイエスとは「苦難の僕」として生涯を歩まれた方であり、その苦難によって、神様との関係において私達を義とし、汝、自らの十字架を背負って我に従え、と命じられる方である。他者を生かすべく仕える者として、自己を捧げて生きられた方であり、私達が決して彼を知っている者として自分の内に取り込むことの出来ぬ人格である。それをキリスト教会は教義化という仕方で自らの内に取り込み、教義を手がかりに自己絶対化を図ったのでした。それ故、教義の違いで、時に血を流す争いをしてきたのです。しかし人格としてのイエスを教義の枠に閉じ込めておくことは出来ません。そもそも神殿粛清の鞭を振るわれ、神殿の崩壊を預言し（マルコ一三・一—二）、律法の精神を生かしつつ律法に対して自由に振る舞われたイエスは、ユダヤ教に代わるキリスト教という一つの宗教の教祖に祭り上げられることなど本意ではなかったでしょうし、神の独り子などとして、父なる神と並んで信仰の対象として崇められることも本意ではなかったと私は思います。主イエスは、ただただ神の心をわが心として、主の僕として生きようとされただけであったと思います。この「主の僕、苦難の僕」のイエスを神がよみがえらせたもうた。そういうことだと思うのです。

では主の僕、苦難の僕として生きかつ死なれたイエスを神の子・キリストと告白するということはいかなる課題を今日、私達に突きつけているでしょうか。

昨年（二〇一二年）の四月二十七日に、自民党は憲法改正草案を発表しています。その全体にわたっての検討は、時間の関係上、とても今ここでは出来ませんが、今日のお話との関連で、天皇条項に関する点だけでも少し見ておきたいと存じます。

自民党改憲草案では、前文に、

日本国は、長い歴史と固有の文化を持ち、国民統合の象徴である天皇を戴く国家であって、

と記されています。

前文は憲法の精神と性格を端的に示す重要なものです。例えば日本国憲法の前文には、国民主権、平和主義、基本的人権の尊重といった基本原則が全て記されています。天皇制は、日本の歴史の中で時代により消長があり、先日ＮＨＫでドラマ化された蝦夷の英雄アテルイなど、地方には大和朝廷の支配には抵抗した人々の歴史もありますし、近代天皇制に対しては、批判的に戦った社会主義者をはじめとする人々の戦いの歴史もあります。自民党草案では、そうした天皇制批判の歴史など全く無視するように「日本国は、長い歴史と固有の文化を持ち、国民統合の象徴である天皇を戴く国家であって」と、まるでかつての皇国史観に逆戻りするかと思わせるような前文であります。また現憲法では、天皇は他の公務員と同様、憲法擁護義務（第九八条の二）がありますが、自民党草案では天皇は、

この義務からはずされていて、天皇は憲法による縛りから自由な存在とされています。このことは、天皇の国事行為は、現憲法が「内閣の承認を必要とし」となっている所を、自民党草案では「内閣の進言を必要とし」に変えられている所にも表れていると言えるでしょう。進言は「上位の人に意見を申し上げること」（『広辞苑』）で、天皇が進言を受け入れるかどうかは、天皇自身の判断によるということになっているからです。そして自民党草案第六条五では、

天皇は、国又は地方自治体その他の公共団体が主催する式典への出席その他の公的な行為を行う。

となっていて、「その他の公的な行為」の中味は決められていなく、公的な行為という体裁さえ整えれば、何事でも出来るということになっています。これは事実上の天皇の偶像化ということで、またもや権力を握る者達が、天皇の名において、自分達の思い通りに、この国を動かそうとする意図が、ありありと透けて見えると言わざるをえません。

この天皇の実質上の偶像化に対して、キリスト者の戦いはいかにあるべきでしょうか。十戒の第一戒「汝、我のほか何者をも神とすべからず」や三位一体説をもって対抗すべきでしょうか。しかしそれは、一歩誤れば、自分達キリスト教信徒だけが真の神を知る者だとの前提に立ち、イスラム原理主義の人々の信仰と同質のものとなってしまう危険がある

のではないでしょうか。第一戒は、本来そうした人間による偶像化を打つものであり、私達は、どこまでも「主の僕」として生きられたイエスを、他ならぬこのイエスを、「神の子キリスト」と告白する信仰に立つ者でありたい。それは、イエスの偶像化をも含めて、あらゆるものの偶像化との戦いの課題を私達に命じるものであります。そしてそれは、天皇制下で差別される人々の側に立つこと、国益至上主義に対し、正義を第一に求めること、肉（生来の自己中心的存在として）のナショナリズムとの対決、国民の一員であると共に、神の国の民であることにアイデンティティを持つこと、どこまでも「平和」への道を探る努力、そのための学びなどの課題を担うことを求められていると思います。しかし最も大切なことは、「主の僕」として生きられた主イエスこそ、最後の勝利者となられたことを信じる信仰です。この信仰による平安に支えられて、与えられた課題の一端を黙々と担いゆく者でありたい、そう願います。一言祈ります。

（『柿の木坂通信』二〇一三年十二月）

教義主義との訣別

これは二〇一四年二月十一日、関西合同聖書集会における講話です。

お早うございます。今年は日本は安倍政権によって、様々な面でいっそう国家主義的政策（ナショナリズム）が推し進められる年となるでしょう。またTPPなどを通じて、巨大多国籍企業と金融界と政界とが結びついた「コーポラティズム」の波が、日本の国を変えていく危機も、いっそう深刻さを増していくようになるでありましょう。コーポラティズムが米国社会をどのように変えていったかを、堤未果さんの「貧困大国アメリカ」（三部作）が詳しく書いています。その内容をここで多くを御紹介する余裕はありませんが、TPPを通じて、アメリカの巨大アグリビジネスが、インドやアルゼンチンがそうなったように、日本を含め、アジア諸国の農業をいかにアメリカ流に変えてしまうか、それによって各々の地域にあった伝統的農業の貴重な遺産が根こそぎ崩壊させられていくかを懸念せざるをえません。財政破綻した自治体も、公教育も、さらには刑務所までも、上位一パーセントと言われる富裕層によっていかに支配され、収奪の対象とされていったかを、堤未果さんは詳細に紹介しています。財政破綻したデトロイトの元市職員ジャマールの妻レベッカの次のような証言を、堤未果さんは紹介しています。

「次々に町が破綻し、廃墟が広がるようなここミシガンですら、上位『一%』の層だけは順調に収益を上げている。今のアメリカは、貧困人口が過去最大であると同時に、企業の収益率も史上最高なのです」

（堤未果『㈱貧困大国アメリカ』岩波新書、一七五頁）

「企業が立法府を買う」（前掲書、二〇六頁）とありますが、これはどういうことかと言うと、州議会に出されている法案について、その草稿を話し合う〈ＡＬＥＣ〉（米国立法交流評議会）というものがあって、そこで力を持っているのは有力企業の代表で、彼らの思惑に沿った法律が議員提案で議会に提出されるという仕組みです。こういう仕方で、議会が企業の思惑実現の道具とされていくということです。

「アメリカの囚人人口は、この四十年で七七二％増加し、今や六〇〇万人を超えている」（前掲書、二二〇頁）とのことです。囚人労働者の時給は一七セント（八時間働いても一四〇円ぐらい）。それで民間刑務所事業が盛んになるといった具合です。

グローバル自由主義経済の進展に伴う、拡大していく経済格差を、いかにして是正していくかは、アメリカだけではなく、世界的規模における大きな問題でありますが、改革の中核となるべきキーワードは、単に富の再分配の見直し云々に留まらない、個人の尊厳の自覚と回復にあると私は思っています（「ブラック企業」の問題）。そしてそれは、深く聖書の信仰に根ざすもので、旧約では、人はみな神の似姿にかたどられた存在であるというところに見ることが出来ますし、新約においては、全ての人が、神の独り子が血を流して、神によって贖われた存在であるとのメッセージに見ることが出来ます。

私は始めに、今年は安倍政権によって、ナショナリズムとグローバリゼーション、両方の波が、私達を襲うだろうと申しました。一見、相反するもののように見えるこれら二つの波は、実は一体のものであり、後者が前者を利用する形で推し進められているものであることを私達は見逃してはならないでしょう。尖閣問題ひとつを取ってみましても、それを騒ぐことで利益を得ている日米安保条約に群がる連中が、日本にも米国にもいるわけで（寺島実郎氏の言い方では「日米安保で飯を食っている連中」であり、別名、安保マフィアと言われる連中）、単純に国家同士の関係で物事を見ていたのでは見逃されてしまう部分があることも注意しなければなりません。

ところで、本日は「教義主義との訣別」という題を掲げました。いま述べてきましたような日本や世界の現実と相対するに当たって、ただ正統化された教義を墨守しているだけでは結局ルター以来の伝統的な二元論的信仰による対応の域を一歩も出ることのない対応しか出来ず、かの日には「味を失いたる塩」として、暗闇に投げ捨てられるに終わるのを恐れねばならないでしょう。今、日本基督教団は、教会員の老齢化、長期教勢低下という現状を前にして「伝道する教団の建設」を総会の主題に掲げて議論し、今年の抱負として、教団の信仰告白と教憲教規の下に一致して伝道に燃える年であれ、との石橋秀雄教団議長の抱負が語られていました(『教団新報』四七六二号)。私は仮にそれで教勢の回復が少し見られるようになったとしても、日本社会全体から見れば、毒にも薬にもならぬ小勢力の人数が少し増加した以上の意味を持たないのではないかとの感想を禁じえません。

私は伝道とは、教団の信仰告白を承認受容する、いわゆる信者を獲得することではなく、端的に神の国(神の御旨が行われる所)の拡大に挺身することだと考えています。主イエスがなさった伝道とはまさにそういうものでした。そしてイエスはこう言っておられるのです。

わたしに向かって、「主よ、主よ」と言う者が皆、天の国に入るわけではない。わたしの天の父の御心を行う者だけが入るのである。(マタイ七・二一)

さて、本日の題と全く同じ題で、次号(一三九号)の『時の徴』の「巻頭言」(八五〇字余り)を書いたのですが、それを元に私の考えていることをお話させていただきたいと思います。最初に全体を読みます。

巻頭言　教義主義との訣別

内坂　晃（編集同人）

十戒の第二戒「あなたは自分のために、刻んだ像を造ってはならない」が禁止していることは何か。神像を刻むということは、その神を自分の思う形に固定し（それは神を自分の宗教観念の中に閉じ込めることを意味し、それはヤハウェの超越性の否定につながる）、神を自分のものとして所有することが出来るからであると思われる（神の私有化）。それは、その神像の前に拝跪して、いかにも神を拝しているような格好を取りつつ、実は「自分のために」神を利用する精神であり、それは自分が神に対して支配権をふるうことであり、自己を神の座にのしあげることである。偶像礼拝と呼ばれてきたものの内容がこういうものだとするなら、神像など刻まなくても、キリスト教界においても、偶像礼拝は様々な形をとって行われてきたし、仏師が斎戒沐浴し、敬虔な思いをもって仏像を彫り、それを拝したとしても、それを頭から偶像礼拝などと決めつけるのは、キリスト教徒の傲慢というべきものである。ヤハウェもイエスも、私達がすでに良く知っているものとして自らの内に取り込むことの出来ぬ人格である。それをキリスト教会は教義化という仕方で自らの内に取り込み、教義を手がかりに自己絶対化をはかり、教義の相違の故に、時に血を流す争いをしてきた。イエス御在世当時、神の子と言われていたのはアウグストゥス（オクタビアヌス）であった。それに対して初代の信徒達は、ナザレのイエスこそ神の子キリストと告白したのであり、それはイエスへの信従の表明であった。それは、イエスを三位一体の神の子と規定し、その正当化された教義を承認することをもって信仰告白とする教会の在り方とはずい分違う。使徒信条の承認をもって信仰告白とする教会のあり方は問題なのではないか。教会はヤハウェもイエスも教義化という仕方で、偶像化してきたのではないか。残酷極まりない異端審問の歴史の根底にあったものはこれではなかったか。国家主義の危機が押し寄せつつある今日、それと対決する私達の武器は、イエスの偶像化ではなく、主による自由に支えられた真理探究の姿勢でなければならないと思う。

神を自分のものとして所有することが出来る。

これを偶像礼拝の愚かさの話として記したものが、創世記三一章二五節から三五節のヤコブの妻ラケルが、父ラバンの守り神（テラピム）を盗んだという話です。ラバンはヤコブを追いかけてテラピムを取り戻そうとしますが、追いついたラバンに対して、ラケルはテラピムをラクダの鞍の下に隠し、その上に自分が座って見つからないようにしたのでした。この話は聖書記者が、ラバンが命がけで大事にしている守り神テラピムなんて、しょせん女の尻の下に敷かれるようなものでしかないのだと言おうとしているもので、聖書の中でも私の嫌いな記事の一つです。後の、キリスト教の宣教師の、他宗教の仏像や神々に対しての馬鹿にしたような態度の源になるような話のようにも思うのです。

ヤハウェもイエスも、私達がすでに良く知っているものとして自らの内に取り込むことの出来ぬ人格である。それをキリスト教会は教義化という仕方で自らの内に取り込み、教義を手がかりに自己絶対化をはかり、教義の相違の故に、時に血を流す争いをしてきた。

教会が宗教団体として自己を形成するとき、様々な異端との争いの中で、教会が一致して拠って立つべき正統とされる教義を形成せざるをえなかったのには、歴史的必然があったと言えるでしょう。しかしそのような宗教化が、主イエスの目指された思いであったかといえば私は違っただろうと思いますし、終末近しの思いの中で生きたパウロの目指した所でもなかっただろうと思います。「人は律法の行いによってではなく、ただイエス・キリストの信実（ピスティス――信仰）によって義とされる」（ガラテヤ二・一六）ですが、パウロは一つの教義としてこれを主張したのでなかったことは、偶像に供えた肉を食べてもいいかどうかで争われていた問題に対して、律法の規定を守ろうとする相手への愛の配慮を求めていることによく表されています（高橋三郎『ロマ書講義Ⅴ』九三―九四頁）。御存知のように、旧約の人々にとっては信仰とは、端的に「神を畏れる」ということでありました。「神を畏れる」心は、神の自己私有化とは相容れぬ心です。ヨブの友人達は、賞罰応報の教義の枠組みに神を閉じ込めたのでした。ヨブ自身も賞罰応報の考えは持っていたのです。しかしその考えでは割り切れない現実に直面してヨブはもがくのです。ヨブ記は賞罰応報主義の教義化に対するヨブの戦いを記したものだと言えます。

新約聖書には、イエスに対する弟子達の無理解の記事が数多く記されています。それはイエスという人格を、ある固定した概念や教義の枠組みでとらえ、これが正しい理解だなどと言いえないことを示していると言えるでしょう。

イエス御在世当時、神の子と言われていたのはアウグストゥス（オクタビアヌス）であった。それに対して初代の信徒達は、ナザレのイエスこそ神の子キリストと告白したのであり、それはイエスへの信従の表明であった。それは、イエスを三位一体の神の子と規定し、その正当化された教義を承認することをもって信仰告白とする教会のあり方とはずい分違う。使徒信条の承認をもって信仰告白とする教会の在り方は問題なのではないか。教会はヤハウェもイエスも教義化という仕方で、偶像化してきたのではないか。残酷極まりない異端審問の歴史の根底にあったものはこれではなかったか。

「アッ、あそこを走って行ったのは犬かオオカミか」との質問に答えるには、犬がどんなものか、オオカミがどんな姿かについて、よく知っていないと答えられません。それでイエスは人間か神の子かとの問いに対しても、人間とはどんなものであり、神の子がどんなものかについてよく正確に知っていなければ、知識としては答えられません。しかし神の子なるものについて私達はよく知っている者ではない。この意味では、三位一体の教義なるものは、異端とされたものとの論争の中で、聖書に基づいてアタノシウス派が、正統的教義として勝ち取ったもので、それは本来なら人間の知りえぬ神秘の領域にあえて踏み込んで確立したものと言うべきでしょう。山本七平氏は「これは紀元三二五年に作られた信条（ニケーア信条）で、この見方をそのまま聖書に適用することはできない」（『聖書の常識』二九〇頁）と述べておられます。山本七平氏は「神の子」称号は、旧約においては、①天使的存在、②イスラエルの王や民、に対して用いられ、新約においては、①天使的存在、②聖人、③メシア、④奇跡行為者、に対して用いられるとしています。ヘブライズムの世界では「神の子」であるということと、人間であることは両立しているのです。

しかしヘレニズム世界では、「神の子」は普通の人間ではない、神的存在としての意味を持ち、そういう存在として人々の尊崇を一手に集めていたのは、皇帝アウグストゥス（オクタビアヌス）でありました。その中で、初代のキリスト信徒達は、ナザレのイエスこそ神の子と告白したのでした。それは「神の子」なるものについて、彼らがあらかじめ知識を持っていて、それに基づいて判定を下したなどというものではないのです。「皇帝アウグストゥスではなく、ナザレのイエスこそ神の子」との信仰告白は、その告白に自分の生き方をかけた主体的決意の表明でありました。それはそのために迫害を受ける覚悟を内に秘めたものでありました。それは、正当化された教義として、それ以外の見方は許さぬものとして、いわば絶対性を帯びた真理としてそれを承認し、受容するというものとはまるで違うものと言わねばなりません。信仰告白は、どこまでも主体的なものであって、客観的真理の承認などというものとは、本質的に違うものです。

カルヴァンの告発によって火刑に処せられたセルヴェートについて、黒崎幸吉先生は『ジョン・カルヴィン傳』の中で、次のように記しておられます。

彼の神学は多くの主要の点において旧教の正統的教理とも異なり、また新教の正統的教理とも同じからず、まったく彼独特のものであった。その特徴として大体において汎神論的であるということが出来よう。すなわち彼によればキリストは先在せず、誕生より神の子であって永遠よりの神ではない。神は単一にして不可分でありこれを三位に分かつことが出来ない。三位というは単に神の表顕の差異であって本質の差異ではない、聖霊も一の形而上的実在者にあらずして神の霊であり、父および子より出ずるものであり、しかもペンテコステの日より始まっているのである。したがって旧約時代には聖霊は存在しない。神は万物の本体であり「神は霊の中に住む故に神は霊であり、神は火の中に住む故に神は火であり、神は光の中に住むゆえに神は光であり、神は心の中に住む故に神は心である」。宗教改革者らの唱うる絶対的予定と人間の奴隷意思は大なる誤謬であり、アダムの罪による人類の遺伝的罪性はこれらを認めず、罪の有無は人間二十歳以後に至りて始めて定まる、また信仰によりて義とせらるるの教理は聖化のために有害であり、信仰と愛とによるにあらざれば義とせられず。洗礼は旧教教会と同じく再生の洗礼であるけれども、その予備として心の闡明（せんめい）と懺悔を要し、小児洗礼はこれを悪魔の教えとして否定し、晩餐については旧教会、ルーテル、ツウィングリーの教理を排してむしろカルヴィンの教理に近づいている。真の教会は初代キリスト教会に存したのみであって、第四世紀以後はニカヤの会議と、コンスタンチヌスによる政教混合と、シルヴェスターによる法王制の設立とによりて全く腐敗し終わったのである。以上がセルヴェートの神学の主要の点であった。

（『黒崎幸吉著作集 6 カルヴィン研究／奴隷の生涯』新教出版社、一二二五―一二二六頁）

このような主張の故に、セルヴェートは火あぶりの刑に処せられたのですが、それは実に残虐極まりないもので、薪は故意に生で水分を含ませたもので、セルヴェートは生命を失うまでに半時間以上もかかった由であります。信仰告白が正当化された一片の教義と化し、客観的事実のごとく信ぜられるとき、いかに恐るべき事態を生み出すか、セルヴェート事件をはじめとする異端審問の歴史は、如実に私達に告げています。ある教義を自らの信仰告白として告白する者は、それによってどのような主体的信従の姿勢を示そうとしているのかが問われているのであり、かつ決してそれは他に強制することの出来ぬものであることをわきまえねばなりません。
もはや時間がなくなってきましたので、充分に展開してお話できないのですが、信仰的認識における直接性の問題ということをお話しておきたいと思います。これについて私が言ってきたこと、言おうとしてきたことについて表現の仕方は違うのですが、高橋哲哉氏が『犠牲のシステム 福島・沖縄』の中で適格に述べてくださっているので、それを御紹介することにしたいと存じます。彼は内村鑑三の関東大震災天罰論を取り上げ、次のように申します。

もしも天罰や天恵ということに意味があるとすれば、それは人が個人として、自分自身に与えられた天罰や天恵として受けとめる限りのことだろう。キリスト教など何らかの信仰をもつ人や、思想的あるいは政治的な信念をもつ人が、自らの信仰や信念、価値観に照らして出来事を意味づけることはあっていいし、あるだろう。そこから自分自身のあり方を反省したり、人生の生き方を変えたりするということは、当然あってしかるべきで、そのこと自体に問題があるわけではない。だが、それを、関東大震災は天罰だった、東日本大震災は天罰だった、長崎原爆は天恵だったという話にするなら、自分個人にとって出来事がどういう意味をもつかという次元をはるかに超えてしまう。そうした出来事を客観的に意味づけ、そこで死んだ多くの人々、一人ひとりみな違っていた人々を一括りにして、自分から一方的に彼ら彼女らへその死の意味を押しつけるかたちになってしまう。そこには大きな問題があるということを確認しておきたい。

（高橋哲哉『犠牲のシステム 福島・沖縄』集英社新書、一四九—一九〇頁）

これは信仰に生きようとする者が、よくよく心しておかねばならぬことだと思います。聖書を読む場合でも、例えば古代ユダ王国の民は、バビロン捕囚を信仰によって自らへの審きと受け止めました。それは驚くべきことであり、「神ヤハウェは、御自分の選びの民をも、大国バビロニアを用いて鞭打ち給う神」との認識は、ヤハウェは民族を超えた神であり、この神のみが唯一の神であるとの神認識の飛躍をもたらしました。しかしそのような受け止め方が唯一の客観的真実を示したものだと言うならばそれは違うのであって、バビロン捕囚に対して、別の受け止め方も当然ありうるわけです。この意味で、聖書に詩編一三七編のような、バビロンに対する復讐を述べた詩が載せられているのは大切なことだと思います。

矢内原忠雄先生は一九三二（昭和七）年、満州旅行の途中、乗車しておられた列車が匪賊に襲われ、奇跡的に助かったことを神の御守りによるものと信じ、受け止め、『嘉信』の前身である『通信』の発行に踏み切られました。それは自分の身が助かったことに公的意味があることを感じられたところからなされた行動であり、その後の矢内原先生の歩みを考えるとき、なるほどと納得させられるものがあります。しかしそのような受け止めを、何か客観的事実を示しているものとして主張するなら、それはおかしくなります。匪賊に襲われ、金品を奪われ、傷を負わされ、殺された者達には、神の守りはなかったのか、それは差別ではないかとの問いが当然、出てきます。同じような性質の問題はいくらでもあり、信仰者がよくよく気をつけねばならないことだと申さねばなりません。

国家主義の危機が押し寄せつつある今日、それと対決する私達の武器は、イエスの偶像化ではなく、主による自由に支えられた真理探究の姿勢でなければならないと思う。

国家や天皇の権威が、またぞろ高められ、強められようとする流れを復活させる試みがなされんと画策されている今日、教義として神の子イエスを主張してみても、今日ではもはやあまり意味はないのであって、その告白のどのような中身で、国家主義と対するかが問われるのだと思うのです。教義やキリスト教という宗教の枠組みから自由になり、肉の自分からも解放されて、ただ主イエスの父なる神の御旨の成ることを求める者となる。それは根底に感謝があるからです。そのようになるのは、パウロは律法の行いによって自分を立てようとした自分のあり方（律法主義）の倒錯に、復活のキリストとの出会いによって気づかされたからでした。そのパウロは、今度は自分の信仰によって自分を立てようとする信仰主義に立つのではなく、キリストの真実にのみより頼んだのです。そのより頼みがパウロの言う〝信仰〟であって、そこからパウロは自己からの自由（自己を相対化できる自由）を得たのであり、その中核にあったものは感謝です。（異教の神殿に供えた肉を食べてもいいかどうかの対立に対するパウロの愛に基づく柔軟な態度は、パウロのキリストにある自由をよく示しています。）

もし食物のゆえに兄弟を苦しめるなら、あなたは、もはや愛によって歩いているのではない。あなたの食物によって、兄弟を滅ぼしてはならない。キリストは彼のためにも、死なれたのである。（ロマ一四・一五）

愛の配慮をすすめるパウロの言葉は、ここに至って絶頂に達する。如何に信仰的認識において不十分な兄弟でも、キリストはその救いのために十字架につかれたのだ。そこにいかに大きな犠牲が払われたかを思うならば、たかが肉食位のことで、その兄弟を滅びに追いやるようなことを、断じてしてはならない。愛こそは、あらゆる行動を律する最終的基準である。（高橋三郎『ロマ書講義』山本書店、九三―九四頁）

古今東西、国家主義は自らを美化栄光化したいので、都合の悪いことを隠そうとします。教会主義者もそうです。国家秘密法を通し、自民党右派の歴史観を教科書に盛り込ませようとする安倍政権も同じです。それに対し、私達は主にある自由に支えられ、真理探究の熱心をもって、国家主義の嘘と戦う者でありたい。パウロを生かしていた信仰とはそういうものであったと思うのです。

わたしは、既にそれを得たというわけではなく、既に完全な者となっているわけでもありません。何とかして捕らえようと努めているのです。自分がキリスト・イエスに捕らえられているからです。（フィリピ三・一二）

一言祈ります。

（『関西合同聖書集会・会報』第一三五号、二〇一四年四月）

あとがき

昨年(二〇一五年)十一月四日、「教会と国家学会」(二〇〇一年十月に故戸枝義明牧師を初代会長として発足。世界を益する平和国家の在り方を探究し、キリスト者の担うべき役割を求めることを目指す)の会報の第一七号の「あとがき」に、私は次のように記した。

あとがき

聖天伝道所　牧師　内坂晃

戦後七〇年の今年、九月一八日深夜二時過ぎ(正確には一九日午前二時過ぎ)、ついに戦争法案(安保関連法案——平和安全法制整備法と国際平和支援法)が可決された。あの日の夜、私も傘をさしながら国会前のデモの人々の中にいた。高橋力会長も老体をかかえて参加しておられたという。しかし与党は、反対、疑問の国民の声がいかに多かろうが、野党の質問にはぐらかしたような答弁しか出来なかろうが、憲法学者や元内閣法制局長官や元最高裁長官が違憲だと言おうが、そんなことには　切耳を傾けず、数の力で法案を強行した。それは、四月二七日ニューヨークで開かれた「日米防衛協力の指針(ガイドライン)」の改定に合意した時に、すでに決められていたことであった。そこには集団的自衛権の行使も、米軍への後方支援の地理的制限の撤廃も明記されており、その後安倍首相は、今夏までの法案の成立を、米議会で表明したのであった。そして八月一一日の参院特別委員会で共産党の小池晃氏は、法案成立を前提に、自衛隊内部で、これからの自衛隊の活動について検討する文書が作成されていたことを暴露した。九月一六日午後、新横浜プリンスホテルで公聴会が開かれたが、国会ではその内容についての報告もなく、一八時からのとりまとめ審議、強行採決へと突き進んで行った。即ち公聴会は、単なる、採決のためのセレモニー、茶番で、人を馬鹿にした話である。これら一連のことからわかることは、安倍政権の国会軽視、国民軽視の姿である。嫌なのは、それでいて、安倍首相は「国民の安全と幸福な生活のため」などと歯の浮くようなセリフを臆面もなく言い放つことである。これ程憲法をふみにじって恥じないことをして、民の声を聞くという民主主義の原則をふみにじりながら、対外的には平気で、法の支配の重要性を言い、民主主義の価値観の大切さを述べる。これ程言葉に、誠実さのない人物を総理にいただく国民の不幸を思う。

この度の国会審議で、私の一番注目を引いたのは山本太郎議員の発言であった。山本氏は二〇一二年八月に発表された「第三次アーミテージ・ナイ・レポート」の「日本への提言」の九項目のパネルを示し、今回の安保関連法案を含め、ＴＰＰ、原発再稼働、特定秘密保護法等の安倍政権の政策は、まさにこのレポートの完全コピー「完コピ」ではないかと追及した（『憲法決壊2』游学社、七頁）。

また山本氏は、今回の安保法制に、経団連が深く関わっていることを、七月一九日のＮＨＫの日曜討論会で指摘していた。この法案の成立により、防衛予算は増大し、軍需産業に関わっている企業はうるおうという訳である。

山本太郎議員は、九月一八日の採決の際の一人牛歩の後、次のように叫んだという。「アメリカと経団連にコントロールされた政治はやめろ！……いつまで植民地でいるんですか」と。今回の戦争法案の成立は「日米安保で飯食ってる連中」（寺島実郎氏）の利益追求をめざしてのものであって、我々日本の庶民のことを考えてのものではないことは明白であろう。

……

辺野古周辺の三地区に、政府が振興費を直接交付するという。三地区の区長はいずれも新基地建設に賛成している。三地区のある名護市の稲嶺市長は、基地建設には反対である。朝日新聞（二〇一五年十月二十九日）の「声」の欄で、山田一子という方が、

辺野古周辺三地区は自治体ではなく、区長も選挙という公的な手続きで選ばれた代表ではない。選挙で住民の信任を受ける立場にない代表に、国が税金を直接支出するというのは不適切ではないか。

と言っておられる。金の力で人心を掌握し、人を動かそうとする政府とそれになびき屈する人々、あまりに露骨なまでのやり方に嫌悪感すら覚える。日米安保条約に、本土の人々は九〇％近くが賛成という。だとすれば、沖縄に予定の新基地は本土に持ってくるべきではないかとの意見がある。もっともではないか。ただし私自身は、日本を植民地化している安保条約（この事態は多くの国民の眼に隠されている。例えば矢部宏治著『日本はなぜ、「基地」と「原発」を止められないのか』参照）に反対である。日米安保がなければ、日本は他国に侵略される、との意見に組しない。もはやそんな時代ではないと言わねばならない。例えば日米安保がなくなれば、中国や北朝鮮が日本を攻めてくるだろうか。もしそんなことをすれば、条約の有無にかかわらず米国をはじめ多くの国が黙っていないだろう。そんな全世界を敵にまわすようなことを、中国も北朝鮮もするだろうか。そんなことをして、自国にどれだけ得があるか。そんなことをすれば、米国をはじめ多くの国々が黙っていないというのは、日本が侵略されるということは米国をはじめ多くの国々の利害に直接関係するからである。従って日米安保廃棄は、それと並行して日本の積極的な平和外交の展開、活発な経済交流、自然災害などへの積極的援助が伴わねばならない。それは日米安保に伴う軍事費の大幅な削減によって可能となるであろう。こういう方向こそが、憲法の命ずる理想に向かっての、一度は本気で試みるべき政策であると思う。

ところで今年になって、安倍晋三首相が音頭を取るような形で、改憲論議が国会でも盛んになってきた。来る参院選で三分の二以上の議席を取れるとの見通しが出てきたとの自信が、首相にはあるのかもしれない。改憲論議の活発化に伴って俎上に載せられるようになってきたのが「緊急事態条項」である。政府が緊急事態と判断すれば、首相に独裁的権力を与えることを可能にするものである。社民党の福島みずほ氏が危機感を露わにして、ナチスの全権委任法（一九三三年三月二十三日、政府に議会や大統領の承認なしに立法権を認める法律――これでヒトラーは独裁権力を握ることが、正式に可能となった）に匹敵するものになる恐れがあることを国会で述べていた。

一月十五日の参院予算委員会では、自民党の片山さつき議員が、「緊急事態条項」を新たに盛り込むためにも改憲が必要だとの考えを述べ、首相の考えを質した。それに対し、安倍首相は「緊急時に国民の安全を守るため、国家、国民がどのような役割を果たすか、それを憲法にどう位置づけるか、極めて重く大切な問題だ」と述べている。

ではこの緊急事態条項について、自民党の改憲案ではどうなっているか。

これについて小森陽一氏が次のように述べている。

野党時代の2012年4月に自民党が出した改憲草案の「緊急事態条項」の第98条は「内閣総理大臣は、我が国に対する外部からの武力攻撃、内乱等による社会秩序の混乱、地震等による大規模な自然災害その他の法律で定める緊急事態において、特に必要があると認めるときは、法律の定めるところにより、閣議にかけて、緊急事態の宣言を発することができる」となっています。理由の一番目が「外部からの武力攻撃」なのですから、「戦争する国」になるための条項なのです。……第二の理由が「内乱等による社会秩序の混乱」ですから、第一と第二をあわせるなら、明確に戦時戒厳令体制にするための条項にほかなりません。

しかもこの「緊急事態の宣言」は「閣議」決定だけで「発することができる」のですから、首相による独裁体制が出来てしまうのです。

首相の独裁体制に

さらに先の自民党改憲案の第99条では「内閣は法律と同一の効力を有する政令を制定することができる」としていますから、国会での議論によって法律を決めるという議会制民主主義をつぶして、閣議決定だけで立法する独裁体制になるわけです。そのすぐ後に「内閣総理大臣は、財政上必要な支出その他の処分を行い」と規定されているのですから、戦争を遂行するうえで最も重要な戦費のための国家予算は、「内閣」の閣議決定すら必要なく、「内閣総理大臣」の意思一つで「支出」に「処分」出来てしまうのですから、首相独裁体制になるわけです。……さらに自民党改憲案の第99条3項には「何人も」「国その他公機関の指示に従わなければならない」という服従の義務が定められています。つまり行政権力独裁体制下で国民の人権を剝奪するのですから、国民主権を真向から否定することにほかなりません。

（『新婦人新聞』第三一一五号、二〇一六年一月二十八日）

とんでもないことだと言うべきであろう。一九二五年（大正一四年）、一切の反体制運動の弾圧を狙って、普通選挙法と抱き合わせの形で制定された治安維持法のことを連想せずにはおられない。では自民党の改憲案さえ阻止できれば安心かというと、そうも言えない。ヒトラーの独裁を招いた全権委任法も当時、最も民主的と言われたワイマール憲法下で、ナチスが中央党を引き入れて議席の三分の二を確保して合法的に成立させたものであった。自然災害を口実にした緊急事態条項の危険を見抜かなければならない。

本書の多くは、少人数の集会で語ったものや少部数発行の伝道誌などに載せたものである。政治・社会的な発言や主張を、そんな少数の人々の前で語っても意味はないと言われたこともある。しかし私はこれらを、この時代に生かされている一人のキリスト者としての証言として語ってきたつもりである。だから大切なことは、語ってきたことが、主の御心にかなうものであるかどうかであって、社会への影響力云々の問題ではない。もし御心にかなうものがあれば、主が良きように用いて下さるであろう。それを信じて、これらの〝証言〟を、主と読者に捧げたい。

本書の出版にあたって、新泉教会（阿佐光也牧師）の宮原守男氏が、ご自身の大手術前のお体をおして原稿を読み、「序文」をお寄せくださった。感謝に堪えない。また教文館の中川忠氏は実に丁寧な校正をして下さり、有難かった。同じく教文館の髙木誠一氏にもいろいろとお世話になった。記して感謝の意を表する。

二〇一六年一月二十八日

内坂　晃

◆著者紹介

内坂 晃（うちさか・あきら）

1946 年　鳥取県東伯郡泊村に生まれる
1963 年　日本自由メソジスト教団宇崎竹三郎牧師より受洗
1969 年　同志社大学法学部政治学科卒業
　　　　清教学園高校教諭（社会科）を経て
1973 年　関西学院大学神学部編入学
1977 年　関西学院大学神学部大学院修士課程修了
　　　　清教学園高校聖書科講師を経て
1981 年　日本キリスト教団聖天伝道所設立
　　　　日本キリスト教団砧教会牧師，恵泉女学園聖書科講師，稲城教会牧師を経て
現　在　日本キリスト教団聖天伝道所牧師
著　書　『ヒューマニズムを超えるもの』（1982 年），『現代を聖書に問う』（共著，1985 年）以上，新教出版社。『荒野を見る目』（1990 年），『虚無の霊に抗して』（1995 年），『講解説教 ヨブ記』（1999 年）以上，教文館。

日本音楽著作権協会（出）許諾第 1601103-601 号

闇の勢力に抗して

2016 年 2 月 29 日　初版発行

著　者　内坂　晃
発行者　渡部　満
発行所　株式会社　教文館
〒104-0061 東京都中央区銀座 4-5-1
電話 03(3561)5549　FAX 03(5250)5107
URL http://www.kyobunkwan.co.jp/publishing/

印刷所　株式会社 二秀舎
配給元　日キ販　〒 162-0814　東京都新宿区新小川町 9-1
電話 03(3260)5670　FAX 03(3260)5637

ISBN978-4-7642-9952-8　Printed in Japan